浙江省社会科学院
中共苍南县委宣传部 编
苍南县社会科学界联合会

张宏敏　赖纯阳　主编

叶景熙与宋韵文化研究

浙江工商大学出版社
ZHEJIANG GONGSHANG UNIVERSITY PRESS

·杭州·

图书在版编目(CIP)数据

林景熙与宋韵文化研究 / 张宏敏,赖纯阳主编. —
杭州:浙江工商大学出版社,2023.10
　　ISBN 978-7-5178-5680-1

　　Ⅰ. ①林… Ⅱ. ①张… ②赖… Ⅲ. ①文化史－研究
－中国－宋代 Ⅳ. ①K244.03

中国国家版本馆 CIP 数据核字(2023)第 173191 号

林景熙与宋韵文化研究

LIN JINGXI YU SONGYUN WENHUA YANJIU

张宏敏　　赖纯阳 主编

策划编辑	张晶晶
责任编辑	张晶晶
责任校对	李远东
封面设计	芸之城
责任印制	包建辉
出版发行	浙江工商大学出版社
	(杭州市教工路 198 号　邮政编码 310012)
	(E-mail:zjgsupress@163.com)
	(网址:http://www.zjgsupress.com)
	电话:0571－88904980,88831806(传真)
排　　版	杭州朝曦图文设计有限公司
印　　刷	杭州高腾印务有限公司
开　　本	710mm×1000mm　1/16
印　　张	17.75
字　　数	262 千
版 印 次	2023 年 10 月第 1 版　2023 年 10 月第 1 次印刷
书　　号	ISBN 978-7-5178-5680-1
定　　价	89.00 元

与会嘉宾学者合影

论坛开幕式现场

论坛学术研讨现场

与会专家学术考察

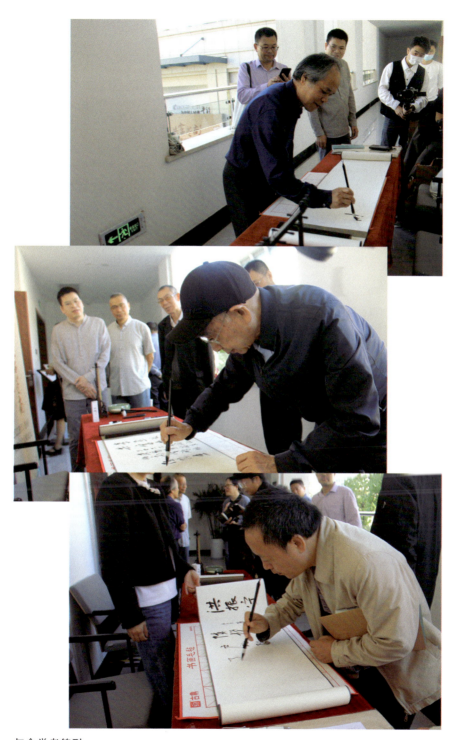

与会学者签到

与会学者签到

与会嘉宾签到

论坛开幕式致辞

论坛开幕式讲话

论坛开幕式主持人

在论坛开幕式上,浙江省社会科学院向苍南县藻溪镇授牌

南）宋韵文化高峰

社会科学院 温州市社会科学界联合会

委宣传 科学联

与会专家发言

与会专家发言

与会专家发言

与会专家发言

与会专家发言

与会专家发言

论坛学术研讨主持人

论坛学术研讨总结人

本书编辑指导委员会

※本书由中共苍南县委宣传部资助出版

※本书系浙江省哲学社会科学领军人才(青年英才)培育专项课题"浙学的创造性转化和创新性发展研究"(编号:21QNYC02ZD)阶段性成果

前　　言

2022 年是林景熙诞生 780 周年。

"湖带诗书润,山增科第高。"林景熙《过徐礼郎状元坊》中的这句诗,生动地描绘了两宋时期苍南地域人文的盛况。

2022 年 11 月,由浙江省社会科学院、温州市社会科学界联合会主办,中共苍南县委宣传部、苍南县社会科学界联合会、中共苍南县藻溪镇委员会、苍南县藻溪镇人民政府承办的"景熙故里·共富苍南:2022 浙江(苍南)宋韵文化高峰论坛"在苍南县藻溪镇召开。来自浙江省社会科学院、浙江大学、浙江工业大学、浙江财经大学、浙江师范大学、温州大学、湖州师范学院、浙江古籍出版社等机构的专家学者,围绕浙江宋韵文化传世工程在苍南藻溪的实践与传承,以致辞讲话、主旨发言、学术研讨、实地考察等多种形式为苍南宋韵文化在新时代的探寻发展出谋划策、明确方向。这是继"宋韵文化在苍南"状元群体现象主题研讨会、"宋韵文化在苍南"2021 年社会科学普及周活动后,在苍南县举办的又一项高规格、有品位、上档次的宋韵文化传世工程专项活动。

中共苍南县委常委、宣传部部长邱智强参加了开幕式,并代表苍南县致辞。邱智强表示,"景熙故里·共富苍南:2022 浙江(苍南)宋韵文化高峰论坛"是苍南落实浙江省委"宋韵文化传世工程"的重要举措,是文化赋能助力共同富裕的生动实践。苍南在宋韵文化挖掘展示、活化利用方面也做了许多积极探索:在全省范围内率先召开"宋韵文化在苍南"状元群体现象主题研讨会,提出打响"中国状元文化之乡"金名片,加快推进鹅峰书院、濂溪书院等宋代书院复建工程,以宋韵文化为着力点为产业发展蓄势赋能,以期走出一条以文化引领实现共同富裕的新路径。

浙江省社会科学院党委委员、浙江省人民政府地方志办公室主任郑金月在开幕式上讲话,表示党的二十大报告对中华优秀传统文化的重视程度是前所未有的,以宋韵文化等为标志的浙江优秀传统文化是中华优秀传统文化的一分子,在"景熙故里"举办研讨宋韵文化的专题会议,以期推动宋韵文化的创造性转化和创新性发展,可谓"天时""地利""人和"。下一步,浙江省社科院、浙江省方志办将与温州市社科联、苍南县委宣传部、苍南县社科联,就"共同富裕先行""新时代文化高地建设""宋韵文化研究""新时代数字方志"等课题以"院地合作"模式,深入开展相关专题研究。

在论坛开幕式上,浙江省社会科学院党委委员、办公室主任、结对帮扶苍南县小组组长华忠林向苍南县藻溪镇授"社科赋能山区26县(苍南)共同富裕研究和实践基地"牌子,为苍南广大社科工作者提供了一个更优质的调研平台。据介绍,藻溪镇地处苍南县域中心,素有"山水田园风光、诗情画意藻溪"之美誉,是南宋爱国诗人林景熙,以及武状元林管、林时中的故里,历史文化底蕴深厚,是全省百强文化名镇。近年来,藻溪镇党委、政府围绕县域中心花园的发展定位,始终坚持以文化人、以文惠民、以文兴业、以文塑城,推进宋韵文化传世工程在藻溪的实践与传承,助力文化高地打造与共同富裕示范区建设。

在"景熙故里·共富苍南:2022浙江(苍南)宋韵文化高峰论坛"上,各位专家学者为打造苍南县域宋韵文化品牌"传经送宝"。"林景熙有'诗雄'之称,我觉得可以以'诗雄故里'作为整体性文化标志,将藻溪规模化构建为宋韵遗民文化景区。"浙江省历史学会副会长周膺凭借多年的地域文化品牌策划经验,提出了关于打造"南宋传奇诗雄故里藻溪"品牌的建议。

浙江大学哲学学院教授孔令宏为大家介绍了宋韵文化中的宗教形态及林灵真对道教思想传承发展的贡献。他指出,林灵真敏于著述,敏于传教,为元代东华派的发展做出了重要贡献,在中国道教思想史上占有一席之地。浙江省社会科学院哲学研究所副所长、研究员张宏敏作为学术召集人、主持人向论坛提交了一篇名为《宋韵文化研究的回顾与省察》的学术论文,其中对"宋韵""宋韵文化"概念的出处及其内涵,浙江省内关于宋韵文化宣传、研究的现状及最新进展予以全面系统的综述,并对如何深入推动宋韵文化的研究、传播、转化提出对策与建议。

温州大学资深教授陈增杰分享了他关于《林景熙集补注》的创作经历。通过多年的学术研究,陈增杰认为,林景熙是温州诗歌艺术成就"第一人",并表示政府要珍惜这种宝贵的文化遗产,做好历史文化升华和宣传推广,打造有影响力的文化品牌。浙江工业大学人文学院教授钱国莲认为,可以通过建设林景熙纪念馆来将宋韵文化资源"变现"。

此外,浙江省社会科学院历史研究所研究员吴晶、浙江财经大学东方学院副教授李洋、温州市文史研究馆馆员洪振宁、温州市图书馆研究馆员卢礼阳、浙江安防职业技术学院高职教育研究所所长伍红军、湖州师范学院人文学院副教授张剑等专家学者,都提出了自己对宋韵文化、林景熙学术思想及苍南历史文化特质的独到见解。这些学术成果的分享交流为苍南县域宋韵文化的研究、传承、传播、发扬和创新,带来了满满"干货",精准有力地助推了苍南全域文化旅游的高质量发展。

与会学者一致认为,在"宋韵文化"研究传承中,林景熙是一个具有"文化坐标"性质的南宋历史文化名人。他生在宋元之际,足迹遍布温州、台州、杭州、绍兴等地,"往来吴、越间,殆二十余年",还以"湖海客"自称。传颂至今的"冬青之役",淋漓尽致地体现了林景熙的爱国情操,而爱国主义精神正是宋韵文化的内涵之一。

其间,"宋韵苍南数字地图"平台正式上线。据了解,"宋韵苍南数字地图"平台通过"数字化平台＋文创"的形式,不断实现宋韵文化研究和宋韵文化打造的新突破,将文化资源转化为旅游地标、经济效益和社会效益。在"宋韵苍南数字地图"中,除了可以看到众多的宋代历史名人,还能看到大量的宋代窑址、石桥、碑刻等遗迹,这些能让人切实感受到宋韵文化在新时代的新活力。

各位专家学者还围绕文旅融合、共同富裕、社科赋能等课题,在藻溪三岙村状元府遗址、元店村状元井、流石村老街、盛陶村古窑群址等地走访调研,建言献策。

活动之后,受本次论坛主办、承办单位委托,我们以《林景熙与宋韵文化研究》为题,分"引言""宋韵文化研究""林景熙研究""苍南文史研究"等四个模块,编选了省内外的专家学者为"景熙故里·共富苍南:2022浙江(苍南)宋韵文化高峰论坛"精心撰写的学术论文,以及与会领导的致辞稿与讲话稿。最后，衷心感谢浙江省社会科学院、温州市社会科学界联合会、中共苍南县委宣传部、苍南县社会科学界联合会、中共苍南县藻溪镇委员会、苍南县藻溪镇人民政府为林景熙与宋韵文化研究所做出的努力与贡献。

编　者

2023 年 2 月

目　录

引　言

宋韵文化研究

林景熙研究

苍南文史研究

引 言

在"景熙故里·共富苍南：2022浙江（苍南）宋韵文化高峰论坛"上的欢迎词

中共苍南县藻溪镇党委书记　林玉辉

各位朋友：

值此丹枫迎秋、硕果飘香的美好季节，我们相聚在苍南藻溪，隆重举办"景熙故里·共富苍南：2022浙江（苍南）宋韵文化高峰论坛"，共同接受宋韵文化传统熏陶，感受灿烂的中华文明。在此，我谨代表苍南县藻溪镇党委政府和藻溪人民，向出席本次论坛的各位专家、各位贵宾和新闻界的朋友们，表示热烈的欢迎！

当前，全省上下正阔步行进在高质量发展建设共同富裕示范区的新征程上，迫切需要发挥文化先行的决定性作用。宋韵文化蕴含着浙江优秀传统文化的精神内核，更应做足特色、放大优势，为高质量发展、竞争力提升、现代化先行注入更基本、更深沉、更持久的动力。

藻溪镇地处苍南县域中心腹地，素有"山水田园风光、诗情画意藻溪"之美誉，是南宋爱国诗人林景熙，武状元林管、林时中的故里，历史文化底蕴深厚，是全省百强文化名镇。近年来，藻溪镇党委政府围绕"花园藻溪"发展定位，始终坚持以文化人、以文惠民、以文兴业、以文塑城，推进宋韵文化传世工程在藻溪的实践与传承，以宋韵文化为高质量发展蓄势赋能，助力文化高地打造与共同富裕示范区建设。一是借智聚力，传承宋韵文化旧时代精髓。组织省社科院、市县历史文化研究专家30余人走访调研南宋武状元林管、林时中故里遗址文化，邀请陆春祥、卢敦基等知名学者探讨乡土文化，承办"宋韵文化在苍南"社科普及活动，打造"宋韵文化体验空间"，加强藻溪历史文化研究。按照"修旧如旧"的原则，将文保单位"长泰内"改建成长泰茶书院，并结合藻溪老街风情馆、百姓书屋、雁过藻溪文化客厅、天韵奇石馆等文化阵地，构建起"一心多点"的公共文化服务体系。二是借力发力，焕发宋韵文化跨时代光芒。深入实施"大雁归巢、文化返乡"工程，与温籍旅加知名作家张翎女士共同打造"雁过藻溪"文化客厅，助推"书香藻溪"建设；与县文联签订"艺术乡建"指导师派驻协议，引领乡村文化发展；引进致诚陶艺筹建盛陶古窑研学基地，谋划打造集生产、研学、销售、展示、创意于一体的陶艺小镇，让文化IP活起来。将传统文化赋予时代需求，成功举办祭月仪式、扦抛球、摆殿等民俗传承活动，常态化开展非遗展演、南宋士大夫"插花品茗"、"宋韵藻溪过大年"等系列活动，赓续千年宋韵文脉，在传承中擦亮藻溪文化特色品牌。三是借势助力，探索共同富裕新时代路径。引导"新乡贤"投身家乡文化事业和文旅产业发展，助力共同富裕。比如：谢秉政出资近3000万元打造流石山栈道景点，并计划再投入7000万元支持流石未来乡村建设；蔡存进、陈候党分别捐资100万元用于藻溪镇的助教奖学；等等。"新乡贤"文化蔚然成风。

此次高峰论坛在藻溪召开，又将为藻溪带来一缕文化清风，让我们有幸全面聆听宋韵文化的理念和精髓，必将为推动藻溪新时代高质量发展注入强大的精神动力。

最后，再次感谢各位专家、各位朋友的光临，也预祝本次论坛取得圆满成功！

谢谢！

在"景熙故里·共富苍南：2022 浙江（苍南）宋韵文化高峰论坛"上的致辞

中共苍南县委常委、宣传部部长　邱智强

各位来宾：

大家上午好！

今天，我们在山清水秀、人文荟萃的苍南县藻溪镇隆重举行"景熙故里·共富苍南：2022 浙江（苍南）宋韵文化高峰论坛"。这是苍南落实省委"宋韵文化传世工程"的重要举措，是文化赋能助力共同富裕的生动实践，是苍南宣传思想文化战线的一件盛事。在此，我谨代表苍南县委、县委宣传部，向省社科院和市社科联对本次活动的关心指导表示衷心的感谢！向莅临现场的各位专家学者、各位媒体朋友表示热烈的欢迎！

一直以来，省社科院和市社科联对苍南都是厚爱三分，我们感念于心。省社科院和市社科联的关心关爱主要体现在三个"多"：一是扶贫助力多。2022 年是省社科院与苍南"结对帮扶"的第 13 个年头，省社科院历任挂职干部深入基层，在精准扶贫、村集体经济消薄等方面助力良多。二是资源投入多。在省社科院的关心支持下，2022 年 7 月我们成功举办了"浙江（苍南）刘基文化论坛暨 2022 年苍南县社会科学普及周启动仪式"，被授予了省社科院调研基地；今天在这里，我们又被授予了"社科赋能山区 26 县（苍南）共同富裕研究和实践基地"，广大苍南社科工作者拥有了一个更优质的调研平台。三是课题成果多。在温州市社科联的关心支持下，苍南有 5 项课题被列入省社科规划"社科赋能山区26 县高质量发展行动"预立项课题，占全省 1/13，其中 1 项入选《浙江社科要报》，2 个案例获评全省县域和基层单位高质量发展创新案例。

我希望，在今后的工作中，省、市社科界领导能一如既往地对苍南高看一眼、厚爱三分，我们也将继续努力为省、市社科事业做出苍南贡献！

围绕本次论坛主题，近年来，苍南在宋韵文化挖掘展示、活化利用方面也做了很多探索，概括起来主要是四个方面：一是打造更有影响力的城市 IP。2021 年，我们在全省率先召开"宋韵文化在苍南"状元群体现象主题研讨会，提出打造"南宋状元第一县"。在 2022 年 5 月，我们召开了历史性高规格的县委文化工作会议，出台《新时代文化苍南建设实施意见》，进一步提出打响"中国状元文化之乡"文化金名片。二是打造更有生命力的城市地标。在县城中心"两纵一横"精品线、未来乡村等重点项目中融入更多宋韵文化元素，迭代提升水景公园、中心湖公园、状元公园等城市建设，加快推进鹅峰书院、濂溪书院等宋代书院复建工程，通过城乡美学设计推动文化标识更加凸显。三是打造更有竞争力的文旅产业。一方面，以苍南被列入首批省级文旅产业融合试验区为新起点，加大"宋韵文化"融入景区标准化建设；另一方面，培育引进苍南古玩城、盛陶文创村等新业态，以宋韵文化为产业发展蓄势赋能，走出共同富裕文化引领新路径。四是打造更有感召力的文化高地。我们精心打造"苍南六言谭"等历史文化宣传阵地，通过微信公众号、微信视频号、抖音视频号等新媒体传播平台，先后推出北宋探花陈桷、南宋文状元徐俨夫、爱国诗人林景熙等系列人物专题报道，开设"宋韵文化在苍南"文物系列专栏，开展《宋朝臣民的一天》剧本杀等群众喜闻乐见、便于参与的趣味文化活动，引导人民群众感受宋韵苍南的文化魅力。

苍南能够取得以上的成绩，离不开全县宣传文化系统的辛勤付出，更离不开各位省、市社科界专家学者的关心关爱。对此，我要再次表示感谢！

在这里，我希望通过本次论坛，各位专家能够就如何挖掘和延续历史文脉解码苍南特有文化基因，打造更具苍南辨识度的文化 IP，助推文化文旅产业更好更快发展,助力苍南共同富裕等方面,给我们"把脉问诊"、指点迷津。我们也真诚地欢迎各位,多到苍南走一走、看一看,多来考察交流、传经送宝,同时感受山海苍南的独特魅力,享受山海苍南的舌尖美食。

最后,预祝本次活动取得圆满成功!也祝各位身体健康、工作顺利、万事如意!谢谢大家!

在"景熙故里·共富苍南：2022浙江（苍南）宋韵文化高峰论坛"上的讲话

温州市社会科学界联合会党组书记、主席
温州市社会科学院院长　潘晓勇

各位朋友：

千年宋韵，瓯风绵长。今天，我们在山清水秀的苍南藻溪隆重举办"景熙故里·共富苍南：2022浙江（苍南）宋韵文化高峰论坛"，我谨代表温州市社科联、社科院，向各位嘉宾、专家朋友表示热烈的欢迎！

党的二十大报告指出，新时代十年来，中华优秀传统文化得到创造性转化、创新性发展。宋韵文化作为中华传统文化的重要组成部分，是具有中国气派和浙江辨识度的重要文化标识。近年来，全市社科界紧紧围绕挖掘宋韵文化内涵，相继推动成立了浙江省宋韵文化研究中心温州研究与实践基地，编纂出版《永嘉学派研究选编》《宋韵瓯风十二章》，顺利出版浙江省文化研究工程课题成果"永嘉学派丛书"，举办了"永嘉学派、地域传统与温州模式的创立"学术论坛、瓯江山水诗路文化研究座谈会等系列学术研讨活动。

今天，在苍南举办宋韵文化高峰论坛，对进一步挖掘温州宋韵文化、弘扬中华传统文化具有重要意义。对此，我们有几点真诚的希望。

一是希望聚焦文化自信自强，让千年宋韵在新时代传承下去。宋代无论是在物质文明方面还是在精神文明方面所达到的高度，都是中国整个封建社会历史时期内别的朝代所不可比拟的。两宋时期也是温州文化发展爆发式增长期，瓷器、漆器、木雕等手工业产品涌现，茶叶、柑橘大规模栽种，"永嘉学派"文化印记形成，为温州历史文化奠定了基石，这也为我们提供了广阔的研究背景。宋韵文化研究是宋韵文化传世工程的重要内容，也是保护、传承、转化宋韵文化的前提和基础。通过挖掘阐释南宋时期温州极具价值的文化内涵，厘清宋朝对于温州独树一帜的文化的影响，在内涵挖掘、精义阐发上不断深化，丰富宋韵文化的时代内涵，做足"千年商港"城市品牌文章，为新时代文化温州建设提供源源不断的底气。

二是希望聚焦立足温州、服务当下，让千年宋韵在新时代彰显当代价值。要把传承发扬宋韵文化作为重要职责和光荣使命，吸引更多优秀社科专家学者关注温州、立足温州、解读温州，加强对接、深化合作、共促发展，形成更多符合新时代气质的社科精品，促进社科赋能行动落地见效，献计献策，让优秀传统文化为温州高质量发展蓄势赋能，为推动温州社会发展实现共同富裕注入来自历史的智慧和力量。

三是希望聚焦宣传推介，让千年宋韵在新时代流动起来。寻访回望富有宋味的景观、景点，利用好社科普及基地平台，建设一批 IP 地标，开辟一批研学旅游线路，以文塑旅、以旅彰文，全力打造宋韵文化展示窗口，打造具有瓯风的文化品牌。加强与各级新闻媒体的深度合作，提升传播力，讲好宋韵瓯风文化故事，努力营造全社会共同挖掘、弘扬中华优秀传统文化的浓厚氛围。

最后，预祝本次活动取得圆满成功！祝愿大家身体健康、工作顺利、万事如意！谢谢大家！

在"景熙故里·共富苍南：2022浙江（苍南）宋韵文化高峰论坛"上的讲话

浙江省社会科学院党委委员
浙江省人民政府地方志办公室主任　郑金月

各位嘉宾：

大家上午好！

"流来一水截人寰，虹背秋寒十二阑。白鹤飞边人影绝，天风吹佩玉珊珊。"这是一位雄踞宋元之际诗坛数十年的苍南县域爱国诗人——林景熙先生，留给后人并吟诵至今的一首描写秋冬交际的诗歌。

在全国上下深入学习宣讲党的二十大精神以及全省各地投身"两个先行"建设的关键时期，我们相聚在历史文化底蕴深厚的苍南县藻溪镇举办"景熙故里·共富苍南：2022浙江（苍南）宋韵文化高峰论坛"。在这里，首先请允许我代表作为本次活动主办单位之一的浙江省社会科学院，对各位嘉宾、各位学者及社科界同仁的到来，表示衷心的感谢！

"湖带诗书润，山增科第高"，在有"南宋状元第一县"之誉的浙南苍南县——吟诵着林景熙的诗歌佳句，举办"景熙故里·共富苍南：2022浙江（苍南）宋韵文化高峰论坛"。这在我看来，无疑具有了天时、地利、人和三要素。

先看"天时"。党的二十大报告对中华传统文化的重视程度是前所未有的。报告中首次提出"中华优秀传统文化得到创造性转化、创新性发展"的表述，习近平总书记强调"坚持和发展马克思主义，必须同中华优秀传统文化相结合"。这也启示我们"推进文化自信自强,铸就社会主义文化新辉煌",仍然要也一定要"传承中华优秀传统文化""坚持创造性转化、创新性发展"。2020年9月,时任浙江省委书记袁家军在浙江文化研究工程实施十五周年座谈会上明确要求:"要擦亮一批文化标识,大力推进宋韵文化传承发展中心建设,让南宋文化这张浙江文化金名片更加深入人心、走向世界。"2021年8月,袁家军在浙江省委文化工作会议上的讲话中,再次要求全省上下"在打造以宋韵文化为代表的浙江历史文化金名片上不断取得新突破";2022年6月,省第十五次党代会报告中又有"实施宋韵文化传世工程"的明确要求。毫无疑问,以"宋韵文化等为标识的浙江优秀传统文化"是中华优秀传统文化中的一分子。此时,我们开展"宋韵文化在苍南"的学术研讨,以期推动宋韵文化的创造性转化、创新性发展,无疑就是"天时"。

再看"地利"。温州是南宋永嘉学派的发祥地,苍南的宋韵文化资源更是丰富而独特。苍南是1981年从平阳县析出的新置县,今日苍南县域历史上文化最辉煌的时期当数南宋年间,苍南历史上的文状元、武状元都出自南宋。林景熙诗作《过徐礼郎状元坊》中所述的"徐礼郎状元"就是苍南历史上唯一的文状元——徐俨夫。徐俨夫为官刚正、不畏权贵,深受后人敬仰。以选自《过徐礼郎状元坊》诗句中的"湖带诗书润,山增科第高"作为"景熙故里・共富苍南:2022浙江(苍南)宋韵文化高峰论坛"大会宣传语,就娓娓道出苍南县域耕读文化的熹培深沅与山水文化的历史悠久。在"宋韵文化"研究传承中,林景熙也是一个具有"文化坐标"性质的南宋历史文化名人。他生当宋元之际,足迹遍布温州、台州、杭州、绍兴等两浙,"往来吴、越间,殆二十余年",还以"湖海客"自称。传颂至今的"冬青之役",淋漓尽致地体现了林景熙的爱国情操,而宋韵文化的基本特质就有爱国主义精神。更为殊胜的是,今年,是林景熙诞辰780周年。今天我们在"景熙故里"举办研讨宋韵文化的专题会议,无疑是一个最大的"地利"。

最后看"人和"。今天与会的各位专家学者(包括因它事未能到会的专家),既有对宋韵文化有深入研究的知名专家,像浙江省历史学会副会长周膺研究员、省宋韵文化研究传承中心办公室主任寿勤泽编审;也有数十年如一日地执着与坚守,精益求精,笺注林景熙诗文集的温州大学资深教授陈增杰先生,研究道教哲学思想的浙江大学教授孔令宏,研究温州历史文化的温州市文史研究馆馆员洪振宁先生、卢礼阳先生。今天参加学术会议的多数人,尽管我不认识,但是我知道今天与会的各位嘉宾、各位专家,都是我省研究宋韵文化、林景熙诗文思想,以及苍南历史文化的杰出专家。济济一堂,这就是"人和"。

浙江省社会科学院作为全省哲学社会科学研究的综合学术机构,按照"建设马克思主义坚强阵地、新型高端智库、'浙学'研究高地"功能定位,立足浙江、研究浙江、服务浙江。自建院以来,一直重视对以林景熙等为代表的浙江历史文化名人的综合研究,曾经组织编撰了百余本"浙江文化名人传记丛书"。近年来,浙江省人民政府地方志办公室主编的百余本《浙江通志》陆续出版,《浙江通志》第一百四十三卷《人物传》第230页中收录有"林景熙"的生平学行。

各位嘉宾、各位学者!

省第十五次党代会报告也提出"要打造新时代文化艺术标识",推进温州宋元码头遗址等海上丝绸之路遗址保护利用,提升"浙学等优秀传统文化影响力,做好非物质文化遗产传承保护"。一直以来,温州市苍南县的藻溪镇,就是省社科院的"结对帮扶"联系对象。刚才,省社科院结对帮扶苍南县小组组长华忠林同志,向苍南县藻溪镇授牌"社科赋能山区26县(苍南)共同富裕研究和实践基地"。省社科院作为苍南县的"结对帮扶"联系点,一直践行着"善作善成"理念,前些年,我们业务指导藻溪镇编纂的《藻溪镇志》,已经公开出版;四个月前,也就是今年7月,我们与温州市委宣传部、市社科联在苍南县莒溪镇举办了"浙江(苍南)刘基文化论坛暨2022年苍南县社会科学普及周启动仪式"。

下一步,省社科院包括省方志办愿意与温州市社科联、苍南县委宣传部、苍南社科联,就"共同富裕先行""新时代文化高地建设""宋韵文化研究""新时代数字方志"等课题以"院地合作"模式,深入开展相关专题研究。

在这里,我也诚意地邀请——今天与会的各位嘉宾、各位学者,在方便的时候,到省社科院、省方志办做客并指导工作。

最后,预祝本次论坛圆满成功!祝各位专家、学者身体健康、平安顺遂!

谢谢大家!

宋韵文化研究

宋韵文化研究的回顾与省察

浙江省社会科学院哲学研究所　张宏敏

中华文化源远流长，宋韵文化是具有中国气派和浙江辨识度的重要文化标识。宋韵文化以独有的精神气质和深厚的历史底蕴，表现出历久弥新的生命力、自信自强的创造力。南宋以杭州为都城，历史和现实交汇出独特韵味。千年来，浙江的经济、文化、艺术、生活、城市建设等无不烙上了"宋韵"的印记，并影响至今。毫无疑问，在当下的浙江社科理论界、宣传舆论界，"宋韵文化"绝对是一个热门词汇，故而有必要对"宋韵""宋韵文化"概念的出处及其内涵，浙江省内关于宋韵文化宣传、研究的现状及最新进展予以全面系统的综述，并对如何深入推动宋韵文化的研究、传播、转化提出对策与建议。

作为浙江历史文化重要标识的"宋韵文化"概念的最早出处，是2020年9月21日时任浙江省委书记袁家军在浙江文化研究工程实施十五周年座谈会上讲话中的一句："（浙江）要擦亮一批文化标识，大力推进宋韵文化传承发展中心建设，让南宋文化这张浙江文化金名片更加深入人心、走向世界。"①在2021年8月31日召开的浙江省委文化工作会议上，袁家军强调："在打造以宋韵文化为代表的浙江历史文化金名片上不断取得新突破，抓研究、抓传播、抓转化，做足特色、放大优势，传承好浙江优秀传统文化的精神内核。"②本文首要的关注点是，在浙江

---

① 《"强省""树人"！省委书记袁家军谈书写"重要窗口"文化新篇章》，转引自浙江社科网，2021年9月22日。
② 袁家军：《加快打造新时代文化高地　为高质量发展建设共同富裕示范区注入强大文化力量》，浙江在线，2021年8月31日。

社科、宣传理论界所倡言的"宋韵文化"之外,学术界又是怎样使用、理解"宋韵""宋韵文化"的呢? 这就需要首先对"宋韵"概念予以溯源,对学术意义上的"宋韵"本义予以阐释,进而对"宋韵文化"与"南宋文化"之间的关联予以揭示。

一、"宋韵""宋韵文化"概念溯源

对于学术或学科意义上的"宋韵"与"宋韵文化"概念的溯源,我们可以从公开出版的以"宋韵"命名的学术著作、以"宋韵"为选题的学术期刊论文为研究对象,观照并探究"宋韵"抑或"宋韵文化"的内涵与外延。

(一)以"宋韵"命名公开出版的学术著作

据统计,目前学界公开出版的学术著作中,书目中含有"宋韵"的出版物有 20 余种。通读相关内容可以得知,学术界对"宋韵"的理解有三种不同的看法。

第一,"宋韵"即是"宋词"。李庆、武蓉著《宋韵:中国古代诗歌》(新华出版社,1993),孙维城著《宋韵:宋词人文精神与审美形态探论》(安徽大学出版社,2002),陈晋主编《唐风宋韵新吟》(中央文献出版社、万卷出版公司,2006),郭永福、余向鸿主编《唐风宋韵》(中央民族大学出版社,2006),刘雪梅、张金桐著《唐风宋韵》(大众文艺出版社,2009),陈晋主编《唐风宋韵》(中国青年出版社,2012),余恕诚著《唐音宋韵》(北京大学出版社,2015),这 7 本书对"宋韵"的理解是:就"唐诗宋词"中的"宋词"来理解"宋韵",进而阐发宋词的审美特质,指出:"韵"是一个由晋至唐的漫长生长的过程,"宋词"也成为"宋韵"的鲜明体现,而一部唐宋词史也就显形为"韵"的衍生史。而"宋韵"(实际上就是"宋词"),则是封建后期艺术审美的最高标准;在"宋韵"与"宋词"的双向选择中,"宋韵"的人文精神也得以完美呈现。

第二,"宋韵"乃宋代艺术之"风韵"、社会生活之"气质"。中国国家博物馆等编选《宋韵:四川窖藏文物辑粹》(中国社会科学出版社,2006)

一书,就"宋瓷""宋代金银器""两宋仿古器物"的造型图像与产品工艺风格,来探究宋人所追求的人与自然和谐的审美观念与生活情趣。陈乃明《宋韵明风:宋明家具形制与风格》(浙江人民美术出版社,2021)一书,就宋代家具的具体形制与风格来解读"宋韵"。编委会编著《宋朝的 365 天:宋韵日历》(红旗出版社,2021)一书,认为"宋韵"作为一种精神气质,反映了当时社会生活的状态,渗透在宋朝人的日常生活细节中。

第三,宋韵文化"八大形态"说。省委宣传部理论处组织编写的《开卷有益·宋韵文化之制度》《开卷有益·宋韵文化之经济》《开卷有益·宋韵文化之思想》《开卷有益·宋韵文化之文学艺术》《开卷有益·宋韵文化之教育》《开卷有益·宋韵文化之科技》《开卷有益·宋韵文化之建筑》《开卷有益·宋韵文化之百姓生活》(浙江人民出版社,2021),浙江省社会科学院编著的《宋韵文化简读》(浙江人民出版社,2021),就是为贯彻落实浙江省委文化工作会议精神,向广大读者阐释、解读、宣传"宋韵文化"的"八大形态"而组织编写的,其中集中展示了多元包容、百工竞巧、追求卓越、风雅精致的宋韵文化气象。

(二)以"宋韵"为选题的学术期刊论文

在中国学术期刊网上,检录以"宋韵"为主题(篇名中含有"宋韵"二字)的学术期刊论文,从 1985 年至今(截至 2022 年 12 月 31 日),共有226 篇。其中:1985 年 1 篇;1990 年 1 篇;1991 年 3 篇;1997 年 3 篇;1999 年 1 篇;2001 年 2 篇;2002 年 2 篇;2003 年 2 篇;2004 年 2 篇;2006 年 4 篇;2007 年 3 篇;2008 年 2 篇;2009 年 6 篇;2010 年 8 篇;2011 年 4 篇;2012 年 7 篇;2013 年 5 篇;2014 年 4 篇;2015 年 5 篇;2016 年 3 篇;2017 年 5 篇;2018 年 4 篇;2019 年 7 篇;2020 年 6 篇;2021 年 33 篇;2022 年 103 篇。通读上百篇名中含有"宋韵"的论文(含新闻报道),我们可以得出以下结论:

第一,学术论文中第一次出现"宋韵"这个词汇,源于何昌林的一篇书信——《唐风宋韵论南音——写给海内外南音弦友》(《人民音乐》1985 年第 5 期),这里的"宋韵"特指两宋时期在福建产生并流传至今的以乐器、乐曲、乐谱、乐调、乐语等为载体的民间音乐。

第二，一直以来，"宋韵"多与"唐风"并称，1990年由天津电视台、天津歌舞剧院联合开拍，天津电影制片厂协助拍摄的题名为《唐风宋韵》的大型电视艺术片完成（6集），并在当时中国电视界产生一定影响。相关评论文章有董亚军的《大型电视艺术片〈唐风宋韵〉开拍》（《电影评介》1990年第10期），江声的《〈唐风宋韵〉扬国魂》（《瞭望周刊》1991年第9期），周汝昌的《〈唐风宋韵〉琐谈》（《中国电视》1991年第3期），陈志昂的《关于〈唐风宋韵〉的一封信》（《中国电视》1991年第4期）。这里的"宋韵"，主要就是"宋词"。

第三，在20世纪末21世纪初期的一段时间里，"宋韵"一词正式进入宋代文学界，与"宋词"并称，被视为宋词的人文精神与审美形态，详见孙维城的专著《宋韵：宋词人文精神与审美形态探论》（安徽大学出版社，2002）；与此同时，"宋韵"也与宋代美学发生了关联，如李菡苕的论文《宋韵在苏轼美学中的呈现》（《剑南文学》2013年第10期），就认为"韵"是我国封建社会后期艺术审美的价值取向，至宋代才定型成熟，并推广到一切艺术领域。

第四，由于北宋定都河南开封（汴京），一段时间以来，"宋韵"便成为用于指称开封这座城市精神气质乃至民间风俗的专属名词。比如，赵红继的文章《一城宋韵半城水　梦华飘溢伴汴京》（《中国三峡》2018年第5期），肖柏峰的《宋韵开封：开封市规划展示馆》（《室内设计与装修》2018年第6期），就是这样来使用"宋韵"一词的。

第五，超脱"宋词"的文学藩篱，以两宋历史文明来诠释"宋韵"，是浙江省社会科学院历史所原所长徐吉军的研究发现。他在2021年第1期至第8期《文化交流》（浙江省对外文化交流协会、浙江省人民对外友好协会主办）期刊上连续发表的8篇文稿——《宋韵：登峰造极的两宋文明》，从科技强国、城市文明、文化成就、移风易俗等多重维度对两宋文明的精华予以系统阐释。

（三）习近平对杭州"南宋文化"的重视与阐释

对于将"宋韵文化"作为浙江历史文化标识、"南宋文化"作为浙江历史文化金名片，可以溯源到习近平同志在浙江工作期间对杭州"南宋文化"的重视，以及对承办G20峰会的杭州——这座历史名城、创新之城"充满浓郁的中华文化韵味"的大力宣传。

2003 年 7 月 10 日,习近平在浙江省委十一届四次全会上做报告时指出:"南宋时,杭州成为全国的政治、经济、文化中心。"[1]2004 年 9 月 29 日,习近平在听取杭州市有关工作汇报时的讲话中强调:"杭州是国家首批命名的历史文化名城,是中国七大古都之一,历史源远流长,文化积淀深厚,有良渚文化、吴越文化、南宋文化等……这些珍贵的历史文化遗产是杭州的'根'与'魂'。"[2]

2016 年杭州承办 G20 峰会,习近平对作为一座历史文化名城和创新活力之城的杭州,更是在国际场合多次隆重推介。2015 年 11 月 15 日,习近平在二十国集团领导人第十次峰会工作午宴上关于中国主办 2016 年峰会的发言中,向国际友人介绍:"杭州是历史文化名城、创新活力之城,相信 2016 年峰会将给大家呈现一种历史和现实交汇的独特韵味。"[3]2015 年 11 月 30 日,习近平就二十国集团领导人第十一次峰会发表的致辞中指出:"杭州是一座历史名城,也是一座创新之城,既充满浓郁的中华文化韵味,也拥有面向世界的宽广视野。"[4]2016 年 9 月 4 日,习近平在二十国集团领导人杭州峰会上的开幕辞中再次指出:"去年 11 月,我在安塔利亚向大家介绍,上有天堂、下有苏杭,相信杭州峰会将给大家呈现一种历史和现实交汇的独特韵味。今天,当时的邀请已经变成现实。"[5]

南宋以杭州为都城,历史和现实交汇出独特韵味。行文至此,我们可以得出一个结论,今天的浙江提倡"宋韵文化"的研究传承,与杭州(确切说是南宋时期作为都城的"临安")作为一座历史文化名城、一座创新活力之城,所呈现出来的"一种历史和现实交汇的独特韵味"有密切关联。也可以这么说,"宋韵文化"本身就是"南宋文化"的一个衍生

① 习近平:《干在实处 走在前列:推进浙江新发展的思考与实践》,中共中央党校出版社 2006 年版,第 316 页。

② 习近平:《干在实处 走在前列:推进浙江新发展的思考与实践》,中共中央党校出版社 2006 年版,第 477 页。

③ 《习近平在二十国集团领导人峰会工作午宴上关于中国主办 2016 年峰会的发言》,《人民日报》2015 年 11 月 17 日。

④ 转引自《G20 峰会,习近平这样说》,《人民日报·海外版》2016 年 8 月 16 日。

⑤ 习近平:《构建创新、活力、联动、包容的世界经济——在二十国集团领导人杭州峰会上的开幕辞(2016 年 9 月 4 日,杭州)》,《人民日报》2016 年 9 月 5 日。

词。在中国特色社会主义进入新时代,浙江高质量发展建设共同富裕示范区的今天,充分挖掘"宋韵文化"这一登峰造极的两宋文明的内涵与外延,努力将浙江建设成新时代文化高地和在全国有较大影响的文明高地,借此推动中华传统文化的创造性转化和创新性发展,有着重大的学术价值与现实意义。

二、"宋韵文化"宣传、研究的现状及最新进展

自 2020 年 9 月时任浙江省委书记袁家军在浙江文化研究工程实施十五周年座谈会上明确提出"宋韵文化"的概念,以及 2021 年 8 月召开的浙江省委文化工作会议上对"打造以宋韵文化为代表的浙江历史文化金名片"的强调以来,在全省上下各级党委、政府、政协尤其是宣传文旅部门、高校科研机构学者的共同努力下,经过一段时间的舆论宣传、推介展示与学术研究,"宋韵文化"这张具有浙江辨识度的历史文化金名片在省内学界、业界已有一定的知名度。

这里,就有必要对浙江省内关于宋韵文化宣传、研究的现状及最新进展予以全面系统的综述,并对如何深入推动宋韵文化的研究、传播、转化提出若干有针对性的建议。

(一)浙江省域层面对"宋韵文化"的舆论宣传与推介展示

浙江省域层面对"宋韵文化"的舆论宣传与推介展示主要体现在以下九个方面。

1. 浙江省委主要负责人讲话及省委文件对"建设宋韵文化传承展示中心"及"开展宋韵文化研究传承"的要求

2020 年 9 月,时任浙江省委书记袁家军在浙江文化研究工程实施十五周年座谈会上指出:"要擦亮一批文化标识,大力推进宋韵文化传承发展中心建设,让南宋文化这张浙江文化金名片更加深入人心、走向世界。"

2021 年 6 月,袁家军在浙江省委十四届九次全会上的讲话中,对如何落实"着力打造精神文明高地",提出了"建设宋韵文化传承展示中

心,持续擦亮浙江文化金名片"的要求。① 2021 年 7 月,《浙江高质量发展建设共同富裕示范区实施方案(2021—2025 年)》发布,要求"深入实施文化研究工程,解码浙江文化基因,推进浙东学派、永嘉学派、阳明心学、南孔儒学、和合文化等创新转化,建设宋韵文化传承展示中心"②。2021 年 8 月 26 日,袁家军在浙江省委宣传部会同省委办公厅调研处开展宋韵文化专题调研并充分听取专家意见基础上所形成的调研报告上批示:"从思想、制度、经济、社会、百姓生活、文学艺术、建筑、宗教等方面全面、立体研究阐述宋韵文化,更准确理解其精髓,把握其历史意义和时代价值。"③

2021 年 8 月 31 日,袁家军在浙江省委文化工作会议上的讲话中要求"在打造以宋韵文化为代表的浙江历史文化金名片上取得新突破",明确指出:"宋韵文化作为中华优秀传统文化的重要组成部分,是具有中国气派和浙江辨识度的重要文化标识。要做足特色、放大优势,传承好浙江优秀传统文化的精神内核,特别要实施'宋韵文化传世工程',形成宋韵文化挖掘、保护、提升、研究、传承的工作体系,高水平推进创造性转化、创新性发展,让千年宋韵在新时代'流动'起来,'传承'下去,形成展示'重要窗口'独特韵味、文化浙江建设成果的鲜明标识。"④2021 年 9 月 16 日,《中共浙江省委关于加快推进新时代文化浙江工程的意见》指出:"实施宋韵文化传世工程,系统开展宋韵文化研究传承和南宋文化品牌塑造,从思想、制度、经济、社会、百姓生活、文学艺术、建筑、宗教等方面,展示多元包容、百工竞巧、追求卓越、风雅精致的宋韵文化气象。整体推进南宋皇城遗址综合保护,加快德寿宫遗址保护展示项目暨南宋博物院一期、南宋皇城遗址公园、绍兴宋六陵考古遗址公园、梅城千年古城复兴等建设,谋划建设宋韵文化博物馆,高水平办好南宋文化节,打造面向世界、面向未来、面向大众、面向现代化的宋韵文化传承

① 《以浙江先行先试为全国实现共同富裕探路! 浙江省委这样部署》,转引自浙江社科网,2021 年 7 月 18 日。

② 《浙江高质量发展建设共同富裕示范区实施方案(2021—2025 年)》,浙江新闻客户端,2021 年 7 月 19 日。

③ 内部资料,请勿转引。

④ 袁家军:《为高质量发展建设共同富裕示范区注入强大文化力量》,《今日浙江》2021 年第 17 期,第 14—15 页。

展示中心。"①

2. 浙江省委宣传部、杭州市委市政府、绍兴市委市政府联合主办"首届宋韵文化节"

为助力实施"宋韵文化传世工程",已连续举办 5 届的"南宋文化节"从 2021 年起升格为"宋韵文化节",由浙江省委宣传部、杭州市委市政府、绍兴市委市政府联合主办。2021 年 10 月 29 日晚,以"宋韵最杭州"为主题的"首届宋韵文化节"开幕式在杭州市上城区钱江新城城市阳台举行。开幕式包括歌舞表演、"宋风物语"非遗大观园在内的一系列活动,本届宋韵文化节将依托杭州丰富的南宋历史资源,推出丰富多彩的宋韵文化主题活动,擦亮杭州"南宋古都"的城市品牌。②

"首届宋韵文化节"以钱江新城、清河坊历史街区、湖滨步行街、皋亭山景区等为主要展示空间,开展全方位、多视角、多样化的宋韵文化主题活动,营造"宋韵满杭城"的氛围;围绕"挖掘、传承、演绎、体验"等内容,开展全方位、多视角、多样化的活动。活动内容主要包括"7 个 1、2 场会、N 个系列活动",即一场开幕式主题晚会、一场主题灯光秀、一场悦读节、一场宋画展、一届杭式生活节、一届陆游诗歌节、一场宋韵研究成果发布会、2 个研讨会、N 个系列活动,让市民群众和游客直观感受宋韵文化的无穷魅力。③ 总之,作为"宋韵文化传世工程"的重要篇章,"宋韵文化节"将宋韵文化的精髓转化成可观、可感、可参与、可分享的全民活动,有利于进一步推动文化基因解码、提高公众的文化认同感、提升浙江和杭州的文化软实力,让千年宋韵在新时代"流动"起来、"传承"下去。

---

① 《中共浙江省委关于加快推进新时代文化浙江工程的意见》(浙委发〔2021〕34 号)的相关解读,请参阅《让文化成为最富魅力、最吸引人、最具辨识度的标识——五问新时代文化浙江工程》,浙江新闻客户端,2021 年 9 月 30 日。
② 《"宋韵最杭州"首届宋韵文化节开幕》,新华网,2021 年 10 月 30 日。
③ 《今晚,"宋韵最杭州"2021 宋韵文化节开幕!杭城进入"宋韵时间"》,《钱江晚报·小时新闻》,2021 年 10 月 29 日。

3.浙江省人民政府新闻办公室召开"宋韵文化研究成果新闻发布会"

2021 年 11 月 4 日,浙江省人民政府新闻办公室召开"宋韵文化研究成果新闻发布会",浙江省社科联、省社科院、杭州市社科联、浙江大学、浙江工业大学等单位相关负责人出席发布会。发布会公布了浙江学者近一年来在宋韵文化研究上取得的六类研究成果。第一类是关于宋韵文化形态特征的初步梳理,主要有由浙江省社科院组织完成的《宋韵文化简读》。第二类是关于宋代历史文化研究成果,主要有包伟民教授的《陆游的乡村世界》等。第三类是关于宋代历史文化名人事迹、贡献的研究,主要有龚延明教授主持的《浙江宋代进士录》、何忠礼教授的《宋高宗新论》等。第四类是宋代浙学研究,主要有梅新林教授主持的《浙江学术编年·宋代卷》、束景南教授的《朱嘉:"性"的救赎之路》、何俊教授的《南宋儒学建构》等。第五类是关于宋代文献资料的整理,主要有黄灵庚教授主编的《北山四先生全书》、胡正武教授点校的《杜清献公集》等。第六类是宋代文学艺术的研究,主要有《吴熊和批校全宋词》,沈乐平教授的《浙江书法研究大系·宋代卷》以及王中焰教授的《蔡襄书学研究》等。

关于浙江省宋韵文化下一步研究计划,浙江省社科联副主席谢利根表示,宋韵文化研究将从世界史的视野,提炼概括"宋韵文化"的内涵与外征,梳理研究宋韵文化的历史底蕴、地域特色和文明意义,通过对文化发展历史动态的把握,构建宋韵文化的解释体系,加深对宋韵文化精神气韵、形态特征的理解,为更好地传承弘扬宋韵文化提供历史地理坐标和学术理论支撑。浙江社会科学界下一步将重点从宋韵文化形态系列研究、宋韵文化文献资料整理与研究、宋韵文化传承创新研究等三方面开展系列研究,围绕宋韵文化创造性传承和创新性发展,深入思考宋韵文化对中华优秀传统文化传承创新和当代发展的意义与价值。到2025 年,基本完成宋韵文化研究工程系列研究布局;到 2035 年,出版宋韵文化系列研究丛书 100 部以上,完成宋代主要文献整理,形成较为完整的宋韵文化研究成果体系。①

---

① 《六类宋韵文化研究成果在杭州发布》,人民网浙江频道,2021 年 11 月 4 日。

4.浙江省举行"宋韵文化传世工程推进会"

2021 年 11 月 11 日,浙江省举行"宋韵文化传世工程推进会",围绕实施"宋韵文化传世工程"进行阶段性总结,并部署下一阶段重点工作。

浙江省委宣传部相关负责人介绍,浙江已经建立宋韵文化传承弘扬常态工作机制,通过清单化管理、项目化推进、品牌化打造、平台化运作推进各项工作,取得了一系列阶段性成果。近来,浙江省在推动宋韵文化理论研究升级、加强省域宋代遗存考古挖掘和保护展示、打造宋韵文化品牌、讲好讲活"宋韵故事"等领域都有了较为明显的推进。宋韵文化研究传承,始终绕不开"深化、转化、活化、品牌化"的逻辑链条。围绕宋韵文化挖掘、保护、提升、研究、传承各个环节,以高效精准为目标,"宋韵文化传世工程"正搭建起一套闭环运行体系。宋韵文化和南宋文化理论研究、宋代历史文化遗址考古发掘、宋韵文化遗址保护展示、宋韵文化旅游开发、南宋文化品牌塑造、宋韵文化和南宋文化宣传推广等"六大工程"正在实施。

下一步,"宋韵文化传世工程"将着重聚焦实施一批以德寿宫遗址保护展示暨南宋博物院建设为代表的标志性宋韵文化遗址保护展陈项目,打造一批具有全国乃至国际影响力的宋韵文化活动品牌和演艺品牌,创作一批宋韵主题文艺精品,建设一批彰显宋韵风雅的地标性建筑,推出一批成体系、有价值的宋韵文化研究成果,开发一批独具特色的宋韵文化印记和文旅项目,推出更多标志性成果。[1] 总之,浙江将在宋韵文化的内涵挖掘、精义阐发上不断深化,在遗址保护、立体呈现上活化展示,在艺术呈现、创新利用上进行转化,在多元宣介、一体打造上塑造品牌,为实现文化共富、精神富有注入来自历史的智慧和力量。

5.《浙江日报》、浙江在线、《钱江晚报》对"宋韵文化"的系列宣传报道

(1)《浙江日报》刊发的"宋韵文化"专题理论文章。

2021 年 9 月 4 日,《浙江日报》推出《让千年宋韵"流动"起来》的纲领性新闻稿。[2] 2021 年 9 月 10 日,围绕"如何让宋韵文化成为浙江文化

---

① 《浙江:让宋韵文化传世流芳》,《浙江日报》2021 年 11 月 12 日。
② 《让千年宋韵"流动"起来》,《浙江日报》2021 年 9 月 4 日。

金名片",《浙江日报》理论部推出对中国宋史研究会会长包伟民教授的专访。包伟民认为,认识宋韵文化首先要全面认识宋文化。宋代是我国历史上文化最为发达的朝代。宋韵就是从宋代传承下来的文化底蕴和精神气质,它包括文化、思想、制度、科技、艺术等多个方面。宋文化指的是宋代的文化,宋韵文化则不局限于宋代,它体现了一种积淀、一种渗透、一种传承。①

2021年10月11日,浙江大学教授陶然在《浙江日报》"理论版"发文《从人的层面认识宋韵文化》,认为"宋韵"承载着中国传统文化精华,宋韵文化的核心因素是宋代士大夫群体,浙江更是宋韵文化的重要地理坐标,研究传承宋韵文化要重视其开放性特征。2021年10月26日,浙江省委党校教授董根洪在《浙江日报》"理论版"发文《实施宋韵文化传世工程应处理好六大关系》。② 2021年11月15日,浙江农林大学教授徐达在《浙江日报》"理论版"发文《推动宋韵文化全面融入浙江公共文化体系》。2022年3月14日,浙江省社会科学院研究员张宏敏在《浙江日报》"理论版"发文《三个"相结合"推进宋韵文化传播》。2022年3月21日,浙江省社会科学院研究员陈野在《浙江日报》"理论版"发文《从实践价值出发推进宋韵文化研究》。2022年4月25日,杭州师范大学教授沈松勤在《浙江日报》"理论版"发文《宋代文化的意与韵》,指出,宋人极为推崇的儒家经典《中庸》,其中"致广大而尽精微,极高明而道中庸"两句话或可用来概括宋代文化的意与韵。

此外,2021年10月10日至11月17日,《浙江日报》"亲历版"连续推出"寻宋解韵"系列报道——《大宋风骨 激荡家国情怀》《探寻南宋浙东学派的哲思:义利并举 经世致用》《诗眼看南宋 乡土韵味长》《江南无双历经坎坷 宋六陵里的家国情怀》《在南孔圣地探寻儒学文化基因》《千帆竞渡 港通天下 看宋人如何把生意做到全世界》《穿越时空,探寻中国古代科技的"黄金时期"》,主要从思想、制度、经济、社会、文学艺术等方面,展示多元包容、百工竞巧、追求卓越、风雅精致的宋韵文化气象。

① 《如何让宋韵文化成为浙江文化金名片:访中国宋史研究会会长、中国人民大学历史学院教授包伟民》,《浙江日报》2021年9月10日。

② 董根洪:《实施宋韵文化传世工程应处理好六大关系》,《浙江日报》2021年10月26日。

（2）《钱江晚报》推出"寻宋江南"等系列新闻报道。

2021年9月4日起，《钱江晚报》"小时新闻"记者宋浩在《钱江晚报》"人文读本"专栏推出"小宋寻宋"系列。2021年9月18日，"小宋寻宋"的策划题目是《中秋夜这个点去，有可能看到古籍里记载的"月岩望月"》。2021年10月4日，"小宋寻宋"的策划题目是《孔庙890岁了，南宋时农历八月是它最热闹的时候》。

2021年9月14日，《钱江晚报》刊登对浙江省文物考古研究所副所长郑嘉励研究员的专访。郑嘉励对"宋韵文化"的理解有八句话："浩然正气的爱国主义""以天下为己任的士大夫精神""经世致用的'浙学'思想""放眼天下的海外贸易""典雅敦厚的士大夫生活美学""丰富多元的市民生活""奠定后世审美范式的文化艺术""以三大发明为代表的科学技术"。[①] 这在宋韵文化研究界引起了一定的社会反响。

2021年11月30日，《钱江晚报》和《新民晚报》《扬子晚报》《姑苏晚报》，在头版头条、官方微博上宣布，联手推出"待无恙，多来往——长三角四大晚报邀你寻宋江南"的特别策划。[②] 2021年12月27日，《钱江晚报》"寻宋江南"专栏发文《浮山差点让苏东坡开条运河，朱熹曾在昙山讲学留有题刻》。

2021年12月9日，《新民晚报》"寻宋江南"专栏发文《青浦金泽：在700岁古银杏树下探寻"不断云"》。2021年12月16日，《新民晚报》"寻宋江南"专栏发文《在上海博物馆里，寻找宋的生活美学》。2021年12月20日，《新民晚报》"寻宋江南"专栏发文《龙华塔：一座"活"在当下的古塔》。2022年1月5日，《新民晚报》"寻宋江南"专栏发文《静安寺的"前世今生"：千年础石托起闹市古寺》。2022年1月10日，《新民晚报》"寻宋江南"专栏发文《他（任仁发）在700年前的这一创举，奠定了上海繁荣的环境基础》。2021年12月16日，《扬子晚报》"寻宋江南"栏目发文《北固山上的铁塔900岁了，它还是省内唯一的古铁塔》。2021年12月4日，《姑苏晚报》"寻宋江南"栏目发文《苏州吴中区的西山岛，曾经的八大宗族的故事》。2021年12月6日，《姑苏晚报》"寻宋江南"

---

① 《宋韵到底是哪种韵？考古专家郑嘉励总结八句话》，《钱江晚报》2021年9月14日。
② 《长三角四大晚报融媒体齐出声，网友掀起"线上寻宋"热》，《钱江晚报》2021年11月30日。

栏目发文《四张"寻宋路单"带你探访宋代繁华苏州》。2021年12月9日,《姑苏晚报》"寻宋江南"栏目发文《穿越千年,寻塔探幽"醉"江南》。2021年12月27日,《姑苏晚报》"寻宋江南"栏目发文《来北桥探寻那些藏在旧尘里的宋韵风雅》。此外,2021年12月6日,《苏州日报》"寻宋江南"栏目发文《已经"寻宋"218处的浙大历史系副教授吴铮强,开出了一份"江南寻宋清单"》。

《钱江晚报》《新民晚报》《扬子晚报》《姑苏晚报》联手推出"待无恙,多来往——长三角四大晚报邀你寻宋江南"特别策划,这也说明宋韵文化在江南长三角文化圈中已经引起了一定的社会反响。

(3)"浙江在线"推出《赓续千年文脉　谱写宋韵新章》《宋说四季》融媒体策划。

2021年9月14日,为了整个报刊新闻等融媒体资源宣传普及宋韵文化,"浙江在线"推出了《赓续千年文脉　谱写宋韵新章》的网页①。其中:①"大伽谈传承"栏目收录有郑嘉励的《宋韵到底是哪种韵?》、徐怡涛的《叩开德寿宫门聆听宋韵文化》、包伟民的《如何让宋韵文化成为浙江文化金名片》等。②"图看别样美"栏目收录有《〈西园雅集图〉里的宋代集会》《穿越千年　一起品味宋韵中秋》《"崇尚自然、不时不食、过亥不餐"　宋人饮食竟如此精致考究》等。③"悠悠谱新章"专栏收录有《画龙村打造沉浸式宋韵文化体验空间》《从舌尖到指尖　携宋韵送温情》《一条诗河　十里长街　浙江这两地让千年宋韵"流动"起来》《千年鄞州古村,刻入新时代的宋韵文化名片》《重点项目加速上城传承千年宋韵》《寻访南宋御街,看南宋文化与潮文化的交融》等专题新闻。④"一朝千古情"专栏收录有《世间美好与你环环相扣,杭州这场别致的宋韵婚典,复刻南宋时期新人结婚的排场》《杭州清河坊历史街区:蕴千年文化　品百味宋韵》《来苏堤感受宋韵文化　苏东坡文化公园提升亮相》《清河坊五大文化工程展宋韵特色》《宋韵在哪里?看看浙江这几件博物馆镇馆之宝　你就会有答案》《南宋西湖断桥上有两对叫"六两半"的风向标是做什么的?听学者为你解读》《南宋皇帝出游的御街是什么样的?来杭州的中山路找答案吧》《发

① https://zjnews.zjol.com.cn/202109/t20210914_23088574.shtml。

掘 20 余年只为寻找一个答案:南宋皇城在哪儿》《解码千年宋韵》《杭州城里寻宋韵》《生活里的宋韵:从南宋流淌至今的烟火气》《跟着考古学家"唤醒"一座华美天城》《轩辕黄帝祭典如何体现唐风宋韵? "剧透"来了》等专题新闻。

2022 年 3 月 30 日起,"浙江在线"推出《宋说四季》融媒体策划,通过宋画、宋词、宋乐等不同元素走入宋人的春夏秋冬,进一步映照当下的四季繁华。春季启动"春风话宋韵"系列报道,再现千年前宋人的春日生活。①

6. 浙江省委宣传部主办"浙江省首届'悦读宋韵节'"并发布全国首张"宋韵书单"

2021 年 10 月 30 日,为充分挖掘展示宋韵文化价值内涵,传承宋韵文化,打造具有浙江特色的标志性宋韵文化品牌,由浙江省委宣传部主办的"浙江省首届'悦读宋韵节'启动仪式"在浙江图书馆举行。同时发布了全国首张"宋韵书单":①邓小南的《宋代文官选任制度诸层面》(修订版,中华书局 2021 年版);②赵冬梅的《大宋之变,1063—1086》(广西师范大学出版社 2020 年版);③政协杭州市上城区委员会编、徐吉军的《南宋皇城记忆》(杭州出版社 2017 年版);④包伟民、吴铮强的《宋朝简史》(浙江人民出版社 2020 年版);⑤张邦炜的《两宋王朝史》(郑州大学出版社 2021 年版);⑥浙江大学中国古代书画研究中心编的《宋画全集》(浙江大学出版社 2008 年版);⑦[宋]孟元老的《东京梦华录》(中州古籍出版社 2010 年版、中华书局 2020 年版);⑧傅伯星的《大宋楼台:图说宋人建筑》(上海古籍出版社 2020 年版);⑨肖鹏、王兆鹏的《重返宋词现场》(东方出版中心 2021 年版);⑩虞云国的《水浒寻宋》(上海人民出版社 2020 年版);⑪吴铮强的《北宋的十一张面孔》(浙江大学出版社 2021 年版);⑫姜青青的《遇见宋版书》(浙江摄影出版社 2019 年版);⑬《国家图书馆宋元善本图录》编纂出版委员会编的《国家图书馆宋元善本图录》(浙江古籍出版社 2019 年版);⑭陆一飞编的《宋徽宗书画精品集》(西泠印社出版社 2017 年版);⑮龚延明、祖慧主编的《宋代登科总录》(广西师范大学出版社 2014 年版)。这 15 种"宋韵书单"可

谓种类丰富、涉猎广泛,既有小说也有诗词,既有专业大部头也有通俗小品文,可满足读者的不同需求。①

7.浙江省委宣传部主办、浙江古籍出版社和浙江大学宋学研究中心联合承办了"宋学大讲堂"

按照浙江省委"精心启动实施宋韵文化传世工程"要求,省委宣传部主办、浙江古籍出版社和浙江大学宋学研究中心联合承办了"宋学大讲堂"。"宋学大讲堂"固定主持人为浙江大学宋学研究中心学术委员会主任龚延明教授。2021年10月30日,"宋学大讲堂"第一讲开讲,北京大学教授邓小南以《转型时代:宋代政治文化面面观》为题,从"延续与变迁""生于忧患,长于忧患""宋代的政治导向和政治氛围""社会整体呈现平民化、世俗化、人文化"等四个角度,回答"究竟如何看待宋朝"的问题。② 2022年3月26日,清华大学教授陈来主讲"宋学大讲堂"第二讲。陈来认为,宋代理学的历史定位可以用"亚近代的文艺复兴"做总结,宋代理学不应被视为封建社会后期没落的意识形态或封建社会走下坡路的观念体现,而是摆脱了中世纪精神的、亚近代的文艺复兴和文化表现。有了这样一个定位,我们对"宋代理学"可能会有一种平实的、恰当的了解。③

8.浙江省、杭州市、上城区共建的"浙江宋韵文化研究传承中心"成立

2022年2月11日,为贯彻落实省委文化工作会议精神,推进宋韵文化传世工程,加强宋韵文化研究传承和南宋文化品牌塑造工作,由浙江省、杭州市、上城区共建的"浙江宋韵文化研究传承中心"在杭州市上城区文化中心正式投入运营。会议审议通过了宋韵文化研究传承中心指导委员会、学术咨询专家委员会委员名单及工作规则,并向顾问专家发放了聘书。

宋韵文化研究传承中心将在指导委员会的指导下,充分发挥学术

---

① 《首届"悦读宋韵节"启幕　开启可看可听可触摸的现代宋韵之旅》,浙江在线,2021年10月31日。

② 《邓小南"宋学大讲堂"开讲:四个方面认识"转型时代"宋代》,钱江晚报·小时新闻网,2021年11月3日。

③ 《"宋学大讲堂"第二讲如期举办著名哲学史家陈来先生概说宋代理学》,腾讯网,2022年3月26日。

咨询委员作用,大力整合省内外研究力量,进一步深化宋韵文化系统性研究,加强宋韵文化多渠道传播,着力推进宋韵文化创新性转化,为打造宋韵文化传承展示中心、塑造南宋文化品牌贡献智慧力量。杭州市委宣传部主要负责人表示,浙江省、市、区共建宋韵文化研究传承中心,是贯彻落实浙江省委文化工作会议精神、推进宋韵文化传世工程的实际行动,是一体化、整体性推进宋韵文化挖掘、保护、提升、研究、传承工作的有效举措。中心正式运行后的第一项工作就是开展首批宋韵文化研究课题的申报评审,分为学术研究著作和通俗读物两大类。接下来,中心还将以迎亚运为契机,打响南宋皇城系列品牌,推动宋韵文化研究传承工作积极融入亚运城市行动,让杭州亚运会成为助力宋韵文化国际传播的重要平台。①

9. 浙江文化研究工程推出"宋韵文化研究"专项课题

为推动宋韵文化学术研究,由浙江省哲学社会科学工作办公室实施的浙江省文化研究工程在 2021 年、2022 年设立课题系列,指导并支持省内外高校科研机构开展"宋韵文化"专题研究。2021 年 10 月 12 日,浙江省社科联公布 2021 年度浙江文化研究工程立项课题(第一批),其中立项课题有:浙江大学教授龚延明主持的"宋学研究系列",子课题有"宋代交通史""宋代科举史""宋代宰相与国家治理""宋代经典词的生成""宋代军事管理制度研究""宋代救灾政策与社会管理""宋代文学考论""两宋佛教地理流动研究""宋代政治的空间与结构""婺州思想文化研究(1100—1600)""宋代文官职名制度研究""宋代书籍聚散考";浙江省社会科学院研究员王宇主持的"永嘉学派研究大系",子课题有"儒家的形质之学:永嘉学派哲学的逻辑构造""探索共治:永嘉学派的政治实践""崇义以养利:永嘉学派的经济之道""以文鸣道:永嘉学派与南宋古文新变""弥纶以通世变:永嘉学派的史学研究""性理·制度·工夫:永嘉学派的经学研究""浙学重东嘉:永嘉学派近代复兴研究""永嘉学派的当代价值:基于现代市场文化的实践与探索""源远流长:永嘉学派研究史述论";浙江省文物考古研究所研究员郑嘉励主持

---

① 《宋韵文化研究传承中心成立　围绕宋韵文化"八大形态"开展研究》,《浙江日报》2022 年 2 月 12 日。

的"浙江宋代墓志碑刻集成",子课题有"浙江宋代墓志碑刻集成·宁波卷""浙江宋代墓志碑刻集成·丽水卷""浙江宋代墓志碑刻集成·绍兴卷""浙江宋代墓志碑刻集成·杭嘉湖卷""浙江宋代墓志碑刻集成·温州卷""浙江宋代墓志碑刻集成·台州卷""浙江宋代墓志碑刻集成·金衢卷"①。2021年12月6日,浙江省社科联公布2021年度浙江文化研究工程立项课题(第二批),其中立项课题有:浙江省社会科学院党委书记俞世裕的"宋韵文化简明读本"。②

(二)"宋韵文化"学术理论研究的新进展

自2021年8月31日浙江省委文化工作会议召开以来,"宋韵文化"研究引起了浙江社会各界的普遍关注和讨论,全省各地都在思考如何基于本地的历史文化资源,让"宋韵文化"研究、传承、传播、发展落到实处。为此,浙江省内的理论界、学术界通过举办学术会议、出版专著、撰写"宋韵文化"的研究阐释文章,有力地推动了"宋韵文化"理念在各行各业的宣传与弘扬。

1.举办"宋韵文化"主题学术研讨

2021年5月22日,由杭州市社科联(院)、杭州市图书馆主办,杭州市社会科学院南宋史中心承办的"德寿宫与南宋历史文化系列讲座"(共四期)在杭州市图书馆开讲。③ 2021年9月13日,由浙江省博物馆、浙江省博物馆学术委员会、浙江省文物考古研究所、浙江省考古学会、浙江省文物考古研究所学术委员会、钱江晚报联合主办的"宋韵——讲好宋韵故事 传承历史文脉"主题沙龙活动在浙江省博物馆孤山馆区文澜阁罗汉堂举行。2021年10月20日,由浙江省委宣传部指导,浙江日报报业集团主办,天目传媒、上城区委区政府承办的"宋韵文化:传世与传播——2021中国(杭州)宋韵文化论坛"在杭州

---

① 《关于公布2021年度浙江文化研究工程立项课题(第一批)的通知》,浙江社科网,2021年10月13日。

② 《关于公布2021年度浙江文化研究工程立项课题(第二批)的通知》,浙江社科网,2022年1月10日。

③ 《聆听宋韵文化 "德寿宫与南宋历史文化系列讲座"开启第一讲!》,搜狐网,2021年5月22日。

市上城区举行。①

2021 年 10 月 23 日,由浙江省社会科学界联合会、浙大城市学院共同主办,浙大城市学院历史中心承办的"历史叙述"工作坊在杭州举行,与会专家围绕宋代文化开展了深入研讨。2021 年 11 月 17 日至 18 日,浙江省儒学学会、杭州市文保中心联合举办以"宋韵与宋文化"为主题的讲座。其中,何俊主讲"程朱理学的话语形塑",白效咏主讲"仁宗朝政治运作与宋韵诞生的社会政治环境",范立舟主讲"宋明理学与人生修养"。此外,在 2021 年,由浙江省社科联、浙江省钱塘江文化研究会、中共杭州市上城区委宣传部主办,杭州市上城区社科联、华语之声联合承办的"智者面对面"节目,以直播访谈的形式,邀请社科专家学者走进直播间,解读分享宋韵文化,打通社科专家与网友的交流互动通道,旨在挖掘宋韵文化特质内涵和当代价值,助力打造宋韵文化品牌,让宋韵文化金名片更加深入人心、走向世界,引领社会新风尚。②

2.出版"宋韵文化"研究专著

由浙江省社会科学院组织编写、浙江人民出版社于 2021 年 12 月出版的《宋韵文化简读》一书,是对浙江省委文化工作会议提出的"宋韵文化"的全方面解读,围绕宋韵文化的概念内涵、精神实质、形态特征和当代价值,集中展示了多元包容、百工竞巧、追求卓越、风雅精致的宋韵文化气象,准确把握其文化精髓、历史意义和时代价值,组织提炼"宋韵"的核心特征,让千年宋韵在新时代"流动"起来、"传承"下去。

为贯彻落实省委文化工作会议精神,向广大读者阐释、解读、宣传"宋韵文化",2021 年 12 月,浙江人民出版社推出了以"宋韵文化"为主题的"三读"丛书。该丛书由中共浙江省委宣传部组织编撰,理论处具体负责,共出版《开卷有益·宋韵文化之制度》《开卷有益·宋韵文化之经济》《开卷有益·宋韵文化之思想》《开卷有益·宋韵文化之文学艺术》《开卷有益·宋韵文化之教育》《开卷有益·宋韵文化之科技》《开卷

---

① 《"宋韵文化:传世与传播"论坛在杭州举行 征集全球经典案例》,快资讯,2021 年 10 月 20 日。

② 《传承宋韵文化,助力精神共富——"智者面对面"的这一年》,浙江社科网,2022 年 2 月 19 日。

有益·宋韵文化之建筑》《开卷有益·宋韵文化之百姓生活》等 8 种图书。每种图书分为"概述""名篇""解读""风物"四个板块。"概述"对本卷主题做总览式介绍,概括这一宋韵文化形态的突出特点、发展过程、深远影响等;"名篇"汇编了有关这一宋韵文化形态的名篇佳作,主要以宋代文学作品为主;"解读"精选近现代著名宋史学者关于这一宋韵文化形态的理论文章,帮助读者把握其精髓;"风物"汇编与宋韵文化形态有关、现今保留于浙江省内的宋韵文化历史遗存。

2021 年 11 月,红旗出版社出版的《宋朝的 365 天:宋韵日历》,由浙江省社会科学院南宋史专家徐吉军、浙江日报杭州分社记者团队共同创作,《宋朝的 365 天》编委会编著,浙江省社会科学联合会和杭州市上城区委宣传部提供合作与支持。①

3.发表"宋韵文化"研究论文

(1)《宣传半月刊》推出"宋韵新风款款来"专辑。

2021 年 11 月 25 日,由浙江省委宣传部主办、浙江日报报业集团合办、浙江共产党员杂志集团出版的 2021 年第 22 期《宣传半月刊》,推出"宋韵新风款款来"专辑。卷首语是《宣传半月刊》副主编徐澜撰写的《问宋寻韵　美好生活》。相关编选文章有:季方的《宋韵新声》、胡坚的《我们从宋韵文化中学到什么》、陈野的《宋韵文化的六种精神》、郑嘉励的《宋韵概念的八大方向》、李飞的《将宋韵融入当下生活》、范卫东的《让千年宋韵流动起来》、马敏的《揭开德寿宫的神秘面纱》、林雨晨的《放翁祖居地　诗词传美学》和潘晓辉的《"宋诗之河"流淌常山》,并附录有《从阅读中认识宋韵》的书单。

在我们看来,《宣传半月刊》的"宋韵文化"研究专辑,汇编了目前浙江省内宣传理论界关于宋韵文化的内涵与外延及其基本精神的基本观点。例如:①郑嘉励的《宋韵概念的八大方向》,归纳了广义宋韵概念的八大方向:浩然正气的爱国主义、以天下为己任的士大夫精神、经世致用的"浙学"思想、放眼天下的海外贸易、典雅敦厚的士大夫生活美学、丰富多元的市民生活、奠定后世审美范式的文化艺术、以三大发明为代

---

① 《红旗出版社新书〈宋朝的 365 天:宋韵日历〉带你寻味宋生活感受宋文化》,红旗出版社旗书网,2021 年 11 月 24 日。

表的科学技术。① ②胡坚的《我们从宋韵文化中学到什么》指出,我们弘扬宋韵文化,最重要的是要学到以下六方面的文化价值:崇尚思想、精忠爱国、兴业安邦、繁荣艺术、安乐百姓、优雅生活。③陈野的《宋韵文化的六种精神》指出,她理解的宋韵文化,特指两宋文化中优秀的文明元素、内在精神和传延至今的文化价值。② ④李飞的《将宋韵融入当下生活》指出,应从政治制度、科学教育、经济金融、学术文化、科学技术、文学艺术等六个方面来触摸、了解、体悟宋韵文化。

(2)《浙江社会科学》《浙江学刊》推出"宋韵文化"研究专栏。

为推动"宋韵文化"在学术界的传播与研究,《浙江社会科学》《浙江学刊》杂志在 2022 年第 1 期均推出了"宋韵文化"研究专栏。其中,杭州市社科院南宋史研究中心教授何忠礼在《浙江社会科学》上发文《南宋的历史地位与"宋韵"文化》③;陈野的《试论宋韵文化的认识维度、精神实质和当代价值》、徐吉军的《论宋代文明的成就及历史地位》、何勇强的《宋代科技成就的历史地位刍议》、王一胜的《宋代经济的现代韵味》、刘克敌的《关于"宋韵"阐释的几个问题》等在《浙江学刊》上发表。

浙江省钱塘江文化研究会主办的《钱塘江文化》(月刊,内刊)开辟有"宋韵探略""创意宋韵"等研究专栏。自 2021 年第 7 期起,《钱塘江文化》还以"本刊特稿"专栏刊发署名为"浙江省钱塘江文化研究会"系列文章,诸如《开发南宋文化的最大旅游价值》《宋韵文化学习研究中要注意的几个问题》《宋韵文化在城区中传承展示的思考》《打造宋韵文化金名片与构建新时代文化高地》《进一步完善宋韵文化视觉元素的提炼工作》《解码宋韵文化 打造"风雅宋"上城》《为什么要发掘和保护南宋皇陵》《打造"古都副城,宋韵临平"品牌》《大力推进宋韵美食三件组新开发》《宋韵文化与上城区城市文化品牌传播战略》等,为研究、传播、转化"宋韵文化"建言献策。

---

① 郑嘉励的观点,又见上文提到的《宋韵到底是哪种韵? 考古专家郑嘉励总结八句话》,《钱江晚报》2021 年 9 月 14 日。应该指出,郑嘉励对"宋韵"基本精神的"八句话总结",具有一定的代表性。

② 陈野对"宋韵文化"的理解,又见前文提到的《宋韵文化简读》(浙江人民出版社 2021 年 12 月版)一书"导论",又见下文《试论宋韵文化的认识维度、精神实质和当代价值》(《浙江学刊》2022 年第 1 期)。

③ 何忠礼:《南宋的历史地位与"宋韵"文化》,《浙江社会科学》2022 年第 1 期,第 142—150 页。

永康市陈亮研究会主办的《陈亮研究》(内刊)也有"宋风雅韵"的专栏,刊登或转载"宋韵文化"研究的理论文章。如 2022 年第 1 期刊发有《理学:宋韵文化的思想形态》《宋韵文化传世工程》《宋韵永康》等论文。《杭州日报》"学与思"专栏也发表有"宋韵文化"研究论文。比如,姜青青的《"宋韵"说》①,朱睿达、赵红娟的《宋韵文化的新时代探寻》等。②

三、浙江省内各地市(县、区)的宋韵文化挖掘、宣传与研究动态

"传承宋韵文化是一件关乎未来的大事、要事,是与全省各地各部门都密切相关的事。"2021 年 8 月浙江省委文化工作会议的召开,将宋韵文化提升至新高度,全省各地市相继围绕宋韵文化做出谋划并开展工作。为积极响应省委文化工作会议提出的实施"宋韵文化传世工程",省内 11 个地市纷纷召开文化工作会议,也推出打造独具区域特色的宋韵文化。

(一)杭州:高水平打造"宋韵文化传承展示中心"

加强杭州宋韵文化保护与展示,是贯彻落实习近平总书记关于历史文化名城建设重要指示精神的必然要求,是忠实践行"八八战略"、建设"文化强省"的重要内容,是奋力展现"重要窗口"头雁风采、争当浙江高质量发展建设共同富裕示范区城市范例的应有之义。

2021 年 5 月 19 日至 11 月 19 日,以"宋韵风、雅生活、潮消费"为主题的"首届宋韵·杭式生活节"举行,共有开、闭幕式以及"10＋X"等主题板块,超过 250 个主题活动,从服饰、美食、演艺、诗词、文创、研学等维度,重现"风雅处处是平常"的生活方式与生活美学。③ 2022 年 1 月 1 日至 3 日,"宋韵文化国际传播园"在吴山城隍阁景区盛大亮相。2022

---

① 姜青青:《"宋韵"说》,《杭州日报》2021 年 8 月 26 日。
② 朱睿达、赵红娟:《宋韵文化的新时代探寻》,《杭州日报》2022 年 1 月 18 日。
③ 《一秒带你进"宋画"！杭州"宋韵"时空旅行开启,画、香、花、诗、酒、茶等南宋经典元素都齐了》,《杭州日报》2021 年 5 月 13 日。

年4月22日上午,杭州市上城区清波街道举行"宋韵传世行动"项目发布会暨"宋画中的亚运会"主题活动,现场展示深厚的宋韵"家底"。①2022年4月22日下午,在第27个"世界读书日"到来之际,由杭州市上城区文化和广电旅游体育局(文物局)、杭州市上城区妇联主办的"品千年宋韵·迎时代亚运"2022年杭州上城区诵读嘉年华活动拉开帷幕。②

1. 杭州市政协:"请你来协商·宋韵文化保护与展示"

2021年9月8日,杭州市政协主席潘家玮就"请你来协商"专题协商课题"宋韵文化保护与展示"开展调研。2021年10月18日,杭州市政协围绕"宋韵文化保护与展示"主题开展"请你来协商"活动。杭州市政协文化文史和学习委主任王利民代表课题组做主旨发言,认为,宋韵文化是两宋文化的精华与精彩所在,代表宋代物质文明和精神文明的高度,其内容涉及宋代文化各个领域,其传承传播方式关涉到诸多学科。因此建议成立宋韵文化跨领域跨学科研究联盟,邀请国内外史学、文学、哲学、考古、艺术、传播、博物馆学等领域的专家学者共同就宋韵文化的概念、内涵、特质、范畴、时空及传承、传播开展多学科研究,提炼出宋韵文化的核心要义、精神底色、文化价值和当代意义。③杭州市政协主席潘家玮说,高质量做好宋韵文化保护和展示工作,让千年宋韵在新时代更好地流动起来、传承下去,杭州市政协要发挥独特优势,持续建言助推,努力为打造"宋韵文化传世工程"杭州样本、推进杭州历史文化名城建设贡献智慧力量。④

2. 杭州市上城区:打响"南宋古都·经典上城"品牌

杭州市上城区作为南宋皇城遗址所在地、南宋文化发祥地,留存着南宋皇城遗址、三省六部、太庙、皋亭山爱国主义教育基地等多处宋韵遗迹,是全国宋韵文化积淀最深厚、保存最完整的地区之一。对宋韵的

---

① 《清波街道推出"宋韵传世行动"项目!还让孩子与宋人在画中"踢球"》,"上城发布",2022年4月23日。

② 《"品千年宋韵·迎时代亚运"——2022杭州上城区诵读嘉年华向世界传扬宋韵文化》,浙江之声,2022年4月23日。

③ 《委员专家说宋韵文化·赓续千年文脉 谱写宋韵新篇章(一)》,杭州政协新闻网,2021年11月2日。

④ 《让千年宋韵文化流动起来传承下去 杭州市政协线上线下聚共识出实招》,《联谊报》2021年10月21日。

保护和传承,上城区一直在做。首先是研究,通过文化基因解码,从 700 余个基本文化元素中提炼出"德寿宫遗址""南宋官窑""八卦田遗址"等宋韵文化元素。再是传播和转化,通过举办文化活动、开发宋韵 IP 文创衍生品、深化文旅融合等方式,让宋韵文化散发新的活力和光彩。

2020 年 12 月召开的杭州市上城区委十届十三次全体(扩大)会议指出:作为南宋皇城遗址所在地、南宋文化发祥地,上城区一直将南宋文化传承作为该区建设一流的国际化现代化城区的文化支撑和精神动力。① 2021 年 8 月 3 日,杭州市上城区政协举行了一场主题为"打造文旅融合 体验高地聚力 推进宋韵文化传承展示"的专题协商会,政协委员、企业代表、市民代表和各职能部门围坐一堂,围绕"如何加快打造宋韵文旅 IP"这个命题,纷纷献计献策。② 2021 年 10 月 27 日起,上城区委宣传部与《钱江晚报》联合推出系列文化报道《千年上城·宋韵上乘》。2022 年 1 月 15 日,"品宋韵·迎亚运"西泠春运会@非遗中心分会场在杭州市上城区西泠印社非物质文化遗产展示中心举行。③

2022 年 2 月 11 日,经过近半年的筹备,"宋韵文化研究传承中心"在杭州市上城区文化中心正式投入运营。下一阶段,上城区将紧紧围绕宋韵文化传世工程目标定位,打好宋韵文化"研究、传播、转化"三张牌,全力打造宋韵文化传承展示中心,重现具有中国气派、东方特质的"南宋遗韵"。④ 2022 年 2 月 12 日至 16 日,上城区推出了"宋韵满城 喜迎亚运闹元宵"系列活动,通过开展具有宋韵特色、亚运元素的元宵节系列活动,营造平安、欢乐、祥和的虎年元宵节日氛围。⑤

3. 杭州市西湖区:西湖西溪,宋韵流淌

杭州市西湖区也是杭州宋韵文化传承与展示区。2021 年 10 月 30 日,由杭州市风景园林学会、杭州市历史学会等联合举办的以"双西合璧 宋韵杭州"为主题的"第十四届杭州西湖文化研讨会"召开。此次

---

① 《持续擦亮南宋文化品牌 上城将打造宋韵文化传承展示中心》,《杭州日报》2020 年 12 月 19 日。

② 《南宋书房内,上城政协纵论宋韵文化》,浙江新闻网,2021 年 8 月 6 日。

③ 《浙江杭州:品宋韵 迎亚运》,人民网,2022 年 1 月 16 日。

④ 《一曲宋韵拂杭州》,《杭州日报》2021 年 11 月 10 日。

⑤ 《赏花灯、品年俗、玩非遗……杭州各地元宵"闹"起来》,《杭州日报》2022 年 2 月 15 日。

研讨会旨在促进"双西宋韵"流淌起来,充分展现杭州宋韵文化的独特魅力,团队合力的研讨会还将继续耕耘下去。[①] 2022 年 2 月 13 日至 16日,为丰富人民群众精神文化生活,推动宋韵文化融合交流,西湖区文化和广电旅游体育局联合晓风书屋以本土非遗及艺术呈现宋韵文化,在弥陀寺公园内举行"2022 年元宵节系列文化活动",诚邀大家前来"品宋韵,迎亚运,闹元宵"。

4.建德:借力亚运打造"宋韵文化标识地"

宋韵不只在杭城凤凰山下,也在新安江边。建德市委、市政府更是紧扣"宋韵文化传世工程",以打造"宋韵文化标识地"为目标,深入实施严州古城、寿昌古镇、新叶古村复兴计划,系统挖掘南宋文化、水浒文化和诗词文化。

2022 年 4 月 1 日,"杭州市亚运'决胜攻坚'誓师动员大会"这一天,作为浙西门户的杭州建德,抛出了"新名片"——在杭州看亚运,到建德品宋韵。建德市委相关负责人说,更多的宋韵文化在建德被不断发掘、打磨。梅城镇正大街上,一座南宋瓦肆正在打造中,未来将成为又一宋韵展示地;寿昌镇组织"宋韵文化节",让南宋韵味走入千家万户。[②]2022 年 4 月 23 日,一场以"龙舞千年、寻宋寿昌"为主题的宋韵文化展示节活动在建德市寿昌镇举行。[③] 2022 年 5 月 5 日,《浙江日报》以《建德梅城　打造宋韵文化传承标杆地　谱写千年古城复兴新篇章》为题刊发专版文章。

5.杭州市社科界:"服务亚运　传承宋韵"

杭州市社科联(院)组织杭州社科界抓住杭州筹办亚运会的重大历史机遇,加强宋韵文化研究、展示、交流、传播。2022 年的杭州社科界把开展"办好一个会,提升一座城"亚运专题研究作为重点工作贯穿全年,将策划组织召开"宋韵文化学术研讨",继续扩大杭州南宋史研究在海内外的影响。届时,邀请国内和日本、韩国等海内外知名南宋史专家,就南宋的经济、政治、文化、社会以及南宋都城临安展开研讨交流,扩大

---

① 《西湖西溪,宋韵流淌,这个研讨会为"双西"串起一条新纽带》,钱江晚报·小时新闻网,2021 年 10 月 30 日。

② 《借力亚运　建德打造宋韵文化标识地》,浙江新闻客户端,2022 年 4 月 1 日。

③ 《"龙舞千年、寻宋寿昌":展现宋韵文化魅力》,建德新闻网,2022 年 4 月 25 日。

宋韵文化在国际上的影响,助推宋韵文化在国际上的传播,助力提升城市国际影响力。

杭州市社会科学院南宋史研究中心是浙江省首批哲学社会科学重点研究基地,经过 16 年坚持不懈的努力,已经组织编撰出版了南宋史研究的相关书籍 100 余册。2022 年,杭州市社科联(院)将实施宋韵文化辑刊、丛书、普及读本工程。一方面,开办《宋韵文化》辑刊,凝聚整合海内外宋韵文化研究力量,邀请海内外学者撰写论文,深入探讨宋韵文化,努力打造宋韵文化国际学术交流新阵地;另一方面,将深入推进南宋及南宋都城临安研究系列丛书出版计划。杭州市社科联(院)启动"大家写小书"计划,并于 2022 年上半年编撰出版首套宋韵普及读物——《写给青少年的宋韵百讲》,为宋韵文化传播普及提供图文并茂的通俗读物。①

6.杭州演艺集团:打造原创舞台作品《宋韵》

2021 年年初,杭州演艺集团原创舞台艺术作品《宋韵》正式立项。2021 年 6 月 2 日,《宋韵》主创团队见面会上,国家一级演员、北京人艺著名表演艺术家杨立新携主创团队正式亮相。中国传媒大学戏剧影视学院将作为《宋韵》主要制作班底参与项目,邀请濮存昕、徐涛等著名表演艺术家参与演出。同时,还将集结中央音乐学院、北京人民艺术剧院、浙江音乐学院、浙江艺术职业学院、浙江昆剧团以及杭州六大市属文艺院团的艺术力量。总导演杨立新表示,目前正在创排阶段的《宋韵》将是一部综合多种艺术门类的创新型舞台艺术作品。越剧、昆曲、歌舞、国乐,甚至西洋的交响乐等凸显江南文化的艺术元素,都将以古今交融的形式出现在这部长达两个半小时的原创作品中。要用各种观众喜闻乐见的表现手法,让杭州厚重的历史、灿烂的文化在《宋韵》中呈现出独特韵味、别样精彩。②

7.杭州市园林文物局:"宋韵迹忆"主题全媒体传播平台

为深入挖掘杭州宋韵文化资源价值和内涵,让千年宋韵在新时代"流动"起来、"传承"下去,2021 年 12 月 10 日,由杭州市园林文物局主

---

① 《"服务亚运 传承宋韵":杭州市社科界推动优秀传统文化走出去,助推城市国际化》,《杭州日报》2022 年 4 月 7 日。

② 《杭州演艺集团打造原创舞台作品〈宋韵〉》,《杭州日报》2021 年 6 月 3 日。

办的"宋韵迹忆"主题全媒体传播平台正式上线。这也是全省首个宋韵主题全媒体平台,平台深入挖掘杭州宋韵文化资源价值和内涵,打造南宋文化品牌。平台紧紧围绕杭州市宋代文物、文化资源,全面挖掘、展示、宣传杭州宋韵文化,分为活动动态、寻宋、说宋、品宋、传宋等五大板块。①

(二)宁波:梳理"宋韵甬存",讲好"宋韵"宁波故事

挖掘宁波宋韵文化资源,是深入贯彻浙江省委文化工作会议精神的重要途径,也是助力打造新时代宋韵文化高地的重要载体。宁波作为国家历史文化名城,有中国首个"海丝文化之乡"、王应麟读书节、东钱湖南宋石刻公园、王安石治鄞的相关研究及作品创作等,这些无不打上了深深的"宋韵文化"印记。

2021年10月9日至11日,以"致敬百年·读领风尚"为年度主题的第七届浙江书展在宁波国际会展中心举行。为立体展现宋韵文化,让千年宋韵在新时代"流动"起来、"传承"下去,本届书展在展馆内打造了一间"南宋书房",除了书,茶、香、花、画一应俱全,再现宋人风雅。②2021年10月29日,由宁波市委宣传部主办的"2021宁波宋韵文化周暨天一阁·月湖金秋艺术季活动"在月湖景区宝奎巷史氏故里开幕。本次活动邀请到了省内知名的宋韵文化研究专家学者参与,梳理总结"宋韵甬存"物质和非物质遗产,挖掘宁波宋韵文化中的进步思想、高尚情操等价值,讲好"宋韵"宁波故事。2022年3月9日,由宁波市委宣传部、宁波市文化广电旅游局指导,宁波日报报业集团都市报系主办的"宁波'三湖'宋韵文化研讨会暨甬上文化传播力研究院成立仪式"在月湖云在书院举行。③

2022年4月23日,值"4·23世界读书日"到来之际,宁波图书馆天一讲堂与浙江大学宋学研究中心合作,联合推出"浙里甬有 千年宋韵——天一讲堂浙大宋学名家系列"。讲座内容涵盖宋词、宋代士大夫

---

① 《全省首个宋韵主题全媒体平台 汇集杭州81处宋代文物遗址 "宋韵迹忆"上线》,《杭州日报》2021年12月14日。

② 《来浙江书展 感受宋韵文化》,中国宁波网,2021年9月28日。

③ 《宁波宋韵文化传承要有辨识度 专家学者共谋甬城宋韵未来》,中国宁波网,2022年3月10日。

的生活、宋代佛教、宋代官场、宋朝宫廷政治、宋代书画、宋代民俗等,还会涉及浙江、宁波相关的宋代历史文化研究,旨在为打造新时代文化高地添砖加瓦,为文化自信增色添光,为"书香宁波"添彩助力。4 月 23 日下午,浙江大学宋学研究中心主任陶然教授的讲题是"宋词与宋韵"。①

宁波市下辖 6 个区(鄞州区、海曙区、北仑区、奉化区、镇海区、江北区)、2 个县城(宁海县、象山县)、2 个县级市(慈溪市、余姚市),也拥有丰富的宋韵文化资源,其中以鄞州区、海曙区的宋韵文化资源最为丰富。2021 年 9 月以来,鄞州区、海曙区的宣传部门、社科文史专家为挖掘宣传研究"鄞州宋韵""海曙宋韵"做出了不少努力。2021 年 9 月 22 日,宁波市鄞州区召开"宋韵文化建设专家座谈会",来自市、区的 10 余位文史领域的专家学者,为鄞州区如何更出彩地打造宋韵文化工程出谋划策。② 2021 年 10 月 20 日,鄞州区举行"宋韵文化建设座谈会",就《关于鄞州区加强宋韵文化建设打造东亚宋韵文化交流示范区的实施意见》征求区各镇街、相关部门的意见、建议。③ 2022 年 3 月 29 日,鄞州区政协组织开展"打造鄞州特色宋韵文化金名片"专题视察活动。④ 2021 年 10 月 29 日,由宁波市委宣传部主办,海曙区委宣传部承办,海曙区文化和广电旅游体育局、宁波市天一阁·月湖景区管理办公室执行的"2021 宁波宋韵文化周暨天一阁·月湖金秋艺术季活动"在月湖宝奎巷史氏故里正式启幕。⑤ 2021 年 10 月 29 日,海曙区图书馆特邀宁波大学历史学系教授钱茂伟在岭读城市书房开讲"宁波宋韵文化"。⑥ 2022 年 2 月 23 日,宁波市委书记彭佳学在宁波市第十四次党代会上的报告中提出,要精心打造"东钱湖宋韵文化圈"。⑦

① 《浙里甬有 千年宋韵——天一讲堂浙大宋学名家系列启动》,宁波图书馆微信公众号,2022 年 4 月 21 日。
② 《我区召开宋韵文化建设专家座谈会》,鄞州新闻网,2021 年 9 月 23 日。
③ 《我区举行宋韵文化建设座谈会》,鄞州新闻网,2021 年 10 月 21 日。
④ 《区政协开展专题视察活动 聚力打造鄞州特色宋韵文化金名片》,鄞州新闻网,2022 年 3 月 30 日。
⑤ 《宁波宋韵文化周暨天一阁·月湖金秋艺术季启动》,中国宁波网,2021 年 10 月 31 日。
⑥ 《宁波文化崛起于宋代 听宁大教授聊宁波的宋韵文化》,中国宁波网,2021 年 10 月 30 日。
⑦ 彭佳学:《胸怀两个大局 服务国之大者 勇担时代大任 为加快建设现代化滨海大都市而努力奋斗——在中国共产党宁波市第十四次代表大会上的报告》(2022 年 2 月 23 日),中国宁波网,2022 年 2 月 28 日。

（三）温州：深入实施"宋韵瓯风传世工程"

南戏是温州独具辨识度的宋韵文化名片。这些年，温州不断开展关于"南戏"文化的研究活动，设立南戏文化季，擦亮"戏曲故里"这张文化金名片的自信。温州市委市政府高度重视文化工作，特别是把擦亮"永嘉学派"文化标识作为推进文化温州建设的头号工程，2021年以来重点谋划推进"三个一"，即建成永嘉学派馆，推进"永嘉学派研究大系"研究，重新整理出版永嘉学派典籍丛书，深入挖掘永嘉学派文化精髓、历史意义和时代价值，传承和弘扬好优秀传统文化，为全省实施"宋韵文化传世工程"，打造以宋韵文化为代表的浙江历史文化金名片贡献温州力量。

2021年11月2日，温州市委文化工作会议召开，围绕"一个定位"、突出"五大引领"、聚焦"七项工程"的新时代文化温州建设主体框架搭就。2021年12月22日，位于温州市区海坛山文化公园的"永嘉学派馆"正式开馆，"永嘉学派研究大系"开题会同步举办。[①] 2022年1月24日，洪振宁在《温州日报》上发文《永嘉学派存世文献整理研究初探》，指出：永嘉学派是宋韵文化在温州的重要见证之一，永嘉学派诸位学者的存世著作尤为令人瞩目。[②] 2022年2月召开的温州市第十三次党代会提出，要深入实施"宋韵瓯风文化传世工程"。2022年4月，温州市政府在工作报告中提出，扎实推进"三年百项文化工程"，深化温州学派、永嘉学派研究，实施宋韵瓯风文化传世工程，做好《温州大典》研究编纂工作。[③]

2022年4月19日晚，由文化和旅游部、浙江省人民政府指导，温州市人民政府、浙江省文化和旅游厅主办，以"宋韵瓯风——来温州一起看世界"为主题的"2022东亚文化之都·中国温州活动年"开幕。[④] 当"宋韵"遇上温州，下一步，温州将以"宋韵"为核心，打通温州文化的古今脉络。讲好温州"宋韵"文化故事，建设"永嘉学派"文化公园、南戏文

---

① 《温州举行"永嘉学派研究大系"开题会　为宋韵文化传世工程贡献力量》，温州网，2021年12月23日。

② 洪振宁：《永嘉学派存世文献整理研究初探》，《温州日报》2022年1月24日。

③ 《2022年温州市政府工作报告》，温州网，2022年4月15日。

④ 《东亚文化之都——宋韵瓯风　来温州一起看世界》，澎湃新闻网，2022年4月19日。

化园等,增进人们对"宋韵"文化的认识和体验。挖掘温州民居特色,建设若干"宋韵"浓郁、个性鲜明的"宋村"。通过基因解码和基因重组,将温州打造成浙江"宋韵"文化的南部高地。

温州市下辖的鹿城、龙湾、瓯海区和瑞安、乐清市及永嘉、洞头、平阳、苍南、文成、泰顺县,也结合本地区的实际情况开展对宋韵文化的研究宣传与传播转化。比如,2021 年 10 月 22 日,"'宋韵文化在苍南'状元群体现象主题研讨会"在苍南书城举行。① 2022 年 4 月 4 日,永嘉县举办"永嘉宋文化研讨会暨'宋韵永嘉'文化品牌云发布仪式",旨在通过认真落实新时代文化浙江工程,加快推动永嘉宋文化传承发展,打造"宋韵永嘉"文化品牌。②

(四)湖州:传承"湖学"精神,讲好湖州的宋韵故事

在湖州市中心苕溪大桥下的商业广场上,有一尊雕像立于此,雕像上的人物是一位老者,仿佛在传道授业,他就是在湖州开创了辉煌"湖学"的北宋著名思想家、教育家胡瑗。在"湖学"影响下,从宋至清,江南儒学蔚然成风,胡瑗也成为"宋韵文化"的开创者,他的学术被后人归结为"明体达用"。对于宋韵文化在湖州的弘扬与传承发展,湖州将进一步致力于传承湖学精神,发扬湖学品格,讲好湖州的宋韵故事。

2021 年 12 月 8 日,由中国哲学史学会、浙江省社会科学界联合会、复旦大学哲学学院等联合主办的"太湖论学"高峰论坛暨"湖学"与江南儒学研讨会在湖州举行。时任湖州市委书记王纲说,北宋著名思想家、教育家胡瑗,在湖州首创的以"明体达用"为精髓的"湖学",奠定了宋韵文化的思想基础,成为宋韵文化的源头。浙江省委宣传部副部长、省社科联主席盛世豪在致辞中表示,希望在各级各有关部门和广大专家学者的共同努力下,以"湖学"为代表的江南儒学能够在研究上有新突破,在平台载体构建上有新举措,在传承上有新形式,在转化上有新思路,推动传统文化在新时代焕发新的光彩。复旦大学哲学学院教授何俊指

---

① 《"宋韵文化在苍南"状元群体现象主题研讨会举行 提出打造"南宋状元第一县"》,搜狐网,2021 年 10 月 23 日。

② 《浙江温州永嘉发布"宋韵永嘉"文化品牌》,新华网,2022 年 4 月 6 日。

出,宋韵文化最核心的东西是宋代的学术思想,而宋代学术思想的源头,留下重要印记和推动作用的就是"湖学"。①

为推动湖州宋韵文化的挖掘与传播,湖州在线"南太湖号 App"推出了"宋韵湖州"系列文章。比如:2021 年 10 月 2 日的《胡瑗与"湖学"》,2021 年 10 月 16 日的《苏东坡眼里的湖州》,2021 年 10 月 31 日的《一页宋版,一两黄金——湖州的宋刻本》,2021 年 12 月 4 日的《燕家景致,随目可爱》,2021 年 12 月 11 日的《追寻湖州笔工》,2021 年 12 月 18 日的《不老词人张先传奇》,2022 年 4 月 2 日的《宋代湖州铜镜的逆袭之道》。②

(五)嘉兴:挖掘宋韵文化,助力古城文化复兴

嘉兴,一座因水而兴、因水而盛的历史文化名城。大运河流淌千年,近千年前,被视为南宋最有作为的皇帝宋孝宗赵昚诞生于此。由于大运河在南北交流上的特殊作用,南宋初期大量北方人口迁居嘉兴,为嘉兴注入中原文化基因,对嘉兴经济文化发展产生了极大的影响,南北方文化在宋代嘉兴得到充分涌流与发展。嘉兴积极开展宋韵文化研究、传承和保护工作,围绕天籁阁复建,着力打造嘉兴宋韵文化艺术交流中心。

为了详细阐释"宋韵与嘉兴之间有着怎样的故事",2021 年 12 月 30 日,"大运河(嘉兴段)与宋韵文化研究"学术研讨会在嘉兴市图书馆举行。2022 年 1 月 14 日,《嘉兴日报》"江南周末""读嘉人文"栏目推出《宋"韵"嘉禾双人谈》,宋史专家金纲与嘉兴市社科院文化研究所副所长崔泉森深入解读嘉兴的宋韵文化。2022 年 2 月 11 日起,《嘉兴日报》"江南周末"栏目推出"宋韵禾风"系列报道,追寻先人足迹,走访宋之遗迹,关注嘉兴宋韵之人物、地理、风俗、思想、文化等。相关篇目有:《乡土嘉禾中的宋韵传承》《宋韵嘉禾,数风流人物》《走读宋韵遗踪:宋代的"行政中心"和商业街》《衣冠南渡兴嘉禾,文脉大盛启后世》《俊彦辈出的宋代嘉兴人》《往来嘉兴者,星光熠熠》《风雅至极的宋朝人吃什么?》

---

① 《"太湖论学"高峰论坛暨"湖学"与江南儒学研讨会在湖举行》,澎湃新闻网,2021 年 12 月 8 日。

② 相关信息来源于"湖州在线"(http://www.hz66.com/)。

《有宋一代留下多少民俗印记?》《宋代嘉兴人怎么过年?》《走读宋韵遗踪:一个皇帝两处足迹》。① 2022 年 2 月 25 日,嘉兴市委书记张兵对《嘉兴日报》"江南周末"栏目中推出的"宋韵禾风"系列报道做出批示,要求嘉兴在"古城文化复兴过程中,注意挖掘宋韵文化"。

(六)绍兴:全力打造宋韵文化节点城市

绍兴因南宋宋高宗"绍祚中兴"的题额而得名,作为南宋陪都的绍兴拥有丰厚的宋韵文化底蕴,如宋六陵、绍兴古城、陆游等,但最有辨识度的还是宋六陵、陆游和陆游诗。绍兴是两宋文化重要承载地,让千年宋韵在新时代"流动"起来、"传承"下去,成了当下绍兴文化发展建设的时代命题。

2021 年 9 月 5 日,由绍兴文理学院、绍兴市陆游研究会、绍兴市宋韵文化研究中心联合举办的"爱国诗人陆游与宋韵文化传世工程专家座谈会"在绍兴咸亨酒店举行,专题研讨绍兴宋韵文化传世工程的规划与实施,盘点绍兴在宋韵文化建设传承和研究方面的资源与优势,为绍兴宋韵文化研究开展提供指导建议。②

2021 年 9 月 6 日,《绍兴晚报》发文《绍兴:打造宋韵文化中最动人的风景》,对绍兴宋韵文化内涵予以介绍。③ 2021 年 9 月 28 日起,绍兴"越牛新闻"连续刊登绍兴文史专家冯建荣撰写的"绍兴宋韵"系列文章:《陪都府治之气韵》《教育科举之雅韵》《思想文化之意韵》《社会生活之趣韵》《南宋皇陵之遗韵》,主题思想是:最是宋韵在绍兴,绍兴是宋韵文化的集大成者。这是因为,绍兴先是南宋事实上的首都,后又是南宋事实上的陪都,宋韵文化因此而兴于绍兴,传于绍兴。④

2021 年 10 月至 11 月,绍兴市委、市人民政府与浙江省委宣传部、杭州市委、市人民政府共同主办了"2021 宋韵文化节"。2021 年 11 月 13 日,欣逢南宋诗人陆游诞辰 896 周年,"2021 首届陆游诗歌节"在绍兴市越城区皋埠街道陆游祖居举行。此次诗歌节以"宋韵越城·诗绎

---

① 相关信息来源于"嘉兴在线"(https://www.cnjxol.com/)。
② 《打造文化标识 传承千年宋韵——爱国诗人陆游与宋韵文化传世工程专家座谈会成功举办》,绍兴文理学院官网,2021 年 9 月 7 日。
③ 周能兵:《绍兴:打造宋韵文化中最动人的风景》,《绍兴晚报》2021 年 9 月 6 日。
④ 相关内容,详见"绍兴网"(http://www.shaoxing.com.cn/)。

乡村"为主题,旨在弘扬宋韵文化、推荐陆游祖居,推动乡村振兴、实现共富先行。① 2021 年 12 月 6 日,以"宋韵流芳 绍兴有戏"为主题的第七届绍兴非遗集市在绍兴开市。②

2022 年 3 月 8 日,绍兴市委召开文化工作会议。市委书记盛阅春在讲话中强调,系统梳理文脉,深挖宋韵文化,进一步提升绍兴文化在中华文化、浙江文化版图中的地位,在历史文化弘扬上求突破、攀高峰。2022 年 3 月 24 日,《绍兴晚报》以《最是宋韵在绍兴》为题刊登了一组专家学者对"绍兴宋韵文化"予以解读的采访稿。2022 年 4 月 14 日,绍兴市纪委市监委驻市府办纪检监察组在《绍兴日报》发文《接续与建构具有绍兴辨识度的宋韵文化》。③ 2022 年 4 月 19 日,绍兴市宣传思想工作会议召开。会议提出,绍兴要"争当节点,高水平打造宋韵文化传承标识":"推进宋六陵考古发掘和考古遗址公园建设,加快推动陆游故里等一批宋韵文化项目谋划建设。推进宋韵文化文献研究,举办宋韵文化节、陆游诗歌节等活动,打造沈园夜游等宋韵人文景观,推出一批宋韵题材文艺作品,全力打造宋韵文化节点城市。"④

(七)金华:传承"八婺宋韵",打造浙中文化新高地

悠悠婺州府,千年宋韵城。李清照避难金华时写下大量诗词,那首登临八咏楼留下的"千古风流八咏楼,江山留与后人愁。水通南国三千里,气压江城十四州"更是成为绝唱。双龙之水天上来,汇入婺江西到海。而今,这些丰厚的文化资源穿越千年,化作山水文墨,蘸尽诗韵风雅,成为这座历史文化名城探路新征程的丰沛给养。千百年来,从儒学、理学到婺学,千年宋韵孕育了璀璨夺目的文化星河。

2021 年 12 月 22 日,浙江师范大学人文学院召开"宋韵文化跨学科合作研究暨论著结撰启动会",相关专家就宋韵文化的跨学科合作研究、相关论著《千古泽被:浙风宋韵的多维审视》的编撰工作进行了

① 《弘扬宋韵文化 2021 首届陆游诗歌节开幕》,人民网·浙江频道,2021 年 11 月 14 日。
② 《宋韵流芳 绍兴有戏:第七届绍兴"非遗集市"集纳 100 余非遗项目开市》,凤凰网·浙江,2021 年 12 月 6 日。
③ 《接续与建构具有绍兴辨识度的宋韵文化》,《绍兴日报》2022 年 4 月 14 日。
④ 《全市宣传思想工作会议召开:勇攀绍兴宣传文化工作新高峰》,绍兴宣传,2022 年 4 月 19 日。

商讨。① 2022 年 1 月,金华首家沉浸式宋韵非遗主题文化餐厅——"宋韵·婺州府"在金华古子城开业。② 2022 年 1 月 27 日,为打响宋韵文化兰溪金名片,由金华市文化和广电旅游体育局、兰溪市委宣传部和兰溪市文化和广电旅游体育局主办的"八婺宋韵·金熠银辉——金华地区馆藏金银器展"在兰溪市博物馆作为"宋韵'寅'春·文雅兰溪"春节系列活动之一,举行了开展仪式。③

为充分挖掘金华宋韵及"婺学"中的人文精神,自 2022 年 3 月起,金华市社会科学界联合会在《金华日报·婺江潮·理论周刊》开辟"双星争华　八婺争华"专栏,组织婺学研究专家撰写了一系列社科普及性质的"理论笔谈",诸如《永康学派"经世致用"的思想与精神》《吕祖谦:婺文化新纪元开启者践行者》《范浚:行君子之清正　发婺学之先声》《北山四先生:绍朱学之正统　扬婺学于千秋》《宋濂:振婺学于未坠托文史以经史》《章懋:重振浙中学统　首倡婺学三担》等。

(八)衢州:千年宋"潮",衢州有"礼"

"南孔圣地"发轫于悠远宋世,彰显了厚重的文化自觉和文化自信。"靖康之变"后,孔氏大宗南迁,直接带动了江南地区儒学的传播发展与学术繁荣。从某种意义上来说,从 800 多年前起,作为宋韵文化的重要组成部分,南孔圣地的内涵底蕴早已注入了文脉肌理,伴随着一代代人成长,成为历史时空中引领地区发展和社会秩序的精神坐标。

2021 年 9 月 16 日,衢州市委宣传部袁航在"衢州传媒网"发文《南孔圣地:宋韵文化独树一帜的文化标识》,认为南孔圣地是宋韵文化谱系必不可少的那抹亮色;我们始终看到,南孔圣地正是浩渺星河中闪亮的那颗。④ 为充分挖掘弘扬衢州宋韵文化,2022 年 3 月 7 日起,《衢州日报·人文周刊》陆续推出"千年宋'潮'起,风雅衢州行"专栏,解开宋韵文化流传至今的潮流密码,发掘、构筑独特的文化基因。衢州南孔文化

---

① 《浙师大举办宋韵文化跨学科合作研究暨论著撰写启动会》,浙江师范大学新闻网,2021年 12 月 24 日。
② 《品味婺式宋宴　金华首家宋韵非遗主题文化餐厅来了》,浙江新闻网,2022 年 1 月 23 日。
③ 《宋韵"寅"春：兰溪市博物馆开启宋韵文化之旅》,搜狐网,2022 年 1 月 13 日。
④ 袁航:《南孔圣地:宋韵文化独树一帜的文化标识》,衢州传媒网,2021 年 9 月 16 日。

发展中心副主任占剑强调,衢州应当牢牢把握实施"宋韵文化传世工程"的有利契机,从深度、广度、厚度乃至影响力等角度去推进南孔文化穿透性的研究。①

2022年4月8日,衢州市委书记高屹在衢州市第八次党代会上的报告中要求,"开展新时代儒学文化研究,深化南孔北孔合作交流,让南孔文化成为'宋韵文化传世工程'的璀璨明珠"。另外,在衢州市的常山县,宋诗元素已经融入城市建设。到2025年,常山县将把建设"宋诗之河"文化标识,作为强特色、重亮点的全县性工作,融入全省"宋韵文化传世工程",推动宋诗文化元素在项目、产业、场景、业态之间互相交融,让宋诗之河文化标识深入人心、走向全国。

(九)舟山:挖掘昌国宋韵遗存,探究诗书渔火流韵

南宋定都杭州以后,给南方地区带来了大量北方的先进技术和文化。舟山群岛离国家的中心更近了,受到的辐射影响也就更大了。两宋期间,盐税是国家的重要收入来源。其间,昌国县(现在的定海)盐业发展进入了黄金阶段。宋代著名词人柳永曾任晓峰盐场的盐监,写下了七言古诗《煮海歌》,描写盐民生活,也让千年后的我们看到了这位"偎红依翠"的才子关心民疾、为民请命的一面。如今,晓峰岭下,柳永文化广场建立,成为定海的一张旅游新名片,全方位、多角度地记录、展现定海旅游文化。

舟山是浙江海上门户,宋韵文化的家底到底有多少?宋韵文化能不能成为舟山文化的新高地?2021年12月,在舟山市文联、市文艺评论家协会主办的"宋韵文化与舟山发展"学术研讨会上,与会的专家学者一致认为,舟山的宋韵文化底蕴深厚,应尽快进行系统性研究开发,让它们在新时代动起来,活起来,以文化的力量,助推舟山市谱写高质量发展新篇章。②

(十)台州:以"台州味"来呼应"浙江韵""中国风"

台州是北宋两浙路、南宋两浙东路的重要州府,甚至在南宋曾短暂取得陪都地位,为"宋室迁居"之地,经济文化鼎盛一时,达到了文化发

---

① 《儒风润泽九百年,宋韵新谱,"有礼"赓续城市血脉基因》,《衢州日报》2022年3月7日。
② 《昌国论道·解码舟山宋韵文化基因》,浙江新闻客户端,2021年12月3日。

展的巅峰,为宋韵文化积淀了丰富的成果。近年来,台州各地不断挖掘城市的宋韵元素,与当地文化研究和文旅结合,将当年的神韵再现于城市生活当中。未来,台州会继续通过文化研究的形式发掘台州的宋韵文化,并将之更加紧密地融合于文化、旅游、产业等众多领域。

2021 年 10 月,台州学院人文学院教授李建军执笔的《关于推进台州宋韵文化研究的建议》,获得台州市委书记李跃旗的肯定性批示。① 2021 年 11 月 25 日,由台州市社科联举办的"和合文化百场讲坛——走进千年古郡、品位三台宋韵"活动在黄岩博物馆举行。② 2022 年 4 月 28 日,由台州市文广旅体局主办,临海市文广旅体局、市文旅集团、市博物馆共同承办的"宋韵台州 大雅府城——首届台州府城宋韵文化艺术特展"在古城街道开展。③

台州下辖的黄岩、椒江、路桥 3 区,仙居、三门、天台、玉环 4 县,临海、温岭 2 市,也各自围绕所在地域的宋韵文化历史资源开展了相关的研究与宣传工作。其中以黄岩区、临海市的"宋韵文化"研究与宣传最为突出。

1. 临海:打造"宋韵临海"文化品牌

临海文化繁盛于宋,传承于宋,也得益于宋,临海很多世家大族的先祖就是在宋时迁入的,临海今天的文化发展,也大多从宋代开始传承积淀。仅从府城文化旅游的格局来说,是宋代开辟了东湖园林,是宋代美化了城楼,也是宋代形成了紫阳街的街巷格局,就连街名也是为纪念宋代紫阳真人而命名。因此,宋韵文化对于临海来说不仅具有非凡的历史意义,更具有重大的现实价值。

2021 年 9 月 27 日,临海市组织召开"宋韵文化在临海"座谈会。④ 2021 年 11 月 21 日,由临海市委宣传部、市文广旅体局、市社科联主办,

---

① 《李建军〈关于推进台州宋韵文化研究的建议〉获市委记批示》,台州学院新闻网,2021 年 10 月 26 日。

② 《台州市举办和合文化百场讲坛——走进千年古郡、品味三台宋韵》,台州智库网,2021 年 12 月 15 日。

③ 《宋韵台州 大雅府城——首届台州府城宋韵文化艺术特展开展》,浙江在线·临海新闻网,2022 年 4 月 29 日。

④ 《打造文化名片 传承千年宋韵 我市召开"宋韵文化在临海"座谈会》,《今日临海》2021 年 9 月 28 日。

市收藏家协会承办的"宋韵文化"品鉴会在紫阳街临海生活体验馆举办。① 2022 年 1 月 14 日、21 日、28 日,林大岳在《今日临海·括苍周刊》上刊文《宋韵临海:州城雅韵和千年风华》上、中、下三篇,对"什么是宋韵文化,为什么要传承宋韵文化,它对临海有什么意义,又对我们的具体生活有什么影响呢?"这三个问题予以解读。② 2022 年 2 月 24 日,新华网推出"东海宋韵"系列直播活动,首站走进临海。③

2.黄岩:实施黄岩文化复兴战略,全力打造黄岩宋韵文化展示区

黄岩是一座有着 1300 多年建县历史的千年古县,宋韵文化是黄岩最具辨识度的文化标识。也就是说,黄岩有着十分丰富的宋代文化遗存。全面建设共同富裕区域标杆,黄岩将文化复兴作为重要一环,以实施宋韵文化传世工程为重点,建设新时代宋韵文化展示区。2021 年 12 月,黄岩区十四届一次党代会报告指出,要实施黄岩文化复兴战略,坚定不移把文化复兴作为内在动能,以擦亮宋韵黄岩品牌为重点,实施文化基因解码、文化空间拓展、文明实践浸润等工程,以人文之美助推精神共富,全力打造浙江宋韵文化展示区。④

在 2021 年 9 月 14 日上午召开的"宋韵黄岩"座谈会上,黄岩区委书记陈建勋与黄岩区文化界代表进行了深入探讨交流。陈建勋指出,黄岩历史文化悠久,积淀底蕴深厚,"宋韵黄岩"重点打造三大标志性工程:一是官河古道商贸文化圈;二是沙埠青瓷文化园;三是江北名人文化带。⑤ 2022 年 1 月 12 日,《今日黄岩》发文《实施黄岩文化复兴战略 全力打造浙江宋韵文化展示区:七论深入学习贯彻区十四届一次党代会精神》。⑥ 2022 年 1 月 29 日,位于黄岩区南城街道的宋韵古道修复工程基础设施建设完工。⑦ 2022 年 3 月 9 日,"黄岩论坛"发布的一篇论文

---

① 《2021 年 11 月 25 日图片新闻》,临海新闻网,2021 年 11 月 25 日。

② 林大岳:《宋韵临海:州城雅韵和千年风华》,《今日临海·括苍周刊》2022 年 1 月 14 日、21 日、28 日,分上、中、下三篇连载。

③ 《新华网推出"东海宋韵"系列直播首站走进临海》,临海新闻网,2022 年 2 月 25 日。

④ 《文化复兴战略》,《台州日报》2022 年 3 月 26 日。

⑤ 《高水平打造更具辨识度的宋韵黄岩 奋力建设新时代文化高地》,《今日黄岩》2021 年 9 月 15 日。

⑥ 《实施黄岩文化复兴战略 全力打造浙江宋韵文化展示区:七论深入学习贯彻区十四届一次党代会精神》,《今日黄岩》2022 年 1 月 12 日。

⑦ 《浙江黄岩宋韵古道修复工程完工》,中国新闻网,2022 年 1 月 29 日。

《千年永宁　宋韵悠远:"宋韵黄岩"解读》,指出弘扬宋韵文化,打造"宋韵黄岩",让千年宋韵在新时代"流动"起来、"传承"下去,这是历史留给每一个黄岩人的全新课题和使命担当。[①] 2022 年 3 月,黄岩屿头乡"宋韵文化园"配套建设工程开工。[②]

(十一)丽水:实施"宋韵丽水"活化计划,建设"处州宋韵"十大文化地标

丽水,古称处州,文脉悠远绵长,在历史发展中受到宋韵的深刻影响,留下了值得深挖和传承的宋韵文化。在丽水大街小巷,不经意间,你便能看到宋时留下的影子,市区的应星楼、烟雨楼、少微阁、莺花亭均是宋时首建,藏有印度高僧舍利子的延庆寺塔,儒释道融为一体的时思寺都是两宋的建筑,龙泉留槎阁至今留下苏轼题写的阁名。这些宋韵文化基因一直融合在丽水人的内心中,为了更好地追溯宋韵文化,丽水未来将建设"处州宋韵"十大文化地标,打造环南明湖文化圈和环檡山文化圈,建成瓯江文苑民办博物馆群,为"丽水山居图"注入处州宋韵全域"雅"文化的内涵。

2021 年 10 月 14 日,"辛丑(2021)年中国仙都祭祀轩辕黄帝大典"在丽水市缙云县仙都黄帝祠宇举行。唐风宋韵,是此次祭典的一大特色。[③] 比如,音乐中的丝竹声,就体现了宋韵文化的特点,而每套服饰的花纹样式中,也都融进了宋文化的特征。[④] 2021 年 10 月 22 日晚,"处州忆夜"——2021 瓯江山水诗路"非遗购物节·文旅消费季"在处州府城、应星楼、南明湖等区域同时启动。[⑤] 2022 年 2 月 28 日,丽水市文化和广电旅游体育局发布《丽水市文化和广电旅游体育局 2021 年工作总结和 2022 年工作思路》,指出,丽水市在 2022 年要实施"宋韵丽水"活化计划:完成处州历史文脉梳理及发布,谋划十大文化地标建设项目前期,持续擦亮好川文化、黄帝文化、摄影文化、剑瓷文化、石雕文化、廊桥文

① 《千年永宁　宋韵悠远:"宋韵黄岩"解读》,黄岩论坛,2022 年 3 月 9 日。
② 《黄岩:宋韵文化园配套建设工程开工》,中国蓝新闻网,2022 年 3 月 2 日。
③ 《辛丑(2021)年中国仙都祭祀轩辕黄帝大典举行》,浙江发布,2021 年 10 月 14 日。
④ 《中国仙都祭祀轩辕黄帝大典彩排:融合唐风宋韵　展现时代气息》,浙江新闻客户端,2021 年 10 月 12 日。
⑤ 《惊艳!一步一景　动态呈现浙江丽水版〈清明上河图〉》,天目新闻,2021 年 10 月 26 日。

化、畲族文化、华侨文化等地域特色文化金名片,进一步凸显中国南方黄帝祭祀中心地位。努力塑造"万年处州"和"宋韵丽水"这两个具有中国气派、浙江辨识度和丽水特质的 IP 标识。①

通过以上综述,不难发现:杭州作为"南宋古都",在实施"宋韵文化传世工程"的过程中,毫无疑问要担起"挑大梁"的责任;与此同时,宋韵文化已融入浙江大地 11 个地市的历史文化、风土人情和日常生活。②

四、对推动"宋韵文化"深入研究、传播、转化的建议

对推动宋韵文化深入研究、传播、转化,尤其对如何推动宋韵文化在海内外学术界的深层次研究,以及在大众生活、网络媒体、省外乃至海外的广泛传播与转化,可以从学术研究与大众传播相结合、纸质出版与自媒体传播相结合、省内传播与省外传播相结合、实物展陈与文创转化相结合——这四个"相结合"的维度来把握推动宋韵文化深层次研究、传播、转化的路径。

(一)学术研究与大众传播相结合

如前文所述,自 2021 年 8 月浙江省委文化工作会议召开以来,省内 2021 年、2022 年公开出版发行的报刊上出现了不少篇名中含有"宋韵""宋韵文化"的新闻报道(以《浙江日报》《钱江晚报》《杭州日报》为主),也包括一些学术论文。但是学术界对"宋韵文化"作为一个学术命题的"容受"还是受到了限制。

作为学术范畴的"宋韵"已进入宋代文学、美学的研究领域,但其学术内涵的影响力尚未得到充分挖掘,故而"宋韵"的学术影响力也是仅限于"宋词"领域;宋史学界、文化学界、中国哲学(思想)史界并未对"宋韵""宋韵文化"的研究有过多投入与关注。从某种意义上来说,"宋韵"

---

① 《关于印发〈丽水市文化和广电旅游体育局 2021 年工作总结和 2022 年工作思路〉的通知》(丽文广旅体〔2022〕1 号),中国丽水网,2022 年 2 月 28 日。

② 《"宋韵文化"出圈 带你认识浙江 11 个地市独具特色的宋韵文化》,新浪网,2022 年 1 月 21 日。

"宋韵文化"在浙江省内的宣传理论界,尚存有一种"自说自话""孤芳自赏"的舆论倾向。而让"宋韵"充分进入传统文史哲等基础学科视域的场景中,尚有很长的"路"要走,这就要依靠宋史学界、宋代文学界、民俗学界乃至宋代思想史、宋代哲学史界等学术同仁的充分关注与勠力同行。"宋韵""宋韵文化"在浙江乃至在长三角的江南文化场域中的落地生根乃至开花结果,仍有待省内外理论界、文史界、社科学界的努力。

但有一个重要的问题是,如果把"宋韵文化"从舆论宣传界导入学术界之后,它的学科归属在哪里?作为文学学科(中国古代文学中"宋词")、历史学学科(中国古代史即断代史中的"宋史",中国思想史中的"宋学")、哲学(中国哲学史中的"宋代理学""道学"),还是作为一门综合性学科的"文化学"(这里,需要从"宋代文化""两宋文化"的角度来界定)? 这是需要亟待判明的一个学术话题。而"从思想、制度、经济、社会、百姓生活、文学艺术、建筑和宗教等方面全方位立体化系统性研究阐述宋韵文化",就是要从中国思想史、政治制度史、经济史、社会学、民俗学、文学、艺术学、建筑学、宗教学,也包括文化学、新闻传播学等多学科出发,来进行学科大交叉、大融合,进而把握宋韵文化的精髓、历史意义和时代价值。

在对宋韵文化的深入研究与学术传播上,要在省文化研究工程已推出的"宋学研究系列"基础上,策划实施"宋韵文化在浙江(地市卷)""宋韵文化通论""宋学文献集成""宋韵文化研究大系"等系列课题,依托省内外乃至海外高校科研机构继续加大对宋韵文化的综合研究。要撰写"宋韵文化年度报告",及时汇编省内外宋韵文化研究、传播的新进展及对未来一段时间的预测与展望。

宋韵文化不应局限于学术研究、师生课堂传授,要推动宋韵文化在社会各阶层、公共文化场馆的广泛传播,让千年宋韵"飞入寻常百姓家"。一是建议各地市的少年宫(青少年活动中心)、博物馆、图书馆等公共文化传播场地,以文学书法绘画创作、文物展陈、图书收藏流通等多种形式进行宋韵文化的大众化传播。博物馆应安排常设性的宋韵文化主题展。浙江图书馆可考虑与国家图书馆等合作举办"宋韵文化大讲坛",也可以腾讯会议等形式开展线上线下的学术交流;各市县(区)图书馆可酌情开设宋韵文化学术沙龙、读书会等。二是建议在杭州机场、高铁站、地铁站、公交车站台等公共场所以及省内高铁、地铁车厢、公交车内部,以喷绘、图文、标语等形式适度加大对宋韵文化的宣传。三是建议围绕南宋皇城遗址、太庙遗址、六部桥、凤凰山、南宋御街、鼓楼、南宋名人园、杭州孔庙、西湖苏堤、岳庙等宋韵文化场景,运用文旅平台,打造系列宋韵文化精品旅游体验线路。要编写宋韵文化旅游景点绘本,投放于上述各游览场所供游客取阅。

在深入研究提炼宋韵文化基本精神的基础上,以活化宋韵文化为抓手,适度开展宋韵文化进机关、进校园、进社区、进农村,让宋韵文化充分融入"15 分钟品质文化生活圈"。宋韵文化进机关,可通过向各级党政机关办公室赠阅《宋韵文化简读》《宋朝的 365 天:宋韵日历》《宋风物语》等形式进行。宋韵文化进校园,可在省内有条件的中小学适度开设"宋韵文化"第二课堂,周末课外作业可以布置为寻找课本中的宋韵。诸如苏轼《望湖楼醉书》、林和靖《山园小梅》、陆游《临安春雨初霁》、杨万里《晓出净慈寺送林子方》的创作吟咏地。有条件的学校可以编写宋韵文化的校本教材。鼓励有条件的高校成立大学生宋韵文化研究会,在暑期社会实践活动中寻找家乡的宋韵文化(杭州的苏堤、永康的陈亮墓、金华的吕祖谦明招书院、瑞安的叶适纪念馆等),并撰写调研报告。宋韵文化进社区、农村,建议充分利用社区休闲广场、文化公园,农村文化礼堂、农家书屋的空间,以图文、视频、墙绘等多种形式加大与本地有关的宋韵文化宣传。同时,建议省市社科联组织的"社科普及周"中增设宋韵文化展示,并在杭州陆游纪念馆、绍兴沈园、温州永嘉学派馆、衢州南孔家庙、永康五峰书院等增设宋韵文化省级科普传播基地。

(二)纸质出版与自媒体传播相结合

为展示宋韵文化已有的研究成果,博库书城、南宋书房辟有宋韵文化书柜,推介《宋画全集》《两宋王朝史》《宋朝简史》《宋韵文化简读》等,建议省内各地市的新华书店、城市书房适度开辟宋韵文化书柜。为大力推广省内的宋韵文化遗存,《浙江日报》推出"寻宋解韵"系列报道,建议各县市的党报期刊适度开设宋韵文化专栏,刊发本地文史工作者撰写的本地宋韵文化稿件。还可以考虑在中国国家版本馆杭州分馆开设宋版书及宋韵文化研究学术成果展示厅。

要加大宋韵文化的媒体传播力度。2022年央视春晚推出的创意音舞诗画《忆江南》、舞蹈诗剧《只此青绿》与《富春山居图》《千里江山图》进行了创意融合,是传播宋韵文化的典范。要发挥省文联直属协会(如省舞蹈家、戏剧家、音乐家协会等)以及中国美术学院、浙江音乐学院等高校师生的积极性,继续策划创作与宋韵文化有关的舞台剧。建议浙江卫视策划拍摄与宋韵文化有关的电视剧或专题纪录片,开播宋韵文化大讲堂、"文化的力量:宋韵文化季"等栏目。

宋韵文化的创新性传播,离不开数字赋能。可在新建的南宋博物馆探索运用全息、AR、VR、裸眼3D、数字5D等现代化高科技手段,全方位呈现南宋时期临安都城的繁华。要利用新媒体平台,联合宋韵文化本土网络主播,打造宋韵网上文化节,通过抖音、直播等网络平台以更贴近年轻人的时尚手法传播宋韵文化。

浙江省宋韵文化研究传承中心已经成立,省内有关高校也成立了宋韵与文明互鉴研究中心,建议相关宣传部门与上述中心合作创办"中国宋韵网",开设"中国宋韵文化"微信公众号,推出系列"宋韵文化微视频",及时传播省内外宋韵文化活动及相关研究成果等。建议浙江在线、杭州网、宁波网、温州网等浙江网络媒体开设"宋韵文化"专栏,条件成熟后还可以在"学习强国"浙江地方学习平台上增设"宋韵文化"栏目。

(三)省内传播与省外传播相结合

宋韵文化的传播展示不应局限于杭州、绍兴、宁波等宋韵文化集聚的主要城市,要树立全省宋韵文化挖掘、传播"一盘棋"的思路,鼓励省内各县、市(区)宣传部、社科联、文联等机构广泛动员本土文史专家与有关高校科研机构合作,对本地的宋韵文化进行研究、传承与传播,可以考虑成立设区市乃至县区一级的宋韵文化研究会,以打造县、市(区)域的宋韵文化金名片。比如,桐庐可以围绕富春江、严子陵钓台传播范仲淹文化,衢州的宋韵文化可以围绕南孔家庙做文章,永康的宋韵文化可以围绕方岩做文章。各地市可酌情组建"8090"宋韵文化宣讲团,采用生动活泼、喜闻乐见的形式,把宋韵文化搬到农家院坝、村社广场、田间地头。

传播宋韵文化不应局限于省内,要加大宋韵文化在省外以及海外的传播,建议实施"宋韵文化走出去"传播工程。宋韵文化在国内的传播,杭州要继续加强与开封轮流合作主办"两宋论坛";同时也要围绕与浙江有交涉的两宋历史文化名人合作开展研究,共同传播宋韵文化。比如,可以与福建、江西、安徽合作举办"朱熹文化节"及相关的朱子学研究,可以与江西合作推进对王安石、陆九渊的研究,可以与四川等地合作轮流举办"苏东坡文化节",还可以联合中国宋史研究会打造"国际宋韵文化高端论坛"。

关于宋韵文化在海外的传播,要围绕"一带一路"沿线国家做文章,建议在由义乌始发的"中欧班列"上适度喷绘与宋韵文化有关的标识。杭州、宁波机场起飞落地的国际航班上可以投放宋韵文化绘本等图册。可以借助青田、文成的侨乡优势聘请宋韵文化海外传播使者,通过华侨在海外传播宋韵文化。要切实发挥省宋韵与文明互鉴研究中心及有关高校外语院系的科研优势,推动《宋韵文化简读》《陆游的乡村世界》《宋朝简史》《两宋王朝史》等宋学研究高质量著作的外译。建议浙江电视台国际频道组建专家团队,打造宋韵文化类专题节目,并向海外华侨华人传播宋韵文化。同时,要充分利用杭州亚运会这一重大运动盛会,在开幕式节目编排、亚运村场景乃至相关运动场馆中适度展示、传播宋韵文化。

(四)实物展陈与文创转化相结合

省内宋韵文化遗址的集中展示区是杭州的南宋临安城遗址(德寿宫、太庙广场、鼓楼、通玄观、南宋御街、皇城墙)、八卦田、凤凰山圣果寺遗址、"忠实"石刻、南宋官窑博物馆等,西湖风景区内的岳庙、苏堤等,以及绍兴的宋六陵等。外地游客、本地市民在参观、寻访宋韵乃至游玩西湖之余,也有购物消费的需求,这就需要生产宋韵文化文创产品。

要做好"宋韵文化+"系列文创传播,可以借鉴北京冬奥会的"冰墩墩"吉祥物以及故宫开发的文创产品,政府部门及相关文创设计团队等联合开发与宋韵文化有关的吉祥物、食品、茶具等旅游纪念品,恢复宋代食品、舞蹈、音乐、服装等,扩大宋韵文化传播的覆盖面。

要在南宋御街、清河坊等宋韵文化集中展示地,开设宋韵文化文创产品旗舰店;还可通过网络直播代销相关的文创产品;也可以在杭州国际动漫节、西湖国际博览会、世界休闲博览会、世界互联网大会上,结合南宋皇宫大内、中央官署、御街、河坊街等历史文化遗迹,举办宋韵文化推介会,把杭州的宋韵文化打造为沉浸式的文化场景、可体验的风雅生活,这就是宋韵文化品牌的塑造与可视化传播。

　　总之,南宋以杭州为都城,历史和现实交汇出独特韵味。"宋韵文化"就是"南宋文化"的一个衍生词。充分挖掘"宋韵""宋韵文化"这一登峰造极的两宋文明的内涵与外延,努力将浙江建设成新时代文化高地和在全国有较大影响的文明高地,借此推动中华传统文化的创造性转化和创新性发展,有着重大的学术价值与现实意义。因为"站在赓续中华文脉的高度"去推进宋韵文化的研究、传承与发展,"做好浙东学派、永嘉学派、金华学派等的新世代传承,积极打造具有浙江特色的标志性南宋文化品牌、文旅融合品牌,持续扩大影响力和穿透力",对于浙江的哲学社科理论工作者而言,使命在肩,任重道远。这也是"宋韵文化"被视为一张重要的历史文化金名片,在浙江高质量打造新时代文化高地、推进共同富裕示范区建设的征程中出场的一个"契机"。

宋韵文化推动浙江共同富裕示范区建设的理论研究

浙江师范大学马克思主义中国化研究中心　李温棋

　　时任浙江省委书记袁家军在省委文化工作会议上指出,要牢牢抓住文化建设的命脉,要"在打造以宋韵文化为代表的浙江历史文化金名片上不断取得新突破,抓研究、抓传播、抓转化,做足特色、放大优势,传承好浙江优秀传统文化的精神内核"[①]。2022年浙江省人民政府工作报告指出,要"加快浙江文化标识建设,系统开展宋韵文化研究传承和南宋文化品牌塑造"[②],推动浙江高质量发展建设共同富裕示范区。浙江省委、省政府对宋韵文化的高度重视,促使浙江人民进一步挖掘和发扬宋韵文化。值此当下浙江建设共同富裕示范区,充分探寻宋韵文化中的爱国精神、开放精神和创造精神,能够更加有利于浙江高质量建设共同富裕示范区,进一步丰富浙江人民的精神世界,促进浙江早日建成共同富裕示范区,为其他省份贡献浙江经验和浙江模式。

---

　　① 袁家军:《加快打造新时代文化高地　为高质量发展建设共同富裕示范区注入强大文化力量》,《浙江日报》2021年9月1日第1版。

　　② 浙江省人民政府:《政府工作报告摘要》,《浙江日报》2022年1月18日第3版。

一、宋韵文化的三大精神命脉

（一）爱国精神

宋韵文化中存在着家国情怀般的爱国精神。爱国精神是凝聚着中华民族反抗外来侵略的伟大旗帜。从历史发展的角度来看，面对外来武力的威胁，两宋社会和民众们奋起反抗，体现出捍卫主权、维护统一的爱国主义精神，涌现出一大批诸如韩世忠、岳飞等爱国将领。他们深受两宋儒家忠君爱国思想的熏陶，面对来自北方的游牧民族践踏中原王朝，毅然决然地奋起反抗，带领着韩家军、岳家军等一批爱国战士积极对抗金国大军，不断收复失地。尤其是岳飞，他的身上就刻有"精忠报国"四字。在金人的铁蹄踏遍大宋王朝之际，是他扛起大旗反抗金国，不断收复失地，保住了大宋半壁江山。在岳飞的大力主张下，大宋不断地推进北伐事业的进行，此时的岳飞只想早日实现"归来报明主，恢复旧神州"的抱负。而这一切皆是因为他内心爱国主义精神在推动着，因为在他眼里，报效国家，就是要收复神州大地，让中原百姓重回大宋的治理。而以岳飞为代表的爱国人士无不充斥着整个大宋，他们的行为也展现出两宋时期宋韵文化中爱国精神的伟大。

爱国精神还表现为忧国忧民、关切内政的责任意识。以两宋时期的陆游、文天祥等为代表的士大夫们，怀揣着"先天下之忧而忧，后天下之乐而乐"的胸怀，以理性批评维度的爱国精神来畅谈治理天下的良策。两宋时期皇帝和士大夫们已经形成了"共治天下"的局面，使得士大夫们愿意提出一系列正确的主张，为大宋鞠躬尽瘁、肝脑涂地，真正体现了忠君爱国的品质。可以说，宋朝的爱国精神达到了中国封建王朝的顶峰，在宋朝这些士大夫身上体现得淋漓尽致，将皇帝与士大夫的命运紧紧地拴在了一起，使得两宋时期的士大夫勇于提出正确的治国策略。此外，爱国精神也是中华儿女传统美德和个人品质的良好体现，它表现出对国家的关怀与忠诚，对人民生存境况的体恤与同情，为道义为理想大义担当、勇于奉献、敢于牺牲的凛然气节。综观两宋时期，老百姓对大宋的热情十分高涨,爱国之深、爱国之重无任何一个王朝可以相媲美。崖山海战中,十多万大宋老百姓宁愿投海自尽,也不愿苟活,谱写了宋朝老百姓史诗般的爱国情怀。

(二)开放精神

宋韵文化中存在着基于海外贸易的开放精神。两宋时期的海外贸易与边境贸易十分发达,孕育产生了开放精神,同时促进了大宋内部开放风气的盛行。在海外贸易方面,北宋元丰三年(1080)就颁布了《广州市舶条》,标志着宋朝外贸制度的重要变化,也是宋朝推动对外贸易发展的重要里程碑。[①] 其中,北宋与高丽的海外贸易十分频繁。"据郑麟趾《高丽史》记载,在北宋末年的 55 年中,明州商人航行到高丽经营贸易的有 120 多次,每次少则几十人,多则百余人。"[②]而在边境贸易方面,大宋加强与夏、金、辽等国家的贸易往来,为了方便双方交换所需产品,在边境口岸设立了交易场所,有榷场、和市和私市等。"榷场是官方议定的固定贸易场所。夏、宋贸易主要有保安军榷场、镇戎军榷场……和市是规模较小的市场,宋朝在陕西沿边的良津、吴堡、银星、金汤、白豹、虾麻、折姜等地设有和市,与夏贸易……私市又称窃市,即所谓走私……"[③]正是两宋时期大力推进海外贸易和边境贸易的交流往来,才使得两宋人民逐渐养成了开放的胸怀。

对外而言,宋朝可以说是中国第一次登上世界经济舞台,经济实力、科学技术和文明程度达到当时世界的第一位。正是因为宋朝具备了这些条件,使得宋朝在世界贸易体系中扮演了重要角色,推动中国由内陆型国家向海陆型国家转变。对内而言,开放思潮蔚然成风,城市空间和市民阶层兴起,全国出现了人口数量达百万的大城市,城市经济高度发达。在国都开封城内,出现了坊市混合的局面,同时出现了供市民专门娱乐的场所瓦子,以及前朝所没有的夜市、草市和晓市。老百姓的思想观念得到进一步开放,文学艺术中的平民化、世俗化元素大量涌现。《清明上河图》中各阶级的风貌都被描绘在画中,就充分展示了这

---

① 王飞:《中国海洋发展研究文集(2019)》,海洋出版社 2019 年版,第 378 页。
② 杨捷:《宁波港史》,人民交通出版社 1989 年版,第 43 页。
③ 王雄:《辽夏金元史徵》,内蒙古大学出版社 2007 年版,第 285—286 页。

一点。当时社会受到开放精神的影响,不断淡化传统的士农工商界限,阶级差异在宋朝变得模糊。宋朝之所以会发生如此大的变化,就在于海外贸易与边境贸易的往来,使得老百姓的思想发生变化,接受了开放。正因如此,他们的言行举止也发生了转变,创造出不同于以往朝代的辉煌文化,淡化了阶级界限。

(三)创造精神

宋韵文化存在着基于探索求真的科学精神。科学精神及其科技成就是文明进步的重要推动力。综观世界各大文明演进历程,先进的科技生产力都是耀眼的文明之光和璀璨之火。两宋文明高峰中的指南针、印刷术、航海技术等众多领域的科技成就,推动了当时社会经济文化的发展,促进了两宋文明的繁荣昌盛。宋朝之所以能够创造出如此众多的文明成果,就在于宋朝海内外贸易的昌盛,城市中从事商业贸易的人员众多,使得他们对实用技术的需求大增。其中最突出的便是指南针,指南针大规模运用于航海,使得商人能够有机会将宋朝的产品运送到海外。此外,为了能够发展对外贸易,宋朝"专门设立广州、泉州、明州、杭州、密州五个市舶司,对外贸易港口达二十余处,并制定'市舶法'规范管理"①,使得宋朝的海外贸易有了专门的管理机构。同时,宋朝支持民间人士大力发展相关产业,鼓励民间大师不断革新传统工艺,使得许多精美的丝绸、瓷器等产品不断推陈出新,及时满足海外需求,而这背后无不闪耀着宋韵文化中创造精神的力量。

宋韵文化中的创造精神之所以能够在宋朝产生巨大的影响,还归因于两宋时期的政治环境。在两宋这样一个特殊的时代境遇下,宋韵文化自身面临着国内外环境的影响,因此也就表现出异于常态的创造活力。两宋时期的政策环境和社会氛围相对宽松包容,社会上的阶级意识淡薄,对外贸易不断走高,这样的环境对思想解放和士大夫的文化创新起到了一个保护与促进的作用,使得创造精神的发挥得到了丰厚的时代沃土。这些士大夫又受到宋朝"重文轻武"思想的影响,社会地位高,不断地抒发自己的政治抱负,提出了一系列治国理政方针,涌现

---

① 萧文子:《简读宋朝史(从五代十国到南宋灭亡)》,现代出版社 2018 年版,第 332 页。

出王安石变法、范仲淹庆历新政和蔡京二次变法等。这些变法一度改变了宋朝积贫积弱的局面,巩固了宋朝的统治,也使得士大夫能够有机会将自己的变革主张付诸实践。宋朝宽松的环境氛围,给了士大夫开阔的胸怀,敢于发挥自己的创造精神,积极地为国家出谋划策。可以说,创造精神深深地扎根于两宋时期的文人士大夫身上,因此打造出了独具特色的宋韵文化。

二、宋韵文化推动浙江共同富裕的积极作用

(一)爱国精神促进浙江共同富裕的发展

作为宋韵文化中的爱国精神,在浙江这片土地上诞生、成长和发展,对浙江的方方面面产生着影响,直到现在还影响着浙江。2021年,国家发布了《中共中央 国务院关于支持浙江高质量发展建设共同富裕示范区的意见》,提出:"浙江省在探索解决发展不平衡不充分问题方面取得了明显成效,具备开展共同富裕示范区建设的基础和优势,也存在一些短板弱项,具有广阔的优化空间和发展潜力。支持浙江高质量发展建设共同富裕示范区……传承弘扬中华优秀传统文化,充分挖掘浙江文化优势,深入推进大运河国家文化公园、大运河文化带建设,振兴非遗记忆。"[①]国家对浙江建设共同富裕寄予了较高的期待,希望浙江能够在建设共同富裕的道路上,探索出新经验和新方法,为其他省市建设共同富裕贡献浙江经验,提供浙江力量。浙江要建设的共同富裕是包含物质生活和精神生活两个方面的,二者缺一不可,既要"富口袋",更要"富脑袋"。宋韵文化中的爱国精神作为扎根浙江千年的精神力量,对促进浙江建设共同富裕发展具有重要的价值。

改革开放后,浙江人民怀揣着爱国精神纷纷踏入创业致富的道路上,带动了不少人共同富裕。万向集团的鲁冠球就是一个共同富裕的先行者和践行者。他从小深受宋韵文化的熏陶,立志长大后报效国家

① 中共中央国务院:《中共中央 国务院关于支持浙江高质量发展建设共同富裕示范区的意见》,《人民日报》2021年6月11日,第1版。

和人民。他作为一名企业家、一名党员,心怀爱国的情怀,希望通过自己的企业带动更多人奔赴共同富裕的道路。在爱国精神的影响下,他踏步走上共同富裕的道路,创办了十多个分厂,解决了萧山三千多个农村剩余劳动力的出路问题,安排了萧山宁围镇及附近乡的复员军人进厂务工,顺带推动了征兵工作。此外,他还兼并了部分亏损企业,使其员工重新得到就业机会,为共同富裕做出了贡献。[①] 在浙江除了像鲁冠球这样的人之外,还有无数个"鲁冠球",他们在浙江的各个地方不断为浙江的共同富裕默默地付出自己的努力。可以说,爱国精神对浙江广大人民影响颇深,促进了他们自强不息、勇于拼搏,通过自己的发愤图强,带动更多的浙江人一同走向共同富裕的道路。

(二)开放精神叩开浙江共同富裕的大门

作为宋韵文化中的开放精神,它深深地影响着一代代浙江人的品性。从两宋到当下浙江的开放历史,在这段时间内商品的流通,人员的交往,各种文化的碰撞,塑造出了浙江的开放精神。而当前,浙江又开展共同富裕示范区的建设,面对这个远大而又困难重重的使命,需要一个强有力的精神来指引。对于精神就需要深入挖掘影响浙江人民的文化,其中尤其是传承千年而不倒的宋韵文化。而宋韵文化中的开放精神对于当前浙江深化改革开放,团结一切力量建设共同富裕示范区提供了强大的力量。浙江深知"文化是根,文化是精神支撑,文化是软实力。浙江以高度的政治责任感和历史使命感,坚定不移在高质量发展中扎实推动共同富裕,努力成为人文之美更加彰显、精神生活普遍富足的省域范例"[②]。现在从省委到乡镇都高度关注宋韵文化,充分挖掘其存在的内涵,使之能够为共同富裕做出贡献。当前,浙江推崇宋韵文化中的开放精神,让开放精神能够更好地作用于浙江建设共同富裕的道路,丰富老百姓的精神生活,活跃其思想观念,使其轻松叩开共同富裕的大门。

对外开放发展是浙江人民自两宋时期起一直到现在都继承的精神

---

① 政协浙江省萧山市委员会、文史工作委员会编:《萧山文史资料选辑》,萧山市文联印刷厂1994年版,第7页。

② 兰婷:《从浙江探索看人民精神生活共同富裕》,《光明日报》2021年11月18日第7版。

力量,对现在浙江建设高质量共同富裕具有极大的帮助。在改革开放后,浙江宁波和温州率先进入中国沿海开放城市,无数的浙江人为了能够致富,毅然决然地投入经商创业中来,涌现出了一大批出口型企业,带动了一大批人的就业。其中尤以温州最为明显,温州人本着开放精神的姿态投入创业的浪潮中。1984 年 5 月,温州兴办了第一家外商投资企业;1986 年,温州人在香港建立第一家境外窗口公司——香港雁荡有限公司;1991 年,温州人在美国成立第一家境外企业——美国康龙企业有限公司。① 温州之所以能够设立如此多的境外企业,就在于温州人深受宋韵文化中开放精神的影响,使得他们能够迅速抓住改革开放的机遇,大力发展对外贸易。温州人创办的这些企业大大地为温州人创造了财富,使得他们能够在改革开放后的几年内富裕起来。这也为我们当前如何巩固浙江共同富裕的大门,提供了良好的浙江方案。

(三)创造精神壮大浙江共同富裕的根基

作为宋韵文化中的创造精神,它也深深地扎根在浙江这片土地上。浙江人的创造精神流传千年而长存,正一步步作用于浙江建设高质量共同富裕的根基。共同富裕的道路不是一帆风顺的,也不是一马平川的,更不是几天就能完成的,它需要浙江人接续努力地打牢共同富裕的根基,一步一个脚印地走出来。而在这一过程中,创造精神就显得尤为重要。实际上,宋韵文化中的创造精神在浙江的历史上曾起过积极的作用。浙江在两宋以前是蛮荒之地,民风剽悍,但是在两宋之后就成为君子与文雅共存之地,人才辈出,明朝 189 名内阁宰相中就有 40 名是浙江人。浙江之所以能够发生如此大的变化,主要在于创造精神深远持久地影响了浙江人,使得剽悍的浙江人渐渐转化为温文尔雅的浙江人。当前浙江要建设高质量共同富裕,而创造精神能够帮助浙江应对国内外的风云变幻、波谲云诡,及时地提供一系列具体且有效的对策,因此使得浙江人在共同富裕的道路上走得越来越宽广,越来越扎实。

创造精神在浙江历经千年的发展,深深地影响着浙江的共同富裕,不断壮大着浙江共同富裕的根基。在改革开放后,为了革除旧模式带

---

① 陈野:《沧桑巨变的区域纪实》,浙江人民出版社 2009 年版,第 259 页。

来的弊端,浙江走向了股份合作制的道路。股份合作制是浙江人为了能够早日实现更多人致富而创造出来的。股份合作制一经适用后,就壮大了浙江的村集体实力,增加了农民的收入。台州椒江下陈村是较早实行土地股份合作制的地区,他们在全体村民同意入股的情况下,采取以家庭承包经营为基础、统分结合的双层经营机制,保障了村民的承包权益,又使得人均年红利达 1000 多元,还壮大了村级集体经济。此外,股份合作制也被运用到台州企业的发展中,台州因此成为中国第一个实行股份合作制企业的场所。台州在农村和企业实行了股份合作制后,大大发展了经济,壮大了村集体规模,带动了越来越多人奔赴致富的道路,而在这背后正是创造精神在起着至关重要的作用。正是创造精神才让台州摒弃了旧模式,迎来了新模式,带动了台州人民致富。

三、宋韵文化推动浙江共同富裕的制度机制

(一)富有爱国精神的浙商引领共同富裕

宋韵文化中的爱国精神深深地影响着浙江,熏陶着浙江商人,让他们的爱国精神深深地扎根在心中,为浙江建设共同富裕示范区做出贡献。因此,浙江建设共同富裕示范区势必要借助这些富有爱国精神的浙商。当前,浙商创办和经营的民营企业是浙江经济的主干,其占到了浙江省 GDP 的 75%左右。截至 2020 年底,浙江已注册的私营企业数量已达 292.04 万家,其中杭州、宁波、温州的私营企业数量最多。同时,私营经济总产值、销售总额、社会消费零售额、出口创汇额、全国民营企业 500 强企业户数等多项指标,浙江已多年位居全国第一。而民营企业 500 强,浙江则已连续十几年位居榜首,2020 年浙江更有 96 家企业入围,占总数的 19.20%。可以说,怀揣着爱国精神的浙商对浙江的发展起到了重要作用。浙商除了发展浙江之外,还走向全国各地,组建了浙江商会,共促中国的发展大业。我们可以看到浙商对浙江的发展和中国的发展起到了巨大的作用,而这主要缘于爱国精神在他们内心不断地驱动着。

正是爱国精神对浙商产生了如此大的影响,才使得他们在改革开放后不断地为浙江、为全国做出自己的努力。在社会主义进入新时代,浙江成为建设共同富裕示范区的时代,充分发挥浙商这一群体的作用显得尤为重要。当前,浙商群体心怀爱国精神,群体基数大,资金雄厚,是有实力助力共同富裕的。我们应该大力发展好浙商这一群体。首先,倡导浙商回乡投资,通过引入浙商中的高新技术产业、战略性新兴产业等项目,带动浙江信息、人才、资源、文化的流入,从而使浙江人民享受到这一红利。其次,改善浙商企业的治理方式,将主雇关系转为合伙人关系,给予浙商企业员工股权激励和员工持股计划,形成企业持续发展的高能发动机,让企业的收益造福企业员工。最后,推动浙商慈善事业的发展,引导浙商选择以企业基金会、慈善信托等形式开展慈善活动,丰富浙商做慈善事业的渠道。因此,在浙江建设共同富裕示范区的当下,应充分发挥这群富有爱国精神的浙商的作用,引导他们为共同富裕出一份力,做一份贡献。

(二)发扬开放精神的浙江致力于共同富裕

宋韵文化中的开放精神深深地滋聚在了浙江人的血液中,影响着整个浙江的发展,而浙江也以开放的胸怀拥抱共同富裕,为全国其他省市能早日走上共同富裕道路先行探路。浙江深受开放精神的影响,在改革开放东风的吹拂下,浙江民营经济焕发出了发展活力,大步迈向国际市场,对外贸易呈几何倍数般增长。进入 21 世纪,浙江的外贸进出口稳居全国前列,贸易大省的地位不断得到巩固。可以说改革开放 40 多年,外贸出口已经成为推动浙江经济增长的动能之一,也成为浙江经济稳定持续发展的重要支柱,为浙江创富、致富提供了一个重要途径。有数据表明,"1980—2017 年间,浙江外贸年均增长 38.4%,领先同期全国外贸年均增速 24.9 个百分点,外贸依存度从 1980 年的 0.02%大幅提升至 2017 年的 49.5%"[①]。浙江之所以能在外贸领域取得如此巨大的成就,就在于宋韵文化中的开放精神对浙江人产生了影响,促使浙江从政府到商人,再到人民都致力于发展对外贸易出口。事实表明,浙

---

① 海关总署统计分析司编:《改革开放 40 年中国对外贸易发展报告》,中国海关出版社 2018 年版,第 536 页。

江发展对外出口既利于浙江经济的腾飞发展,又利于浙江传承开放精神。

当前浙江高度重视建设共同富裕道路,要发挥好宋韵文化中的开放精神,使其能够作用于共同富裕道路。目前,浙江应该要利用好自己的优势,调动积极因素,加大开放力度,让一切有利于共同富裕的因素焕发活力。首先,浙江要主动融入海上丝绸之路的建设。浙江要加强与海上丝绸之路国家的互补,发挥浙江在工业方面的优势,利用好东南亚、非洲的原材料,从而深化双方在产品、资源方面的合作力度。其次,浙江要加强与环太平洋国家的海洋资源合作。浙江可以深化与环太平洋国家开展海洋预测和预报、海洋环境、海洋科技领域等方面的保护合作力度,增强双方在养殖方面的交流等。最后,浙江要推动与环太平洋国家的沟通机制。浙江可以重点与环太平洋国家建立友好城市关系,加强与当地华侨华人社团之间的联系,推动与当地行业商行间的交往。因此,在建设共同富裕的道路上,浙江要充分发挥宋韵文化的开放精神,多与环太平洋国家展开交流,促进浙江早日步入共同富裕领域。

(三)拥有创造精神的浙民走向共同富裕

宋韵文化中的创造精神深深地流淌在浙江,影响着一代代浙江人民,让浙民以创造精神为动力推动浙江走向共同富裕。改革开放40多年,实际上就是浙江人民创造"第一"的40多年,也是浙江人民发挥创造精神的40多年。从中国第一个工商个体户的诞生,到如今蓬勃发展、实力雄厚的民营企业,从中国第一个专业市场到辐射全国的市场大省,从中国第一个大胆承包飞机到第一辆在民企诞生的汽车,这些都是浙江人民在创造精神的带动下,不断开拓创新所带来的奇迹。浙江人民遵循社会主义市场经济规律,敢于冲破各种旧有的僵化观念束缚,创新思想观念,甘当第一个"吃螃蟹"的领头人,坚持为走好共同富裕道路披荆斩棘、奋勇前行。浙江人民之所以能够取得如此多个"第一",就在于创造精神的推动,可以说宋韵文化中的创造精神使得浙江人民闯出了一条独特的发展之路。在当下浙江建设共同富裕的时代,创造精神作为促进浙江发展的灵魂,能为共同富裕提供一种新的发展动力,从而推动浙江更好更快地走向共同富裕的道路。

浙江人民要以创造精神为力量,积极发挥自身优势,充分把浙江的人力优势转化为发展优势,使其融入共同富裕建设中来。首先,浙江人民要把信息经济作为驱动共同富裕发展的核心要素。信息经济是新一轮经济技术创新发展的进步驱动力,浙江人民应积极参与到信息经济发展过程中来,推动5G通信、人工智能等技术融入共同富裕发展的道路上来,让信息经济的发展成果为浙江全体人民共同享受。其次,浙江人民要完善医疗保障。浙江应推动建立"互联网+医疗健康"与家庭医生的落地,同时应建立一定数量的老年医院和疗养院,保障老年人老有所养。最后,浙江人民应建立覆盖全省中小学的新时代城乡教育共同体。通过建立共享"互联网+教育"与终身学习型的教育模式,让浙江人民能够"活到老,学到老",大大提高浙江人民平均受教育年限和综合能力素质,更快更早地叩开共同富裕的大门。因此,在建设共同富裕的道路上,浙江人民要以创造精神为动力,走好共同富裕的道路。

宋韵的一个侧面：从"礼"到"赏"

——基于文本和造型的宋盏研究

浙江财经大学东方学院　　李　　洋

　　本文试图以"物"作为研究的主体重新审视历史，尝试通过大量宋代古籍了解其制造和使用的场景，体会"东方价值理念"下的"中国制造"，以此反思中国当下的存在方式。这种思考，并不是简单地把宋人对器物的态度套用到现在的设计及制作，而是通过大量历史资料与实践研究与体悟，发现器物在宋代的状态，并如何影响当今。以古人所使用的器物与文献为出发点研究当时人们的制作及使用方式，或许是寻找前人造物思想的可行性途径，提示一个独立于西方价值观与造物思想的存在。

　　北宋时期的中国兴起了一股重视器物的热潮。这股热潮首先体现在对宋以前碑刻的关注上，接着是对商周时期青铜器的重视、瓷器的欣赏以及花草的养殖上。他们不但对这些玩好之物有极大的兴趣，而且著书立说，把这些兴趣上升到了理论高度。比如，刘原父的《先秦古器记》，欧阳修的《集古录》《洛阳牡丹记》，王黼的《宣和博古图》等。但是，他们在做这些事情的时候充满犹豫（Ronald Egan：*The Problem of Beauty：Aesthetic Thought and Pursuits in Northern Song Dynasty China*；*Metamorphosis of the Private Sphere*）。这一现象到了南宋，士大夫不再对物的欣赏表现出遮遮掩掩的态度，而是设法从更古老的文本中寻找欣赏器物的依据，以使这种做法看起来更加符合儒家传统的规范。

　　在本文中，我们以"鼎秀古籍全文检索平台"和"爱如生中国基本古籍库"所收录数据为基础，结合图书馆的古籍善本，从"盏"这一语料在宋代官史、笔记、文集中出现的时间和语境出发,辨析不同时期不同语境中这一语料的具体含义,研究不同时期宋人从"礼"到"赏"的态度转变。本文试图穷尽搜集宋代古籍中与茶器相关的记录,以文献中的宋盏为切入点,结合设计学理论,分析其造型、用途,其中蕴含的礼文化,探讨了宋人对待器物的思想逐渐从"礼"向"赏"的转变进程,进而探索传统中国器物设计理念与制作思想,以及这一思想指引下的宋代茶器造型与使用方式,得出从北宋到南宋对待器物的态度、从商周时期的"礼器"转变到可以作为独立的艺术品欣赏的过程。事实上,这一转变影响了后世有关"器"的思想。

本文有三点成果。其一,通过查阅大量古籍资料的记载与对传世器物的比对,解决了不同造型样式的宋盏在其成型年代的使用方式问题。通过这种反向追踪溯源的方式,在个别局部厘清了某些传世器物的称谓以及成型源流。其二,本文通过对宋代古籍资料中有关盏及相关内容的搜集、整理、研究,得出一个总体印象,那就是宋盏的原型大多出自《礼记》,其设计理念是"礼制"思想的延续。其使用场景与宋人对"盏"的态度变化体现了"礼制"思想的下沉。其三,总的来说,宋人对待器物的思想逐渐从"礼"转变为"赏":部分宋盏被当作独立的艺术品珍藏。

本文的研究分两条路线:其一是流传下来的实物;其二是宋代有关"盏"的古籍。本文所选取的传世器物为原藏于北京故宫乾清宫西暖阁的南宋龙泉窑梅花盏。[①] 根据这一器物的造型样式,查找流传下来同时期的相关数据,着手绘制草图并通过传统青瓷拉坯技法制作杯体;然后,把经过八百度烧制的杯体带到产区,运用产区不同的窑口,以不同的施釉方式、不同的釉色对比体会其优劣。把制作完成的作品与创作原型做对比,总结这一过程中的得失,进行新一轮的制作。在这种循环往复中,形成阶段性成果,与创作原型进行比对进而优化及改良作品。与制作同步进行的,是对古籍数据的查找。首先,力图穷尽性地考察宋代文献中关于"盏"的资料,研究"盏"类语料的分布特征;其次,根据这些特征将数据按照用途进行归类,分析不同用途"盏"的材质、造型;再次,将文本数据与视觉数据宋画相结合,根据宋画中有关盏的使用场景

---

① 清室善后委员会编:《故宫物品点查报告》,线装书局 2004 年复刻本,第 1—141 页。

定位其具体的使用方式;最后,把完成的作品与创作原型相对照,并从宋代古籍中找出有关类似器物的文献,重新理解器皿的造型与使用场景从而指导当下创作(图1)。

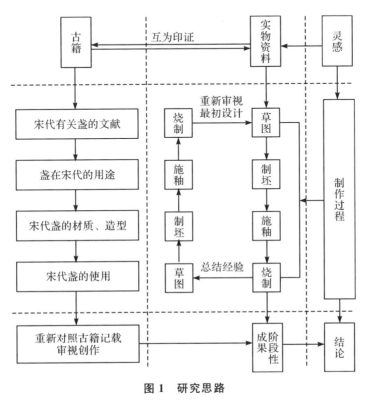

图 1 研究思路

一、宋盏的造型与使用方式

(一)盏与盏托的造型

"盏"(琖)最早作为一种饮器被记载,见于战国末年成篇的《礼记·明堂位》篇:"爵用玉琖仍雕。加以璧散、璧角。"此时"盏"(琖)被用作酒器,视为爵的一种。东汉《说文解字》亦有"琖",与爵、斝同类,所对应的是三足器:"玉爵也,夏曰琖,殷曰斝,周曰爵。"魏晋始"琖"写为"盏",有异体字"琖""醆""盞"等,以"玉(王)"做偏旁的"琖",多表示与石材有关的盏器,如"玉琖",以"酉"做偏旁之"醆"则与饮酒之事共现。

《大戴礼记》："执觞觚杯豆而不醉。"北周卢辩注此："觚，器也，实之曰觞，杯盘盏盏之总名也。豆，酱器，以木曰豆。"这一记载正合《管子》中关于弟子侍奉师傅进食时"左酒右酱"之礼的记载。考虑到上古汉语词语单音节化特征造成古人对同一事物往往有多种称谓，用于区别细微差别，因此，觞觚杯盏应为同一类饮酒器皿。《说文》所释无误。

根据汉代文献记载和出土实物，无论是爵还是觚，其共同点都是敞口、可手握，不同的是底部设计。爵的底部为三足造型，觚器多无底或者平底。到了宋代，由汉代爵和觚演变过来的盏，大多变成了倒斗笠状的器皿。随之而来的"盏托"也逐渐进入了人们的视野。

"盏托"这一语料最早出现在唐代《资暇集》：

> 始建中，蜀相崔宁之女以茶杯无衬，病其烫指，取楪子承之。既啜而杯倾，乃以蜡环楪子之央，其杯遂定。即命匠以漆环代蜡，进于蜀相。①

宋代程大昌在《演繁露》中印证了李匡文的说法：

> 古者彝有舟爵有坫，即今俗称台盏之也。始于盏托。托始于唐。前世无有也。崔宁女饮烫指。取楪子融蜡象盏足大小而环结其中。无所倾侧，因命工髹漆为之。宁喜其为名之于世而托子遂不可废。今世托子又遂着足间有隔塞其中不为通管者，乃初时楪子环蜡遗制也。②

根据对"盏托"一词的考察，学界曾一度认同程大昌所谓的"盏托"，最初是由崔宁之女为了防止茶杯烫手，在拿茶杯时，杯子容易倾倒而在碟子上用蜡加入的一个固定结构。但汉语中一义多词现象较为普遍，我们根据对语料的梳理，认为程说不确。盏托的源头仍然需要重新抉发。

以托承器自周即有。成书春秋时期的《周礼·春官·司尊彝》云："春祠、夏禴，裸用鸡彝、鸟彝，皆有舟"，"秋尝、冬烝，裸用斝彝、黄彝，皆

---

① 李匡文：《资暇集》，中华书局1985年版。
② 程大昌撰、许逸民校证：《演繁露校证》，中华书局2018年版。

有舟"。东汉郑玄注曰："舟乃尊下台,若今之承盘。"汉儒去周不远,其考证可信度较高。因此,"舟"可以视为彝器之托的最早记录。后世茶托亦应源于此。

但此记录只表明了以托承器的构造,从出土文物来看,真正意义上的茶托出现,则可以追溯到魏晋南北朝。1964 年,在湖南长沙砂子塘东晋墓考古中出土了青瓷盏托,堪称目前存留最早的盏托。2002 年、2004年,在南昌陆续出土了南朝洪州窑青釉碗托与碗(图 2)。学界根据其组合、形制等特征判断出这些出土的盏托即唐李匡文"茶托子",故程大昌所言为非。

图 2①　江西省南昌县富山乡出土的洪州窑茶托

由此,本文认为,盏托始于先秦,至南北朝始为茶事之用,到唐代才正式出现在文献中。而盏托真正兴盛于世,则要延及宋代。结合宋代流传下来的《徽宗文会图》《春宴图》等有关盏的绘画以及传世出土的实物数据,盏与盏托一般会同时出现在宋代的宴饮与聚会的场所。本文的研究对象:现藏于北京故宫博物院的龙泉窑梅花盏在宋代使用时应配有盏托。宋代兴起的以盏加盏托的组合,既有爵类器物的稳定性,又有觚类器物的轻便,在造型结构上是创新性的改良(图 3)。

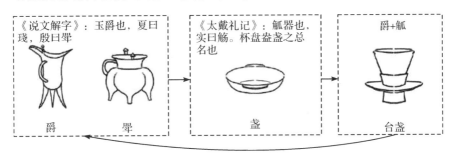

图 3　盏托流变

①　曹柯平、周广明:《茶托、发酵茶和汤剂——以考古发现切入中国早期茶史》,《中国农史》2019 年第 5 期。

（二）基于宋盏造型的实践

南宋时有些瓷盏也会仿造金银器的造型。现藏于北京故宫博物院乾清宫西暖阁的南宋龙泉窑梅花盏（图4）就吸取了金银器的造型。该盏口沿嵌铜扣，胎壁薄坚，内壁四周依五花口突起五道脊背，内心贴饰一朵梅花。

1. 资料搜集

为了进一步了解此类器型在宋代的状态，笔者于2017年在浙江龙泉青瓷博物馆、龙泉青瓷纹样研究所、杭州官窑博物馆拍摄到大量贴饰花纹的瓷片。由此可知，南宋龙泉窑在器物表面贴饰的技法是比较普遍的，但在器皿内侧制作隆起脊背手法却较为鲜见。这种造型样式应取材于同时期的金银器造型。大英博物馆、东京国立博物馆都藏有类似的金银器（图5）。

图4　南宋龙泉窑梅花盏①　　　　图5　金银器②

2. 釉药的制作

龙泉窑最突出的特点在于其独有的釉色。传统龙泉青瓷釉料的制作是非常复杂的。首先，在山中搜寻用来配制釉料的紫金土、石英（图6）、长石、石灰石等矿物。然后，把紫金土打碎，放到窑炉里升温至800℃（图7）。接着，把低温烧制过的原料放在磨釉机上打磨48小时（图8）。为了使烧出的釉色更接近宋代龙泉青瓷，会搜集宋代遗留下来的废弃窑口周边的瓷片，敲碎混合在原矿釉中。有时寻找釉料需要跋山涉水，每个山头的石料矿物含量会有所不同，就需要不断尝试、调整原料配比。在这一实验中，釉料与胎体的结合度也很重要。

---

①　图片来源：中国台北"故宫博物院"官网。

②　《中兴记盛：南宋风物观止》，中国书店2015年版，第302页。

图 6　石英原矿　　图7　烧制紫金土　　图 8　磨釉

3.施釉、烧窑

唐代诗人陆龟蒙作有"九秋风露越窑开,夺得千峰翠色来"之句。真正了解青瓷烧制工艺以后才知道,所谓"千峰翠色",不仅是由于不同的釉料,同一釉料不同的窑位、不同的烧制方式、不同的温度都会产生不同的釉面效果。在施釉过程中,还要预见釉的流动性,拿捏好釉层的厚薄。以下是部分烧窑记录:

烧窑记录一

时间:2018 年 8 月 13 日

地点:龙泉永青坊

凌晨点火,11:57 到 13:11 保温,13:28 还原烧,18:04 看火兆,18:10 熄火。熄火表温:1156 摄氏度。本表记录的是温度表数据,实际窑内温度略高 10 摄氏度(图9)。此次烧窑,在窑主看来,温度略低,釉料没有完全融化,因此釉面呈哑光色。在笔者看来,觉得这种色泽与宋代龙泉窑温润典雅的气韵接近,算是成功的烧制。窑主坚持认为这窑没烧好,于是两天后又烧了一窑。

烧窑记录二

时间:2018 年 8 月 15 日

地点:龙泉永青坊

5:30 点火,11:48 到 13:45 保温,然后开始还原烧,20:10 熄火。熄火温度 1160 摄氏度(图10)。本次烧窑比 8 月 13 日偏高 6 摄氏度,烧成效果釉色比之前略亮。此窑尝试了不同的施釉方式,有支钉烧、露胎烧和露底烧。釉色方面,窑主认为这一窑釉层到了熔点,釉面光泽,是合格的产品。但笔者认为此窑釉色过于光亮,不符合笔者对宋代龙泉窑青瓷的认知。

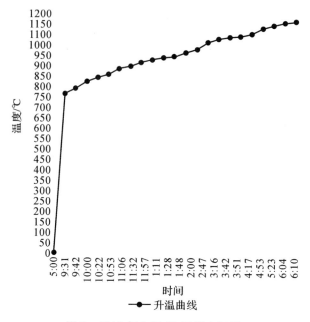

图 9　2018 年 8 月 13 日烧窑记录

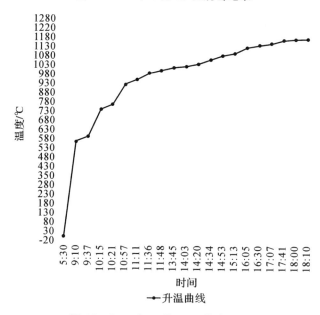

图 10　2018 年 8 月 15 日烧窑记录

烧窑记录三

时间:2018 年 8 月 21 日

地点:龙泉吴氏哥窑

龙泉木岱口村吴氏哥窑以烧制传世哥窑釉色为主。窑主吴海平的父亲在"文化大革命"时收集了很多老窑工的釉料配方,吴海平自20世纪90年代根据流传下来的釉方开始研制釉料,至今已研制出几十种釉色。他家里有座四块板的大窑和一个一块板的小窑。小窑用来试釉,大窑用来烧制成熟釉色。大窑在2002年建成之后,一直以来只有几个窑位可以烧出完整的作品。几经查验,窑炉构造并没有问题。2016年冬天,由于天气寒冷,一窝老鼠咬开窑口的石棉到窑里做窝。来年春天吴师傅仅把窑内清理干净,对窑门老鼠咬的洞未做任何处理,就继续使用了。然而自此以后,这座窑炉烧成率从原先的10%达到了80%以上。这件在实践中产生的"奇事"使人联想到传统中国"天人合一"的创作思想(图11、图12)。

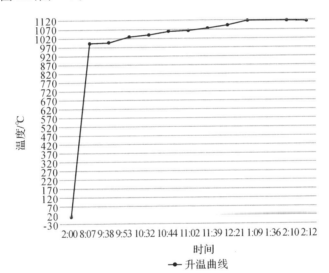

图11　2018年8月21日烧窑记录

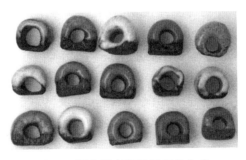

图12　历次烧窑记录遗存的火兆

经过两年赴龙泉烧窑,对本文创作原型有了更深的了解:由于拉坯成型的坯体带有张力,烧制的过程中,胎壁会略微向上倾斜。因此,在制坯时杯壁不能与原型完全一致,应该倾斜度稍大一点,具体扩大的幅度需要多次实验。图13是第一年赴龙泉烧制前与烧制后造型对比,图14是第二年赴龙泉烧制前与烧制后造型对比。总的来说,都不够完美。第一次拉坯的时候尽量接近原型,可是坯壁在干燥以及后来烧窑的过程中都会往上收缩,最终变成了斗笠状;第二次制作虽比第一次更接近原型,但杯壁弧度过大,导致最终烧成效果与原作的造型还是有出入。

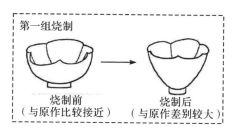

图13　2017年烧制前后胎体变化

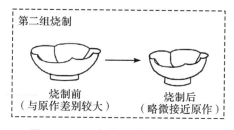

图14　2018年烧制前后胎体变化

(三)宋盏的使用方式

"盏"在宋代不论是在造型上还是在功能上都拓展了。在宋代流传下来的古籍中,记录了盏在当时的状况。在功能上,盏有喝酒、喝茶、炼丹、点灯等用处;在材质上,有金、琉璃、缥瓷、玉、陶、白瓷;在造型上,有鹦鹉、梨花。其中,建盏除了用来喝茶,还会被道士用来炼丹;玻璃盏一般来说是用来喝酒的,但僧人会用来喝茶。喝药的盏大多素色并少纹饰,材质有玉质、瓷质;喝酒的盏材质与造型都比较丰富。喝茶所使用的盏以建盏及其分支占据多数。陆游偏爱用小盏喝茶,他在《晚晴至索笑亭》中写道："堂空响棋子，盏小聚茶香。"佛教喝茶会用玻璃盏，《碧岩录》中有相关记载。但玻璃盏也会用来喝酒。苏东坡在《炉佳月》中有"浩瀚玻璃盏，和光入胸臆"句。宋代道家炼丹偏爱铁盏，其次是建盏。点灯用的盏虽然没有特别的名称，但根据《东京梦华录》中的语境推测，其造型像莲花（表1）。

表 1　盏在宋代的用途

用途	种类	例证
喝药	玉盏	试药玉滑盏（《东坡诗集注》）
	素瓷盏	素瓷盏进药玉塌（《事实类苑》）
喝酒	金盏	人生只合樽前醉，金盏大如船（《乐府雅词》）
	琉璃盏	梁尘暗落琉璃盏（《欧阳文忠公集》）
	缥瓷盏	开香浮坐盏（《东坡诗集注》）
	鹦鹉盏	平生鹦鹉盏（《简斋集》）
	玉盏	席上玉盏金瓯（《阳春白雪》）
	梨花盏	杨君喜我梨花盏（《山谷集》）
	陶盏	饮酒人持陶盏（《嘉定镇江志》）
	白瓷盏	彼美白瓷盏（《富山遗稿》）
喝茶	兔毫盏	兔毫盏内香云白（《谭训》）
	小盏	盏小聚茶香（《剑南诗稿》）
	铜叶盏	尤称君家铜叶盏（《青山续集》）
	玻璃盏	文殊举起玻璃盏子云（《碧严录》）
	金花鸟盏	治茶具金花鸟盏（《宣和奉使高丽图经》）
	鹧鸪金盏	鹧鸪金盏有余春（《济北先生鸡肋集》）
炼丹	铁盏	盏用铁盏，建盏次之（《庚道集》）
	建盏	铺盖上下用盐裹定建盏内（《庚道集》）
点灯		置莲灯一盏（《幽兰居士·东京梦华录》）

《通志》记载，宋人对器物的命名多以器物口部的造型，而不是整个器身的样子："然古铜爵今之士大夫家亦多有之，臣见者屡矣。谓其口

似雀之状。如今荷叶杯葵花盏皆取其口只像,而非谓通体为雀也。"①按这一说法,这种盏的称谓与宋代古籍中的"葵花盏"类似,应叫"梅花盏"。结合以上对宋代古籍的研究可知,本文的实践主体南宋龙泉窑盏在宋代应被称为梅花盏,是用来喝酒的。

根据以上研究得出结论:宋代喝药的盏颜色比较素雅;喝酒的盏造型和材质比较丰富;喝茶的盏多为深色,并在釉色上取胜;炼丹有特定的盏;点灯用的盏主要关注其造型。值得注意的是,宋代饮茶之风盛行,在祭祀时,也并未一味仿古,而是把当时流行的茶饮之器用于祭祀礼。司马光《书仪》:"旁置桌子,上设注子及盏一,别置桌子于灵座前,设蔬果、匕筋、茶酒盏、酱楪、香炉。"这种创新在某种意义上体现了宋代在儒道礼法与市民生活之间的调和。由于宋代朝廷及士大夫开始关注除"礼"之外"器"的内容,于是,源于礼器的盏开始作为一个独立的艺术品被欣赏。

二、宋人对盏的态度转变

"盏"词源于《礼记》,在宋代,更与"礼"有着千丝万缕的联系。在祭祀、婚丧等礼仪中,盏都扮演着必不可少的角色;宋代饮茶之风盛行,由蔡襄倡导的"白茶黑盏"之风盛行,宋代社会逐渐形成一种由欣赏饮茶时茶色与盏色彩对比转为对盏本身材质、色彩的欣赏,甚至会把盏作为独立的藏品。这是一种自上而下的社会现象。自蔡襄《茶录》后,宋徽宗撰写了《大观茶论》。

这种对"物"的态度是前所未有的。

(一)盏之于礼

宋代士庶从礼有四:冠、昏(婚)、丧、祭。苏轼云:"晚节尤好礼,为冠婚丧祭法,适古今之宜。"朱嘉《小学》书中也收有"四礼"的条目。四礼成为彼时通行的礼学体制。盏作为常用又多样的器皿,自然在"四

---

① 郑樵:《通志二十略》,中华书局 2019 年版,第 800 页。

礼"中扮演着自己的角色。

宋丧礼秉承儒家重丧之仪,盏作为奠酒器存在其中,不仅是一种摆设,也是一种属于动态的用品。《宋史·凶礼》载契丹丧礼的一种,契丹仿宋制,可以视为宋丧礼的体现。"班首诣前,执盏跪奠,俯伏,兴归位,皆再拜。俟使以下俱衰服、绖、杖成服讫,礼直官再引各依位北向,举哭尽哀。班首稍前,去杖,跪,奠酒讫,执仗,俯伏,兴,归位,焚纸马皆举哭,再拜毕,各还次,服吉服,归驿。"丧礼中,以盏盛奠酒饮之,成为整个礼仪过程中的核心环节之一。

宋之昏礼不仅包括婚礼之仪,也是婚后居家生活的一种规范。朱熹《家礼》:"凡节序,及非时家宴,上寿于家长。卑幼盛服,序立,如朔望之仪,先再拜。子弟之最长者一人,进,立于家长之前。幼者一人,执酒盏,立于其左。一人执酒注,立于其右。长者跪,斟酒,祝曰,伏愿某官,备膺五福,保族宜家。"①盏于此礼中也为酒器,构成了昏礼的一部分,体现了宋代婚后家庭生活的伦理实质。

宋人孙伟之②《孙氏荐飨仪范》关于祭礼有着详细论述:"器尚质素,贵纯洁。古之庙制,鼎俎笾豆,奇耦有差,生时飨用之物,事死如事生,故以生时用器奉之。近世用盘盏碗碟亦斯义也。今每位用盏子十。素木加漆。或丹或黑铅锡铜厢之。庶可耐久。不及漆素木亦可。贫不能具。即五事(十则六荐熟食果蔬各为二事五则半比)盘盏一(或铜或锡或用陶器)碗二(制度如盏子而深一以饭一以羹)。"③盏在其中承担了重要任务,哪怕是贫寒之家也得使用,不能替代。

(二)盏托与礼

盏托在宋代是盏行使"礼"的功能时必不可少的配件。朱熹在其《家礼》中多次提到盏托,例如:"正至朔望则参……每位茶盏托、酒盏盘各一。"④"前一日设位陈器……设酒架于东阶上,别置桌子于其东,设酒注一过,酒盏一盘一受,昨盘一匕、一巾、一茶合、茶筅、茶盏托、盐、碟、

---

① 朱熹:《家礼》卷一,宋刻本,第18页。
② 宋朝人孙伟之所著《孙氏荐飨仪范》,收录于元代《居家必用事类全集》。
③ 佚名:《居家必用事类全集》乙集,明隆庆二年飞来山人刻本,第69页。
④ 朱熹:《家礼》卷一,宋刻本,第4页。

醋、瓶……"①司马光在《书仪》中葬仪部分,也有"每位设蔬果各于桌子南端,酒盏匕筯茶盏托酱楪于桌子北端②"的记载。《齐东野语》里记载了在祭祀时盏托的具体用法:

> 凡居丧者举茶不用托,虽曰俗礼,然莫晓其义或谓昔人托必有朱故有所嫌而。然必有所据。宋《景文杂记》云:夏侍中薨于京师子安期。他日至馆中同舍谒见,举茶托如平日众颇讶之,又《平园思陵记》载阜陵居高宗丧,宣坐赐茶,亦不用托,始知此事流传已久矣。③

作为"礼器"的盏托,其出场顺序、位置都是有严格规定的。在丧葬礼仪中,不能连带茶托一起拿茶盏。除了丧葬、祭祀等礼仪,台盏也出现在平时君臣赏赐、朋友赠送的礼节中。例如,《重编古筠洪城幸清节公松垣文集》卷十一中提到了"百瑞梅花金台盏"④。

(三)盏与"赏"

宋代饮茶之风盛行,建安茶经过蔡襄研发、进贡、转赠与其亲属的哄抬,已经成为宋代茶叶的第一品牌。蔡襄在《茶录》中有对茶盏审美方面的叙述:

> 茶色白,宜黑盏,建安所造者,绀黑,纹如兔毫,其坯微厚,燖之久热难冷,最为要用。出他处者,或薄,或色紫,皆不及也。其青白盏,斗试家自不用。⑤

赵佶也在《大观茶论》里附和蔡襄的说法:

---

① 朱熹:《家礼》卷五,宋刻本,第108页。
② 司马光:《书仪》,宋刻本,第108页。
③ 周密:《齐东野语》卷一九,学津讨原本,第439页。
④ 幸元龙:《重编古筠洪城幸清节公松垣文集》卷十一,清赵氏小山堂抄本,第93页。
⑤ 朱自振、审东梅、曾勤编著:《中国古代茶书集成》,上海文化出版社2017年版,第126页。

> 盏色贵青黑,玉毫条达者为上,取其焕发茶采色也……盏惟
> 热,则茶发立耐久。①

蔡襄与赵佶文中所提及的"兔毫""玉毫"都是建盏的一种。赵佶认为,建盏作为饮茶首选器具有其独特的优势:其一,它的主体色调为黑色,这就像一张装裱着黑框的白色画面,可以很好地呈现茶色。其二,如果要使茶泛出浓厚的白色泡沫,就要事先把承茶的器具煮热。建盏胎比较厚,可以达到加热以后不易过快冷却的效果。建盏的这些特性,使得它作为一个独立的艺术品被欣赏。

由此,蔡襄所推崇的北苑贡茶在宋代具有极高的地位,与之相应的建盏自然也是精益求精,甚至成为时人争相收藏的藏品。《谭训》有载:

> 一寺僧收兔毫盏,甚奇。迁道访之求观,果尤物也。问可酌茗乎? 僧骇曰:"某藏之什袭数十年,时出一觇,岂可沁水? 后至京西又问襄邓间一僧畜葫芦瓢尤奇,亦往求观。复问:'可研茶乎?'僧亦惊曰:'此可觇不可研,研则有折。缺之患。'君谟叹曰:'盏既不可烹,瓢既不可研,不知将何用? 世之有虚名无寔用冒叨禀禄者亦若此矣。'"②

《谭训》全名《丞相魏公谭训》,苏颂为北宋名臣,《谭训》是苏颂的家训。此书是其子苏象先作于苏颂去世后 40 年,内容包括经世治国、饮食起居的伦常。其中记载了僧人把茶器当作宝物收藏,作者以蔡襄的口吻评论:茶器如果不拿来使用就失去了其本来的价值,进而驳斥世间那些徒有虚名的人。作者是站在传统儒家思想"君子不器"的立场看待这件事情的,但此事亦从另外一个角度证实了:北宋时期,茶器已经作为独立的欣赏对象存在于世人心中了。

对于建盏的欣赏,宋代的士大夫们也纷纷写诗表达:蔡襄在《北苑十咏·试茶》诗中有"兔毫紫瓯新,蟹眼青全煮"句;杨万里在《陈蹇叔郎中出闽漕,别送新茶·李圣俞郎中出手分似》中有"鹧班碗面云萦字,兔

---

① 朱自振、审东梅、曾勤编著:《中国古代茶书集成》,上海文化出版社 2017 年版,第 126 页。
② 苏象先:《丞相魏公谭训》,上海商务印书馆 1936 年版,第 8 卷。

褐瓯心雪作泓"句;《五代史平话》中有"兔毫盏内香云白,蟹眼汤前细浪
腴"句;晁补之在《次韵提刑毅甫送茶》中,也有"鹧鸪金盏有余春"句。
这里的鹧鸪金盏,即是指建盏中的鹧鸪斑盏。

从建窑出土以及传世器物资料来看,许多兔毫盏残片都有"供御"
或者"进盏"的字样,印证了这种器物大多是给皇家使用的。建盏口沿
下凹有接唇线,学界称为"指沟",盏底稍宽且深。这种设计方便点茶时
注汤击拂,茶汤在这一过程中不易溢出。[①]

三、结论

宋代皇室及士大夫阶层对"器"的重视,突破了"礼"和"用"的拘束,
提升了器具的审美性,也推动了工艺的艺术化发展进程。儒家传统中
一度认为"丧志"的物和器由此得以证明,并进而延伸到民间,成为一股
覆盖全民的风气,从而由实践反向提升了相关器物审美理论的发展。

以北宋为分界,其前和其后在礼制思想上发生了重大变化,它在旧
有的礼制概念里加入了"人伦之礼"这一新的要素。北宋发生的濮议之
争就体现了这一思想的转换。由此,盏在宋代除了延续它最初与"礼"
相关的用途外,更多的是作为一件独立的艺术品被欣赏。宋代的建窑
生产一种名叫"鹧鸪斑"的盏,以其釉面纹理似鹧鸪身上的花纹而得名。
五代至宋初陶谷所撰《清异录》有载:"闽中造盏,花纹类鹧鸪斑,点试茶
家珍之。"此句中的"珍"字,即体现了宋人对作为器物的盏的欣赏。

宋代是器物的"技术"与"精神"达到了完美结合的时期,也是一个
器物从"礼"到"赏"的转变时期。自宋以后,产品"物"的特性逐渐被强
化,但其"精神"的内容在弱化。著名的龙泉窑青瓷"蚂蟥绊"便是一个
鲜明的例证。今天的人们在生产工具不断革新的状况下尝试恢复宋代
产品的造型样式,却总是无法超越,原因就在于当下的器物制作缺少精
神层面的内容。

---

① 周亚东:《宋代建盏"指沟"辨误》,《南京艺术学院学报》2011年第3期。

宋韵视域下的北宋文人画

——兼论蜀学与北宋文人画审美思想的形成

浙江省宋韵文化研究办公室　寿勤泽

北宋文人画意识兴起，不仅受到魏晋南北朝与隋唐时期顾恺之的"传神论"，宗炳、王微提出的山水画"畅神"的主张，颜延之提出的"以图画非止艺行，成当与《易》象同体"①的主张，谢赫提出的"气韵生动"的主张，姚最提出的"学穷性表，心师造化"的主张，张彦远提出的"怡悦情性""怡然以观阅"主张等的影响，而且受到蜀学文艺观的深刻制约与影响。北宋文人画所倡导的绘画美学理想、所追求的绘画艺术风格、所具有的绘画艺术特点与蜀学文艺观之间存在着紧密的内在联系。北宋文人画推崇的最高艺术境界是"平淡为美"，崇尚的绘画格调是"天工清新"，追求的艺术美感是"韵外之致"，由此建构了富有时代特色的以崇尚自然美为核心的绘画艺术思想体系。在这一绘画思想体系与蜀学文艺观之间，显然可以梳理出内在的思想逻辑关系。

一、蜀学思想与文人画尚"淡"审美倾向的关系

在我们看来，在宋学诸学派中，蜀学是异端思想与杂学特色最鲜明的一派，它充分吸纳融合释道理论，援引佛老入儒，形成了富有特色的

---

① 颜延之语，见王微《叙画》，载俞剑华编著：《中国古代画论类编》，人民出版社1998年版，第585页。

文艺思想,其所具的思想特征决定了它对于绘画书法艺术领域的影响要远远超过洛学、新学等学派。以蜀学思想为基础而逐步形成的以欧阳修、苏轼等为代表的元祐文士集团与书画艺术具有紧密的联系,在其成员中,文同、苏轼、李公麟、米芾、晁补之等都是著名的文人画家,欧阳修、苏洵、黄庭坚、苏辙、秦观、陈师道等人对绘画和书法都有很高的鉴赏能力与敏锐而卓越的见识。他们的绘画主张趋于相近,在艺术上倡导高风绝尘、淡泊有味的审美理想,将"平淡天真"作为绘画的最高艺术境界,反映出蜀学文艺观在绘画上推崇以"淡"为美的文人画意识。在元祐文士集团中,在文人画思想上提出重要见解的主要有欧阳修、文同、苏轼、苏辙、黄庭坚、米芾、晁补之诸人。在上列诸家中,欧阳修以其广阔宏通的视野与对诗文书画艺术的通识提出了不少独到的绘画主张,起了"导夫先路"的作用。苏轼以其浩然士气与古今集成的艺术成就将文人画思想推向时代的高峰,不仅影响了元祐文士集团的艺术思想发展,而且影响了后世文人士大夫阶层的绘画艺术思想,对包括院体画、画工画在内的整个中国古代绘画艺术的发展也产生了不可低估的思想影响。因此,我们以欧阳修、苏轼作为观照与阐析的重点,同时也结合其文论、诗论中反映出来的相关主张,从其整体文艺思想的发展中对其绘画艺术思想的演变脉络与思想精髓做出符合实际的分析论述。

(一)梅尧臣"平淡"论与欧阳修"平淡"论的异同

从六朝到唐宋,我们看到文艺主潮由浓向淡的转变倾向。唐代司空图《诗品》对"淡"做了大力推崇,将"冲淡"在二十四诗品中列为第二位,并对其审美内涵特征做了细微的描述,称其"素处以默,妙机其微,饮之太和,独鹤与飞。犹之惠风,荏苒在衣,阅音修篁,美曰载归。遇之匪深,即之愈稀,脱有形似,握手已违"。而在《典雅》《高古》《自然》诸品里,都有着对近似于"冲淡"一品的诸多审美范畴的意蕴的描述。如"典雅"一品称:"坐中佳士,左右修竹……落花无言,人淡如菊。""高古"一品称:"畸人朱真,手把芙蓉……太华夜碧,人闻清钟。"皎然的《诗式·诗有六至》说诗有"六至":"至险而不僻,至奇而不差,至丽而自然,至苦而无迹,至近而意远,至放而不迂。"虽然未拈出"平淡"一词,但实说的是"平淡"。

北宋时期,内外形势都发生了重要的变化,整个社会的心态日趋内倾,推崇理性思辨;与此相适应,审美思潮上也呈现出推崇平淡风格的趋势。

北宋诗人最早谈及平淡美,是在北宋初年梅尧臣论诗时。梅尧臣与欧阳修、尹洙等,都是诗文革新运动的倡导者,他的诗呈现简远平淡的风格,欧阳修在《六一诗话》中总结梅尧臣的诗风特点时说:"子美笔力豪隽,以超迈横绝为奇;圣俞覃思精微,以深远闲淡为意。"梅尧臣深受宋人推崇,甚至被人推崇为宋诗的"开山祖师"。他论诗,积极倡导"平淡"诗风,他在《读邵不疑学士诗卷》诗中称:"作诗无古今,唯造平淡难。"①他推崇陶渊明的诗风,在《答中道小疾见寄》诗中称赞陶诗:"诗本道性情,不须大厥声。方闻理平淡,昏晓在渊明。"②在《寄宋次道中道》诗中称:"中作渊明诗,平淡可比伦。"③他的《林和靖先生诗集序》称赞林逋:"顺物玩情为之诗,则平淡邃美,读之令人忘百事也。其辞主于静正,不主乎刺讥,然后知趣尚博远,寄适于诗尔。"④对于梅尧臣的诗歌理论,后人评论说:"去浮靡之习,超然于昆体极弊之际,存古淡之道,卓然于诸大家未起之先。"⑤称其"古淡",是指对唐代李白、杜甫与韩孟等人的诗风的追慕,是指对晚唐五代以来浮靡诗风的反正。

与梅尧臣一样,欧阳修将平淡美作为自己的艺术追求。叶梦得的《石林诗话》说:"欧阳文忠公诗始矫'昆体',专以气格为主,故其言多平易疏畅,律诗意所到处,虽语有不伦,亦不复问。"欧阳修论文,揭倡"平淡典要",把"平淡"看成"典要",也可见"平淡"在他心目中的地位之高。欧阳修重视诗歌艺术的"平淡"或"淡泊"之美。他有多篇诗作论及诗歌的"平淡"之美,如他在嘉祐四年作的《病告中怀子华原父》诗中称:"狂来有意与春争,老去心情渐不能。世味惟存诗淡泊,生涯半为病侵陵。"可以说,是欧阳修奠定了"平淡"文风不可动摇的地位。

梅尧臣论述平淡美,仅及诗风,欧阳修则由诗文延及绘画。他在《鉴画》中论述绘画艺术时说:"萧条淡泊,此难画之意。画者得之,览者

① 《宛陵先生集》卷四八,文渊阁《四库全书》本。
② 《宛陵先生集》卷二四,文渊阁《四库全书》本。
③ 《宛陵先生集》卷二五,文渊阁《四库全书》本。
④ 《梅集编年校注》拾遗。
⑤ 《宛陵先生集》附录,文渊阁《四库全书》本。

未必识也。故飞走迟速,意浅之物易见,而闲和严静,趣远之心难形。若乃高下向背,远近重复,此画工之意尔,非精鉴者之事也。"①在欧阳修看来,能够传达趣远之心的绘画,远超于描写飞走迟速等意浅之物的作品之上。他认为"平淡"的作品,"如食橄榄,真味久愈在"。

在推崇诗歌的"平淡"风格上,梅尧臣主要从改革文风的角度提倡具有"平淡"美感特征的诗风。欧阳修也主要是从改革文风的角度提倡"平淡"之风,但将论述的范围从诗文扩展到绘画艺术上,开创了文人画推尊"淡"的审美意识的先河。而苏轼、黄庭坚、米芾等,则在论及诗画时极大地丰富了平淡美的美学内涵。

(二)苏轼推崇"平淡"的审美倾向与文人画艺术的内在联系

苏轼论艺,常常由诗文及书画,或由书画及诗文,以一含万,触类旁通。对于苏轼的平淡美理论,我们将他的诗画理论作为一个整体来观察,着重分析以下几个方面的问题:

(1)苏轼对于陶渊明、韦应物、柳宗元等人的诗风,尤其是对陶渊明诗歌平淡风格的推崇,对于钟繇、王羲之萧散简远书风的推崇,反映出时代审美倾向的变化,对于促进文人画意识的发展起了重要作用。

苏轼在《书黄子思诗集后》文中,提出书法的最高艺术境界是"萧散简远"。他说:"予尝论书,以谓钟(繇)、王(羲之)之迹,萧散简远,妙在笔墨之外。至唐颜(真卿)、柳(公权),始集古今笔法而尽之,极书之变,天下翕然以为宗师。而钟王之法微。""至于诗亦然。苏(武)李(陵)之天成,曹(植)刘(桢)之自得,陶(潜)谢(灵运)之超然,盖亦至矣。而李太白、杜子美以英玮绝世之姿凌跨百代,古今诗人尽废。然魏晋以来,高风绝尘亦少衰矣。李杜之后,诗人继作,虽间有远韵,而才不逮意。独韦应物、柳宗元发纤秾于简古,寄至味于澹泊,非余子所及也。"在上面这两段文字中,苏轼就书法和诗提出了两方面见解:一是技巧上的最高成就不是艺术上的最高境界,甚至会妨碍艺术最高境界的完成。二是艺术上的最高境界是"萧散简远""淡泊简古"。这一观点贯穿在他对诗、文、画各种艺术的见解之中。

---

① 《宛陵先生集》附录,文渊阁《四库全书》本。

苏轼在书法艺术上欣赏的是钟、王之迹,因其得之"天成",深具"自得""超然"之性。由书法的认识而及诗歌,他在诗歌风格上欣赏的也是具有这一审美特征的苏、李、曹、刘、陶、谢诸家。在上一段话中,苏轼列举了苏武、李陵、曹植、刘桢、陶潜、谢灵运、李太白、杜子美、韦应物、柳宗元等人并论其所长。苏轼在推崇诗歌的平淡美时,最为欣赏的诗人是东晋陶渊明,中唐韦应物、柳宗元。在《题柳子厚诗二首》里称:"好奇务新,乃诗之病。柳子厚晚年诗,极似陶渊明,知诗病者也。"柳宗元晚年诗歌"发纤秾于简古,寄至味于澹泊"的诗风与陶渊明"质而实绮,癯而实腴"的诗风非常接近。①

苏轼诗画论中推崇"平淡"的审美倾向,是受东晋陶渊明思想的影响。理解苏轼"平淡"理论的精神实质,需要了解苏轼对于陶渊明其人其作的理解与认识。在苏轼发现与推崇陶渊明以前,陶渊明在文艺史上的地位并不高,六朝时崇尚华丽的文风,陶渊明因"世叹其质直"被列入中品,在唐代,人们崇尚的是昂扬的激情,陶渊明也不为人所推扬。

苏轼对陶渊明的人格和体现出平淡情味的诗风情有独好,对陶诗的文化意蕴重新做了符合时代需要的阐释。他写了大量的和陶诗,翻阅苏轼诗文,陶渊明的名字出现了上百次,足见对其的尊崇和向往之情。由于苏轼在文坛的影响力,一时间,拟陶、和陶简直成为当时诗坛的风尚。在苏轼影响下,苏辙、黄庭坚等人都倾心于陶渊明的诗歌艺术。北宋元祐文士集团对陶诗评价的转变,反映的是一个时代审美倾向的变化。

苏轼十分推崇陶渊明的"真",他在《书李简夫诗集后》中称:"孔子不取微生高,孟子不取于陵仲子,恶其不情也。陶渊明欲仕则仕,不以求之为嫌;欲隐则隐,不以去之为高;饥则扣门而乞食,饱则鸡黍以延客:古今贤之,贵其真也。"②又称:"古人所贵者,贵其真。陶渊明耻为五斗米屈于乡里小儿,弃官司去归。久之,复游城郭,偶有羡于华轩。"在《与子由六首之五》中称:"然吾于渊明,岂独好其诗也哉? 如其为人,实有感焉。渊明临终《疏》告俨等:'吾少而穷苦,每以家弊,东西游走。性刚才拙,与物多忤。自量为己,必贻俗患。黾勉辞世','使汝等幼而饥

---

① 《苏轼文集》卷六七,中华书局1986年版,第2109页。
② 《苏轼文集》卷六八,中华书局1986年版,第2148页。

寒。'渊明此语,盖实录也。吾今真有此病,而不早自知。半生出仕以犯世患,此所以深服渊明,欲以晚节师范其万一也。"①苏轼的生命实践与陶渊明有着精神上的相通之处。苏轼的《答程全父推官六首之三》诗曰:"流转海外,如逃深谷,既无与晤语者,又书籍举无有,惟陶渊明一集,柳子厚诗文数册,常置左右,目为二友。"②陶渊明与柳宗元的诗文几乎成了他的精神支柱,从他们的诗文艺术中吸取了文化营养。苏轼晚年所到达的"天地境界",往往以"淡"的形式表现出来,如他在《与李公择十七首》中说:"仆行年五十,知作活大要是悭尔,而文以美名,谓之俭素。然吾辈为之,则不类俗人,真可谓淡而有味者。"③苏轼对人生经历与生命的感悟又总是通过对陶渊明的阐释而得到表达,如称"渊明形神似我"④,在《录陶渊明诗》中称:"与渊明诗意,不谋而合。"⑤等等。苏轼所推崇的陶渊明的"真",是一种不为世俗所累、不愿心为物役、去除了世俗之负担的生命之情。这种体现生命本真的情性,在文艺中总是以寓于"平淡天真"的方式表现出来的。

北宋时期,经过苏轼与元祐文士集团的推崇,陶渊明成了文士中评价最高的诗人。因为他的诗作形式的古朴与诗风的平淡,正与北宋时期文士崇尚理性思辨、推崇冲淡和美的社会心态相合,因而受到了文士的一致崇尚。

(2)苏轼对平淡美内涵的阐发反映出对艺术辩证法的深刻理解,反映了蜀学思想善于会通不同思想要素的特点。

苏轼运用辩证的观点,对书画艺术平淡美的特征做了深刻的阐述。苏轼对平淡美内涵的阐发,大都是在论及陶渊明诗艺时表达出来的。他曾称:"吾于诗人,无所甚好,独好渊明之诗。渊明作诗不多,然其诗质而实绮,癯而实腴。自曹、刘、鲍、谢、李、杜诸人皆莫及也。"⑥在这段话中,我们需要重点关注的是,苏轼所总结的陶渊明诗风特点是"质而实绮,癯而实腴"八个字。后来,他在《东坡题跋》中说:"柳子厚诗在陶

---

① 《苏轼文集·佚文汇编》卷四,中华书局 1986 年版,第 2514 页。
② 《苏轼诗集》卷八四,中华书局 1982 年版。
③ 《苏轼文集》卷五一,中华书局 1986 年版,第 1496 页。
④ 《王直方诗话》,文渊阁《四库全书》本。
⑤ 《苏轼诗集》卷六七,中华书局 1982 年版,第 2111 页。
⑥ 《苏轼文集·佚文汇编》卷四,中华书局 1986 年版,第 2514 页。

渊明下，韦苏州上；退之豪放奇险则过之，而温丽情深则不及。所贵乎枯淡者，谓其外枯而中膏，似淡而实美，渊明、子厚之流是也。若中边皆枯淡，亦何足道。佛云：'如人食蜜，中边皆甜。'人食五味，知其甘苦者皆是，能分别其中边者，百无一二也。"[1]在这段话中，我们重点关注的是他说的"所贵乎枯淡者，谓其外枯而中膏，似淡而实美"一句话所反映的美学观点。后来，他在《书唐氏六家书后》一文中称："永禅师书，骨气深稳，体兼众妙，精能之至，所造疏淡。如观陶彭泽诗，初若散缓不收，反覆不已，乃识其奇趣。"[2]这段话虽推崇智永"体兼众妙，精能之至，所造疏淡"的杰出成就，也表露了对陶诗孕育"奇趣"于"疏淡"的诗风特征的赞美。苏轼的《送参寥师》一诗云："……颓然寄澹泊，谁与发豪猛？细思乃不然，真巧非幻影。欲令诗语妙，无厌空且静。静故了群动，空故纳万境。阅世走人间，观身卧云岭。咸酸杂众好，中有至味永。"在这段文字中，他提出主体空灵境界的形成是以"澹泊"为前提的。诗歌如果含蕴了多种美感质素，"咸酸杂众好"，就能到达"至味永"的至高境界。

在苏轼看来，陶渊明的诗风反映出融合了"纤秾"与"简古"，"至味"与"澹泊"，"外枯"与"中膏"，"似澹"与"实美"，"质"与"绮"，"癯"与"腴"等对立美学因素的平淡美。陶诗的艺术之长是在质朴简古之中包含了丰富的意蕴，在看似干枯的外表下积聚了生命的活力，在凝练简短的形式之中蕴藏了悠远的韵味，在简洁平实的文字之中寄寓了细腻浓烈的情感。一句话，以平淡的形式表现不平淡的内容，"其实不是平淡，绚烂之极也"，这是苏轼对"平淡美"实质的深刻洞察。苏轼认为，"平淡"不是贫乏与粗疏，它是"外枯而中膏，似淡而实美"。"枯"与"膏"，"淡"与"美"虽为一物的两端，但是两者在文艺作品中可以构成有机的统一，从而焕发出不同寻常的艺术魅力。苏轼认为，"外枯而中膏，似淡而实美"的作品，不仅美，而且妙。美是有限的，妙是无限的，美可观，妙则还须味。只有"淡泊"的作品才有"至味"。苏轼认为，"平淡"自绚丽中来，唯有落其华芬，才能展露"平淡"之真容。因而，"平淡"的美学底蕴不是"平"，也不是"淡"，只有从绚丽中来，方能造平淡之境。确实，苏轼通过对陶渊明、柳宗元的平淡诗风，对钟嵘、王羲之、智永平淡书法风格的阐析，

---

① 《东坡题跋·评韩柳诗》，人民美术出版社 2008 年版。
② 《苏轼文集》卷六九，中华书局 1986 年版，第 2206 页。

阐述了"平淡美"的美学内涵,反映了他对艺术辩证法的深刻理解。

苏轼论文时指出:"大凡为文,当使气象峥嵘,五色绚烂,渐老渐熟,乃造平淡。"①"气象峥嵘",就是遣词造句、铺排文句时的熟练技巧,"平淡"是指文风自然平易。这种"平淡"的前提并不是指初始学艺时期的连基本规范都没有的随意而就,而是指对艺术技巧的严格训练,在技艺娴熟到达极致之后的风格蜕变,是作者内在修养在艺术实践中的"升华"表现。苏轼所称的"绚烂至极","乃造平淡",从表面说是指艺术学习中从技巧到风格境界的转化过程,但实际上他强调的是艺术的境界、风格以"平淡"为上乘的观点。从艺术创作上说,"平淡"是对"绚烂至极"的超越,是"回归"到"纯朴自然"方向的连接点,也就是佛学所谓的"学至无学者耳"。这也就是苏轼在《虔州崇庆禅院新经藏记》中强调的"口必至于忘声而后能言,手必至于忘笔而后能书。……及其相忘之至,则形容心术酬酢万物之变,忽然而不自知也"②。学,到了"无学"的境地,也就是从"峥嵘"提升到"平淡"的艺术境界。

苏轼认为,平淡美的境界实也是"天然"或"天成"的境界。所谓"天然""天成",不是自然原本有的。说诗人的创作"浑然天成","缘情体物,自有天然",指的是创作进入了"神与物游"、心手合一的自由境界。这种艺术境界在《庄子》中那个"庖丁解牛"的故事里已有深刻的论述。虽是人为,却巧夺天工,它的妙处就在虽尽人力却无刻削之痕。黄庭坚在《与王观复书三首之二》中称:"平淡而山高水深,似欲不可企及,文章成就,更无斧凿痕,乃为佳作耳。"③黄庭坚的见解是对苏轼平淡美思想的有益补充。

通过分析苏轼对晋唐杰出诗人与艺术家诗风与艺风平淡美意蕴与特征的阐释,我们基本把握了苏轼"平淡"理论的精神特质,也可以总结出艺术平淡美风格的三个特征。(1)从"平淡"风格的形态特征而论,表现出多种对立审美要素的对立统一,反映出诗画艺术发展的内在发展特点。(2)从"平淡"风格的情感特征而论,"平淡"的艺术风格追求包含了明确的情感要求,即宁静淡泊,无造作雕饰之嫌,要以审美的方式超

---

① 转引自何文焕:《历代诗话·东坡诗话》。
② 《苏轼文集》续集卷一二,中华书局1986年版,第390页。
③ 《黄庭坚集》,凤凰出版社2007年版。

越现实,通过反观回照而获得。(3)从"平淡"风格的形式特征来说,东晋的陶诗与唐代韦、柳等人的诗作大都古朴雅洁。因此,平淡美在形式上的特征往往反映在以五言古诗为代表的古体诗中。苏轼主张诗艺上追求"高风绝尘",推崇近体诗产生以前古诗简朴醇和的诗风。这三个方面的特点合起来,构成了对诗画艺术平淡美的美学内涵的完整认识。元祐文士集团对平淡美意蕴的体认,引起他们对绘画史的审视与价值重估,引起了他们对董源价值的发现。米芾的《画史》指出:"董源平淡天真多,唐无此品,近世神品,格高无与比也。"在文人画家看来,意趣高古、自然天成乃最难企及之境界,董源的山水画恰恰呈现出平淡天真之美,因而他们将董源推尊为五代山水画家之首,反映了时代审美思潮在文人画意识发展中的推动作用。

苏轼提出的平淡美观点,将宋代文人士大夫普遍倾向于"淡"的审美意识推进到绘画艺术的领域,促进了文人画艺术的发展,主要表现在:文人士大夫推崇水墨的清淡之色,喜爱墨分五色的丰富视觉感受,欣赏水墨画的清雅疏淡画风。北宋中后期,青绿山水画逐渐被水墨画所取代,水墨画逐渐成为文人画的主要形式,我们从元祐文士集团的画家画作中可以清楚地看到这一转变。不仅如此,后来连院画作者也受到水墨画兴起新思潮的影响,对水墨画风产生了喜好。宋徽宗留存至今的若干水墨画作即是明证。

(三)苏轼推崇"平淡"的审美倾向源自蜀学思想影响

苏轼的诗画平淡美思想的精神特质与蜀学思想之间有着极为密切的关系。苏轼对于平淡美的审美追求是以其哲学思想为底蕴的。在其人生历程中,苏轼屡经贬谪,饱经忧患,在人生的进取与退隐的双重矛盾中破解深层的思想困惑,在贬逐投荒中实现人生升华。我们从他对陶渊明人格的认同中可以深深体会到他在人生选择上的所思所求,他是反映北宋文人士大夫矛盾心情最为鲜明的人格化身,他把君主集权制时代文士的进取与退隐的双重矛盾心理发展到一个新的质变点,在人格上达到了常人所不能到达的"天地境界"。李泽厚论述苏轼的生命哲学与艺术精神时说:"苏一生并未退隐,也从未真正'归田',但他通过诗文所表达出来的那种人生空漠之感,却比前人任何口头上或事实上的'退隐''归田''遁世'要更深刻更沉重。"又说:"正是这种对整体人生的空幻、悔悟、淡漠感,求超脱而未能,欲排遣反戏谑,使苏轼奉儒家而出入佛老,谈世事而颇作玄思;于是,行云流水,初无定质,嬉笑怒骂,皆成文章;这里没有屈原、阮籍的忧愤,没有李白、杜甫的豪诚,不似白居易的明朗,不似柳宗元的孤峭,当然更不像韩愈那样盛气凌人不可一世。苏轼在美学上追求的是一种朴质无华、平淡自然的情趣韵味,一种退避社会、厌弃世间的人生理想和生活态度,反对矫揉造作和装饰雕琢,并把这一切提到某种透彻了悟的哲理高度。"①

诚然,苏轼的哲学思想及其对"淡"的审美趣味的形成受到老庄、佛学思想的影响,老庄思想里蕴含了崇尚"淡"的精神色彩。《老子》云:"大巧若拙,大辩若纳","信言不美,美言不信"。他提倡平淡为上的思想,对庄子及以后的思想家都产生了重要的影响。《庄子》的《知北游》篇说:"天地有大美而不言,四时有明法而不议,万物有成理而不说。圣人者,原天地之美而达万物之理,是故至人无为,大圣不作,观于天地之谓也。"《刻意》篇说:"澹然无极,而众美从之,此天地之道,圣人之德也。故曰:夫恬淡寂寞,虚无无为,此天地之平,而道德之质也。故曰:圣人休休焉,则平易矣,平易则恬淡矣。平易恬淡,则忧患不能入,邪气不得袭,故其德全而神不亏。"老庄提倡的平淡美,一直为后来的诗人、画家所推崇。苏轼的"平淡"理论深受老庄思想的影响,他在《睡乡记》中说:

> 睡乡之境……其政甚谆,其俗甚均,其土平夷广大,无东西南北,其人安恬舒适,无疾痛札病。昏然不生七情,茫然不交万事,荡然不知天地日月。不丝不谷,佚卧而自足,不舟不车,极意而远游。冬而絺,夏而纩,不知其有寒暑。得而悲,失而喜,不知其有利害。以谓凡其所见者皆妄也。②

这种对待生活的淡然无为、否定世俗的态度,与老庄追求返璞归真的思想一脉相承,"天地有大美而不言","澹然无极,而众美从之"已成为其生命意识,对于其平淡美的审美追求必定具有深刻的影响。

---

① 李泽厚:《美的历程》,天津社会科学院出版社 2001 年版,第 262、265 页。
② 《苏轼文集》卷一一,中华书局 1986 年版,第 372 页。

苏轼在《书王定国所藏王晋卿画〈著色山〉二首》诗中称:"我心空无物,斯文何足关。君看古井水,万象自往还。"[1]在《出都来陈,所乘船上有题小诗八首,不知何人》(以下简称《出都来陈》)诗中称:"我诗虽云拙,心平声韵和。年来烦恼尽,古井无由波。"[2]诗人意静如止水,心平声韵和,和谐宁静的金石丝竹取代了"不得其平则鸣"之声,产生出艺术的极致之美。

但从其总体哲学思想与艺术思想特征而言,苏轼既非单纯接受老庄思想的影响,也非单一地接受佛学禅宗思想的影响,而是深深受到融合了三教思想的蜀学思想的制约。因此,他既不会在"齐一万物"的理论里沉迷,也不会在"四大皆空"的言语中消弭自我,他以蜀学的圆融思维为据,融合三教思想,以自己独特的人生感悟对艺术现象做深入的思考,对创作主体的思想情感进行超越性的观照,对于蕴含着"奇趣"的"平淡"之美,从各种不同的视角去做全面的观照,对其做出由表及里的阐析。他由对平淡之美的体认而滋生对整体人生的淡定空漠感,与道释玄思深为契合,因此,毕生在美学上追求朴质无华、平淡自然的情趣韵味,并通过笔墨文字把这一切提到了某种透彻了悟的哲理高度。苏轼的尚淡艺术观影响深远,宋元时期的文人画家几乎都从他这里得到思想的启示,从而奠定了文人画艺术的基本格调。

二、蜀学思想与文人画尚"韵"审美倾向的关系

文人士大夫对尚"淡"审美趣味的推崇,必然会促进艺术上另一种审美倾向"韵"的发展。而后者或许能更深刻地体现出这一社会阶层的艺术品位。从绘画艺术的境界而论,"淡"之美与"韵"之美相通,越平淡就越有韵味,范温论韵之美感特征时就说过:"行于简易闲澹之中,而有深远无穷之味。"[3]如果说北宋时期以欧阳修、苏轼为代表的文士将平淡美视作艺术追求的最高境界,那么,他们在书画论中反映出来的尚韵观

---

① 《苏轼诗集》卷三一,中华书局 1982 年版,第 1638 页。
② 《苏轼诗集》卷六,中华书局 1982 年版,第 260 页。
③ 范温:《潜溪诗眼·论韵》,见郭绍虞《宋诗话辑佚》,中华书局 1980 年版。

念,则将对艺术"韵外之致"的追求作为艺术创造的最高目的,进一步促进了文人画意识的发展。

(一)北宋时期文艺"气韵"论重心由"气"向"韵"的转移

自魏晋南北朝至隋唐五代,随着每一个时代审美思潮的不同变化,文学艺术上的气韵论出现了其重心由"气"向"韵"的转移趋势。认识这一艺术思想史发展的特点,是理解北宋元祐文士集团在书画艺术上的尚"韵"主张的前提,因此,做一简略的论述。

"韵"字最早见于汉代文献,用于对音乐艺术的描述,指的是声律的和谐。东汉蔡邕所撰《琴赋》曰:"繁弦既抑,韵声乃扬。""韵"一词在魏晋南北朝、唐代出现,大多与"气""神"诸词相连,分别组成"气韵""神韵"等词语使用。谢赫是真正将"气韵"作为一个美学范畴提出来的画论家。他论绘画"六法",第一法是"气韵生动是也","气韵"一法对其他五法具有统领作用。谢赫在品画时也用过"神韵"概念,如评顾骏之:"神韵气力,不减前贤。"这里的"神韵"实为神,即指画作的内在精神。我们注意到,谢赫对"气韵"的具体阐述中已经将其分解为相互对峙的二元,开其端绪。

自唐代张彦远《历代名画记》开始,将"气韵"一词广泛运用于绘画评论之中,用"气韵""神韵"诸词作为评论人物画的标准。考《历代名画记》,"气韵"凡十七见,足见运用之普遍。其"气韵"重在"气",讲的是生动;"神韵"重在"神",讲的是精神。

钱锺书说:"'气'者'生气','韵'者'远出'。"①可见,"气韵"虽并举,却又有所侧重。从审美范畴的内涵来看,"气"主要指对象呈现出来的气势,是创作主体展示的力量状态以及赋予作品的内在活力与外在动势;"韵"主要指对象呈现出来的韵致,是由创作主体身心和谐而赋予作品的和谐、雅致、清远的风貌之美。不同时代的审美风尚,决定了对"气"或"韵"的偏爱。盛唐崇尚雄浑豪放,唐代文士论艺,偏于以"生气""阳刚"诸语为多,而偏于以"远出""阴柔"等语为少。中晚唐的绘画创作则呈现出阴柔之美,虽然主要是表现在人物画上,是发生在绘画的局

---

① 钱锺书:《管锥编》第4册,中华书局2002年版。

部领域的变化,但昭示着艺术潮流的变化。至杰出的诗论家司空图论艺,他提出了艺术表现"韵外之致"的不凡见解。司空图在《与李生论诗书》中提到"韵外之致""象外之象""景外之景""味外之味"等说法,其所说的"韵"明显是指艺术的意味。"气韵"论重心明显地由"气"向"韵"的方向转移发展。他把咸酸外的美味比作诗的意外之致,他所论的艺术作品的"味外之旨"和"韵外之致",是指不同风格特征的作品所产生的奇妙审美效果,是指形象鲜明、意境深远的美感特征。五代荆浩论画时提出"画有六要",清楚地将气、韵分列为两个艺术因素。他在《笔法记》中说:"气者,心随笔运,取象不惑。韵者,隐迹立形,备遗不俗。"荆浩论画突出了对"韵"作为艺术因素的重视。因此,晚唐五代是促进"气韵"论重心由"气"向"韵"方向发展的重要转折期。司空图、荆浩的文艺观点对北宋文士的文艺观产生了直接的启示。

魏晋至唐五代的历史变化,为"气韵"一词的重心转移蕴蓄了历史条件。宋代文艺"端庄杂流丽,刚健含婀娜"的总态势,则为北宋文人士大夫尚韵观的发展提供了现实条件。欧阳修、苏轼、黄庭坚等对文艺创作提出了"象外之意""意超物表""画外之意""画之景外意"的审美要求,这既是他们对唐末五代司空图、荆浩艺术精神的发扬,又是在新的文化环境下对文艺气韵观的拓展。欧阳修、苏轼、黄庭坚在谈及画家品格时,注重于文人士大夫绘画创作的"趣远之心"与"高蹈远引"的精神走向。他们在绘画中强调"趣远之心"与"高蹈远引"的精神要求。

(二)苏轼、黄庭坚、范温等对艺术之"韵"认识的深化

北宋文人士大夫尚"韵",较早见之于欧阳修、苏轼、黄庭坚等的论画主张中。论述最为系统的则是黄庭坚女婿、秦观的学生范温。以往的艺术史学者常常单独就范温的观点论其思想,我们则将其纳入元祐文士集团的整体思想里来做论述。因为从范温其人的文艺观点来看,无疑与苏轼、黄庭坚、秦观的文艺价值观属于同一立场。

元祐文士集团里,欧阳修的文论也有涉及"韵"所包含的美学内涵的提示。他提出"萧条淡泊,此难画之意"与"闲和严静,趣远之心难形"等思想,他所称的"趣远之心"实为"韵"的同义语。欧阳修之后,苏轼对诗画"韵"之美有更深入的阐述。苏轼在《出都来陈》诗中称:"我诗虽云

拙,心平声韵和。年来烦恼尽,古井无由波。"①晁补之在崇宁三年(1104)所题《书陶渊明诗后》中说:"记在广陵日见东坡云:陶渊明意不在诗,诗以寄其意耳。'采菊东篱下,悠然望南山',则既采菊又望山,意尽于此,无余蕴矣,非渊明意也。'采菊东篱下,悠然见南山',则本自采菊,无意望山,适举首而见之,故悠然忘情,趣闲而累远。"②晁补之对苏轼的解读做了阐释,揭橥了苏轼的审美趣味之所在,苏轼对陶诗艺术最感兴趣的是那种妙在笔画之外的萧散简远风格。苏轼论述书法、诗歌艺术的古今之变时,提到"萧散简远""远韵"等风格。苏轼认为,颜真卿、柳公权的书法集古今笔法之大成,严守书法的法度,但那种妙在笔画之外给予读者一唱三叹之感的魏晋风度却荡然无存,而智永书法的妙处是"真味久愈在"。因而,他认为,平淡、疏淡、枯淡等与绚烂、浓丽、艳丽相对比,前者所展示的审美境界更高。前者之美,美在具有深远无穷之味,美在神韵,它毫不沾滞于迹象,超越形式之外,达到了精神的远致。苏轼在组诗《凤翔八观》的《王维吴道子画》中写道:"吴生虽妙绝,犹以画工论。摩诘得之于象外,有如仙翮谢笼樊。吾观二子皆神俊,又于维也敛衽无间言。"苏轼提到的这一鉴别标准,在于王维所画"得之于象外"的"有余意",也在于"亦若其诗清且敦"。苏轼《书黄子思诗集后》所说的"钟、王之迹,萧散简远,妙在笔画之外",与欧阳修所称的"巧丽者发之于平澹,奇伟者行之于简易"的含蕴是相一致的。苏轼认为,"韵"之获取,并不是单靠技巧的精熟与法度的谨严就能得来,只有当思想感情和境界在艺术形式中达到完美的升华时,风韵才能从作品中自然显露出来,因而推崇萧散简远的书画风格,重视"余味",推崇"韵"的品格。

欧、苏之后,关注"韵"之美感特征并提出独到见解的是黄庭坚。黄庭坚论书画艺术时,用"韵"字来表示这种艺术的理想境界,他的《论书》自称:"晁叔美尝背议予书惟有韵耳。"③他又在《题绛本法帖》一文中说:"观魏晋间人论事,皆语少而意密,大都犹有古人风泽,略可想见。论人物要是韵胜,为尤难得。蓄书者能以韵观之,当得仿佛。"④他明确提出

① 《苏轼诗集》卷六,中华书局1982年版,第260页。
② 《鸡肋集》卷三三,《四部丛刊》本。
③ 《中国书画全书》第1册,上海书画出版社2000年版。
④ 《山谷题跋》卷四,《中国书画全书》第1册,上海书画出版社2000年版。

鉴赏书画的原则"当观韵",而且他所赋予"韵"一词的含义也有所发展。他在《题摹燕郭尚父图》中写道:"凡书画当观韵。往时李伯时为余作李广夺胡儿马,挟儿南驰,取胡儿弓满,以拟追骑。观箭锋所直,发之,人马皆应弦也。伯时笑曰:'使俗子为之,当作中箭追骑矣。'余因此深悟画格。此与文章同一关纽,但难得人人神会耳。"从李公麟所作《李广夺胡儿马》图所绘场景来看,瞬时之间,李广满弓发箭,"以拟追骑",呈现出"人马皆应弦"的摄人情景,余意无限,既表现出从容的韵度,又反映出涵括全境之势,故又与"趣远"相关,引发了对文人画表现"趣远之心"艺术特性的关注。

黄庭坚不欣赏艺术中那种构思谨严、细节清晰的描写或刻画。他认为,"韵"是一种文人士大夫进行艺术创造时独有的精神趣味,直接关系到人品或心灵状态的问题。黄庭坚在《跋周子发书》中提道:"盖美而病韵者王著,劲而病韵者周越,皆渠胸次之罪,非学者不尽功也。"[1]因为在黄庭坚眼里,"韵"代表着潜藏在艺术家心中的高尚精神,使艺术品成为纯粹精神的反映对象,呈示人的真我本性与生命气息,"韵"象征着精神超越的极致。刘熙载《艺概》曾说:"黄山谷论书最重一'韵'字,盖俗气未尽者,皆不足以言韵也。"由此可见,黄庭坚所主张的"韵"显然来自魏晋风流名士的那种内在品性,即所谓"拔俗之韵""风韵迈达""思韵淹济""大韵"等,都表明在形质之外的风度才情。它是一种才气风度与神情心性的自然流露,一种因抛弃了世俗意识而上升到超常的精神生活领域的标志,是与北宋文士阶层精神砥砺紧密相连的高情雅趣,这正是黄庭坚所理解的"韵"的意义。苏辙《栾城集》卷二十二《答黄庭坚书》中的说法富有启示意义,曰:"盖古之君子不用于世,必寄物以自遗。阮籍以酒,嵇康以琴。阮无酒,嵇无琴,则其食草木而友麋鹿,有不安者矣。颜氏饮水啜茗,居于陋巷,无假于外,而不改其乐,此孔子所以叹其不可及也。今鲁直目不求色,口不求味,此其中有过人者远矣。"这里也强调了蕴含在黄庭坚人格中的孔颜之乐。胡仔所记张耒的一段话,曾对黄庭坚大加称赞:"以声律作诗,其末流也。而唐至今,诗人谨守之。独鲁直一扫古今,出胸臆,弃声律。作五七言,如金石未作,钟磬声和,浑然

---

① 《山谷题跋》卷五,《中国书画全书》第1册,上海书画出版社2000年版。

有律吕外意。"①黄庭坚的创作"出胸臆,弃声律",达到"浑然有律吕外意",突破了技巧和法度的束缚,进而把握艺术创造的精髓、生命、神韵,有"余味""远韵",它充分反映了暗示、象征等艺术手段的效果,给人以一种朦胧而优美的艺术美感。宗白华对此做过分析,他说:"精神的淡泊,是艺术空灵化的基本条件。萧条淡泊、闲和严静,是艺术人格的心襟气象。这胸襟,这气象能令人'事外有远致',艺术上的神韵油然而生。"②

黄庭坚认为"书画以韵为主""当以韵观之"等见解受到王定观、范温等人的赞赏。范温与王定观、张戒等对"韵"的范畴、意蕴、特征与审美效果做了更为具体而深入的交流讨论,深化了对"韵"的认识。范温与黄庭坚、秦观具有密切的关系,艺术思想和学术思想与元祐文士集团的审美观接近。他在"韵"的思考上,提出了一系列独到的见解。

范温称:"王偁定观好论书画,常诵山谷之言曰:'书画以韵为主。'"予谓之曰:"夫书画文章,盖一理也。然而,巧,吾知其为巧;奇,吾知其为奇;布置开阖,皆有法度;高妙古淡,亦可指陈。"范温对艺术"韵"美感特征的论述见之于他的著作《潜溪诗眼》。范温认为,"唐人言韵者,亦不多见,惟论书画者颇及之。至近代先达,始推尊之为极致"。依范温所释,除"有余意之谓韵"以外,"众善皆备而露才见,亦不足为韵。必也备众善而自韬晦,行于简易闲澹之中,而有深远无穷之味……测之而益深,究之而益来,其是之谓矣。其次一长有余,亦足以为韵;故巧丽者发之于闲澹之中,奇伟者行之于简易,如此之类是也"③。

范温对"韵"的美感特征提出了新的见解。他称:

> "独韵者,果何形貌耶?"定观曰:"不俗之谓韵。"余曰:"夫俗者,恶之先;韵者,美之极。书画之不俗,譬如人之不为恶。自不为恶至于圣贤,其间等级固多,则不俗之去韵也远矣。"定观曰:"潇洒之谓韵。"予曰:"夫潇洒者,清也。清乃一长,安得为尽美之韵乎?"定观曰:"古人谓气韵生动,若吴生笔势飞动,

---

① 《渔隐丛话前集》卷四七,文渊阁《四库全书》本。
② 宗白华《艺境》,北京大学出版社 1999 年版。
③ 转引自《管锥编》第 4 册,中华书局 2002 年版。

可以为韵乎?"予曰:"夫生动者,是得其神;曰神则尽之,不必谓之韵也。"定观曰:"如陆探微数笔作狻猊,可以为韵乎?"余曰:"夫数笔作狻猊,是简而穷其理;曰理则尽之,亦不必谓之韵也。"①

范温在这里提出了"韵者,美之极"这个新的观点。他在论述中,先后排除了四种对"韵"的误解:其一是"不俗"之谓韵;其二是"潇洒"之谓韵;其三是"气韵生动"之谓韵;其四是"简而穷其理"之谓韵。范温认为,"不俗""潇洒""气韵生动""简而穷其理"之谓虽然是值得肯定的审美性质,但都称不上"韵"。作为北宋文士心目中最高的美,究竟是什么呢?范温对"韵"的阐说是:

> 定观请余发其端,乃告之曰:"有余意之谓韵。"定观曰:"余得之矣。盖尝闻之撞钟,大声已去,余音复来,悠扬宛转,声外之音,其是之谓矣。"余曰:"子得其梗概而未得其详,且韵恶从生?"定观又不能答。②

"有余意之谓韵",这就是范温对"韵"所下的定义。原来,范温之所以认为"韵者,美之极",是因为"韵"表示着余意无穷。王定观根据范温的定义,加以生发,说是"声外之音,其是之谓矣"。"声外之音",也就是司空图说的"味外之旨""韵外之致"。虽然,在唐代已经有司空图提出了"韵外之致"的观点,但并没有像范温这样,将"声外之音""有余意"提到"美之极"的高度。宋代重视、推崇"韵外之致"的诗论远比唐代要多。将唐、宋两代诗歌风格做一比较,前者较以饱满的诗情与优美的意境取胜,多直抒胸臆;而后者则以隽永的哲理与空灵的境界见长,较多理趣思致,富有含蓄美与沉郁美。宋代许多诗人都从不同角度论述了诗的含蓄美。如欧阳修的《六一诗话》引梅尧臣的话说:"圣俞尝语余曰:诗家虽率意,而造语亦难。若意新语工,得前人所未道者,斯为善也。必能状难写之景,如在目前,含不尽之意,见于言外,然后为至矣。"要求能

---

① 范温:《潜溪诗眼》,转引自胡经之、李健:《中国古典文艺学》,光明日报出版社 2006 年版。
② 范温:《潜溪诗眼》,转引自胡经之、李健:《中国古典文艺学》,光明日报出版社 2006 年版。

从有限之情景见出无限之意味,也就是司空图已经说过的,要有"象外之象""味外之旨"。姜夔的《白石道人诗说》也称:"语贵含蓄。东坡云:'言有尽而意无穷,天下之至言也。'句中有余味,篇中有余意,善之善者也。"

宋代诗话几乎都谈到诗贵含蓄,重言外之意,可见尚"韵"是宋代士人一种普遍性的审美理想。范温将这种审美理想用"韵"来表示,并用新的观点解释"韵",这是很大的进步。范温在提出自己的观点后,又对"韵"这一审美理想的发展过程做了阐析。他说:

> 盖生于有余。请为子毕其说。自三代秦汉,非声不言韵。舍声言韵,自晋人始。唐人言韵者,亦不多见,惟论书画者颇及之。至近代先达,始推尊之以为极致。凡事既尽其美,必有其韵,韵苟不胜,亦亡其美。夫立一言于千载之下,考诸载籍而不缪,出于百善而不愧,发明古人郁塞之长,度越世间闻见之陋,其为有能,包括众妙、经纬万善者矣。且以文章言之,有巧丽,有雄伟,有奇,有巧,有典,有富,有深,有稳,有清,有古。有此一者,则可以立于世而成名矣,然而一不备焉,不足以为韵,众善皆备而露才用长,亦不足以为韵。必也备众善而出自韬晦,行于简易闲澹之中,而有深远无穷之味,观于世俗,若出寻常。至于识者遇之,则暗然心服,油然神会。测之而益深,究之而益来,其是之谓矣。其次一长有余,亦足以为韵。故巧丽发之于平淡,奇伟有余者行之于简易,如此之类是也。

范温对"韵"的阐释,谈到两点:第一,他称"巧丽发之于平淡"。"韵"在外观上也许是平淡的、朴素的,然而在这平淡、朴素中隐含着巧丽,可见,韵不是感官可视可听的绚丽,这就近似于老子所说的"大音希声"了。第二,他称"行于简易闲澹之中,而有深远无穷之味","奇伟有余者行之于简易"。可见"韵"是简中见繁、易中见难、浅中见深、淡中见浓,一句话,是有限中见出无限。

范温认为,"韵"不仅在于平易,而且在于自然。如《论语》《六经》,用语明白晓畅,并不刻意求美,然"自然有韵"。他认为,"韵"在含蓄收敛。他认为，"曹、刘、沈、谢、徐、庾诸人，割据一奇，臻于极致，尽发其美，无复余蕴，皆难以韵与之"。他认为，"韵"在"质而实绮，癯而实腴"，"韵"在"超然有尘外之趣"，"韵"在"曲尽法度，又妙在法度之外"。范温已经将"韵"提升为一个普遍性的审美范畴，一种人生境界了。可见，范温的韵论实质上是北宋欧阳修、苏轼以来尚"韵"观的延伸，是对元祐文士集团审美理想的张扬。

我们从苏轼、黄庭坚、范温诸家的论述中对他们的尚"韵"观做了分析，可以看出，北宋文人士大夫崇尚艺术的"韵外之致"，是时代审美思潮与艺术精神发展的必然结果。尚"韵"艺术观的发展，促进了文人画意识的进一步发展。

（三）北宋尚"韵"审美趣尚与文人画艺术的内在联系

苏轼的尚"韵"观，将宋代文人士大夫普遍倾向于"韵"的审美意识推进到绘画艺术的领域。黄庭坚在苏轼的基础上，加深了对诗画艺术韵度之美的认识。黄庭坚是一位具有强烈创新精神的艺术家，他在品赏诗画艺术时，特别关注主体艺术创造时特有的精神趣味与心灵状态，他要使艺术品成为纯粹精神的反映对象，而"韵"一词最能恰切地表露文人士大夫那种超凡脱俗的内在品性在形质之外的风度才情，"韵"代表着潜藏在艺术家心中的高尚精神。黄庭坚所主张的"韵"显然来自魏晋风流名士，即所谓"风韵迈达""思韵淹济""拔俗之韵""大韵"等，都表明它是一种才气风度与神情心性的自然流露，一种因抛弃了世俗意识而上升到超常的精神生活领域的标志，是与北宋文士阶层精神砥砺紧密相连的高情雅趣，这正是黄庭坚所阐述的"韵"的意义。因为黄庭坚注重的是艺术人格的心襟气象，因此他不欣赏艺术中那种构思谨严、细节清晰的描写或刻画。黄庭坚论述的"韵外之致"美呈示了人的真我本性，充溢着浓厚的生命气息，表征着精神超越的极致。它要求主体突破技巧和法度的束缚，主张创作"出胸臆，弃声律"，达到"浑然有律吕外意"，有"余味""远韵"，进而把握艺术创造的精髓、生命、神韵，充分运用暗示、象征等艺术手段，使人产生朦胧而优美的艺术美感。

苏轼、黄庭坚、范温诸家的尚"韵"观使文人画意识深入绘画主体的心灵之全境与人格之底层，强调了对主体真我本性的呈示维度，促进了文人画艺术的进一步发展。主要表现在：文人画家追求象外之象与韵外之致的艺术趣味，在绘画创作上重视笔简形具、笔精墨妙。与院体画专尚法度、注重精工细描的创作态度相对，文人画家超越绘画法度的制约，意重于形，注重生意情趣的表现，从而避免了院体画谨毛失貌诸弊端的产生，为绘画艺术注入了新的活力。与画工画往往只取皮毛形迹等表面的东西，只注重画之绳墨"度数"的艺术特点相比较，富有韵外之致艺术美感正是士人画的重要特质之一。文士作画注重表现主体情性，表现知识阶层所具有的独特气质、学养、情趣、品格，有一种萧然出尘的高雅脱俗意味，表现超越世俗的人文精神与诗意，开创了诗情画意浑然一体的艺术新境界。文人画家在创造有生活根据的艺术形象时心态轻松，他们把自然景物，景物的清趣和笔墨效果有效地结合在一起，在艺术表现上寓丰富于单纯，在绘画史上有意识地做这种追求，并获得了成功的实践，具有首创的意义。米友仁在谈论绘画艺术时说："画之老境，于世海中一毛发事泊然无着染，每静室僧趺，忘怀万虑，与碧虚寥廓同其流。"①使自己的一呼一吸与宇宙息息相关，抛弃凡心俗虑，挥毫泼墨，力求所画能涵映出世界的广大精微，大大拓展了绘画形式所蕴含的精神内容。

（四）元祐文士集团尚"韵"的审美倾向来自蜀学思想的影响

无疑，从艺术思想史的发展过程来看，元祐文士集团苏轼、黄庭坚与范温等的哲学思想及其对"韵"的审美趣味的形成受到老庄、佛学思想的影响，老庄思想里蕴含了求天地之"韵"的精神。老子在对世界本体的体验上提出了"常无，欲以观其妙"，"大音希声，大象无形"的认识。自老庄提倡"大音希声，大象无形"，"天地有大美而不言"的观念以来，历代诗人与画家无不推崇其精神，倡导诗画创作上的"气韵论"。老庄的"大音希声，大象无形"论，不仅包含有思想与精神意蕴上"大音""大象"的追求，而且还有形式与手段上"希声""无形"的要求，正是由此启发了自汉魏六朝以来诗画论上尚"韵"意识的发展。

在我们看来，北宋尚"韵"思潮的发展不仅要追溯到其精神源头老

---

① 周积寅：《中国历代画论》上册，江苏美术出版社 2007 年版。

庄思想,而且值得对这一审美观的形成和发展与时代的思想学术潮流与审美文化精神发展关系做更多的关注,尚"韵"观的发展正是蜀学文艺观的深层次影响的表现。

我们认为,北宋尚"韵"观的发展与蜀学思想的联系可以从两个视角进行观察。首先,尚"韵"观的发展受到蜀学思想对于文艺主体趣远之心要求的重要影响。蜀学注重主体修养,"韵"的内涵反映出主体生理气质、行为风度在艺术创作中的重要性,它基于生命本身的有序和谐,得自主体的先天禀赋与人格修养。其次,尚"韵"观的发展受到蜀学文艺观主张"自然为文"与"文理自然"要求的重要影响。欧阳修在《赠无为军李道士二首(其一)》诗中称:"无为道士三尺琴,中有万古无穷音。音如石上泻流水,泻之不竭由源深。弹虽在指声在意,听不以耳而以心。心意既得形骸忘,不觉天地白日愁云阴。"欧阳修所赞叹的"中有万古无穷音"显见是对"韵"的含义的抉发。他诗中指的"意"是指人的精神存在,即人的主观之"意",明显偏重于意趣、韵味。苏轼《书吴道子画后》对诗文创作中"意"与"辞"之间的关系提出了主张,他称:"出新意于法度之外,寄妙理于豪放之外,所谓游刃有余,运斤成风,盖古今一人而已。"他所说的超越"法度"与"豪放"之外的"意""理",主张在道释倡导的"空""静"的自由的心理状态下以审美的态度观照万事万物,在这种超功利的自由的审美状态下,艺术客体的"韵外之致"油然而生,达到了"无不尽意"的艺术境界。苏轼的"无不尽意"论超越了道家的"知者不言,言者不知"和儒家的"书不尽言,言不尽意"论,指向了审美化的自由心灵。这一主张对于尚"韵"观念的发展具有促进作用。

三、"逸品"绘画观的倡导与确立

蜀学富有杂学特质,其善于会通诸学、融合道释观念的思想特质在绘画思想领域产生影响的又一个重要表现,是促进了绘画逸品观的确立与发展。

从魏晋南北朝到隋唐时期,从绘画思想史的总趋势来看,重视绘画的教化功能与作用占据着绘画思想史的主流,反映出儒学传统对绘画艺术的深刻影响。从魏晋南北朝时期始,道家思想与佛学思想影响日益扩大,影响到文艺领域,促进了艺术观念的巨大变革,进入了艺术自觉的时代。绘画创作上提倡"当法自然""心师造化""肇自然之性,成造化之功"。宗炳、王微的画作展现了"放情林壑,与琴酒而俱适,纵烟霞而独往"的萧散情怀,反映出文人作画的特色。这一时期,顾恺之、宗炳、王微、姚最等绘画思想家、批评家对绘画的观照大多是从文人士大夫的视角出发的,在绘画意识上具有了超越画技而指向人文精神的特点。因而可以说这是中国绘画思想史上文人对绘画萌生新的艺术观念的一个转型阶段。

随着时代文化的发展,隋唐五代时期对绘画功能的认识得到进一步发展。从唐代保存至今的绘画论著,如裴孝源的《贞观公私画录》、朱景玄的《唐朝名画录》、张彦远的《历代名画记》等画论著作中,可以看出注重画家主体因素的画论观点的演变轨迹。绘画的教化观念渐趋消散,绘画审美价值自觉性越来越凸显,绘画的分科意识由模糊到渐渐趋向清晰,对技法的注重慢慢过渡到对意境的追求。受姚最"心师造化"思想的启示,唐代出现了"外师造化,中得心源"的理论见解。张彦远《历代名画记》除了强调绘画"成教化,助人伦,穷神变,测幽微,与六籍同功,四时并运"的教化功能之外,又总结出绘画具有的"指事绘形,可验时代"的认识作用和"怡悦情性""怡然以观阅"的美感作用。从"鉴戒贤愚"到"怡悦情性",意识的提升体现了唐代绘画认识的转变。

在绘画批评中较早出现"逸品"一词的是唐李嗣真所著的《书后品》。他称:"吾作《诗品》,犹希闻偶合神交、自然冥契者,是才难也。及其作《画评》,而登逸品数者四人。"李嗣真的著作中所称的"逸品"是指上品第一等之上的等第,他所谓的"逸品",就是神的最高格之表现,也可以说"逸"是神的精华和提炼,和后来人所说的"逸品"有一定区别。

到了唐元和至会昌(806—840)时,著名画论家朱景玄编著了《唐朝名画录》。在这一部绘画断代史中,分出"神、妙、能、逸"四品,序曰:"以张怀瓘《画品断》神、妙、能三品,定其等格上、中、下,又分为三。其格外有不拘常法,又有逸品,以表其优劣也。"他将"神""妙""能"依次分为三品,并将不守"画之本法"的王墨、李灵省、张志和"目之为逸品",这可以算是现存画评著作中出现最早的"逸品"概念。朱景玄说:"此三人非画之本法,故目之为逸品,盖前古未之有也。"在《唐朝名画录》中,朱景玄是从绘画艺术表现方式角度来评论"逸品"画家的。

由朱景玄开启的"以人论画",即将"韵"和"逸"的评价语与被品评人的社会身份相联系的做法,开启了中国绘画史的一个传统。俞剑华评论朱景玄的画论时说:"以逸品另置神、妙、能之外,已为注重文人画之先河。"①这种评价是恰当的。

唐代张彦远(815—876)在评品画作时没有使用"逸品"一词,而用了"自然"一词。张彦远论画时提出了下列主张:"自古善画者,莫匪衣冠贵胄、逸士高人,振妙一时,传芳千祀,非闾阎鄙贱之辈所能为也。"这里的"逸士"之称,表明他对画家社会身份的关注。总的来说,唐代的画论已经开始越来越多地超越了秦汉以来形成的绘画功能观,而从个人情感满足的角度,从审美的角度审视绘画作品,拓展了中国绘画理论关于审美功能的理论空间,这为北宋文人画逸品观的兴起提供了重要的理论基础。

北宋绘画思想的重大转变是"逸品"观的兴起与确立,反映出鲜明的文人画意识,呈现出中国绘画艺术思想的发展新态势。

(一)从黄休复到邓椿:逸品观的发展与确立

谈及绘画"逸品"这一观念,首先要论及的是北宋初年黄休复的《益州名画录》。黄休复,字归本,祖籍江夏(今湖北武昌),《茅亭客话》书中"客话"一称,也可证益州为其客籍。但黄休复长期居住于益州(今成都),思想上浸染了巴蜀文化影响,接受道释思想自不待言,其所著《茅亭客话》一书,也反映出道释思想的影响。黄修复的人格与学术价值在北宋中后期得到蜀学学者的高度评价。苏辙在益州游览唐人遗迹,遍至老佛之居,尊称黄休复为"先蜀之老",对其画论给予了高度评价。因而,我们认为,在研究北宋文人画思想时,应该将其艺术思想放到蜀学思想的整体中来进行分析评价。《益州名画录》是一部深刻反映蜀学价值观与文人画意识的画学理论著作。

黄休复此书收录唐乾元初(758 年为乾元元年)至北宋乾德(963—

---

① 俞剑华:《中国绘画史》上册,商务印书馆 1954 年版,第 126—127 页。

967)年间,在益州所见画迹,记录在巴蜀画家五十八人,共分三卷。品评分为逸、神、妙、能四格,其中妙、能二格又各分为上、中、下三品。各立画家小传,评论画艺及作品。其中评为逸格者一人,神格二人,妙格上品七人、中品十人、下品十一人,写真二十二处无姓名者附于妙格。能格上品十五人、中品五人、下品七人,有画无名及有名无画者附。

黄休复生活于北宋初年,他结识当地文人李畋、张及、任玠等,通《春秋》之学,校《左传》《公羊》《穀梁》诸传,通百家学说。他爱画如命,家藏书画颇富。他和画家孙知微、童仁益等为好友,据李畋在宋真宗景德三年(1006)为《益州名画录》所写序,黄休复过着校书、鬻丹以养亲的生活。由于"游心顾、陆之艺,深得厥趣,居常以魏晋之奇踪,隋唐之懿迹,盈缣溢帙,类而珍之","及其僧舍、道居,靡不往而玩之",有深厚的道佛思想修养。从以上背景与历史条件来看,黄休复对逸品观的阐发是立足于蜀地深厚的道学与佛学思想基础之上的。

由于"唐二帝播越及诸侯作镇之秋,是时画艺之杰者,游从而来。故其标格楷模,无处不有",而造成"益都名画,富视他郡"的独特客观条件,为黄休复写成此书提供了非常有利的条件。刚好遇上"淳化甲午岁(995),盗发二川,焚劫略尽",黄休复经历了四川因王小波、李顺起义带来的社会动乱,有感于大量绘画在战乱中遗失,造成绘画遗迹极大的毁灭与破坏,"黄氏心郁久之",心情久久沉浸在郁闷与苦恼之中,欲一吐为快,于是收集整理史料,花费了大量的精力,于景德元年(1004)编成《益州名画录》,记录了四川成都地区的画家史实与曾经目睹的壁画。其书对唐肃宗李亨乾元初年(758)至宋太祖赵匡胤乾德(963—967)年间西蜀地区画家写了小传,并将他们留寺的画迹做了记录,成为一部具有重要艺术见解与文献价值的地方性画史著作。

这部著作的一大贡献是从画论上阐述了"逸、神、妙、能"四格的内涵与特点,逸格居四格之首,神、妙、能诸格等而次之,确立了逸格在品评中的最高地位。他说:

> 画之逸格,最难其俦。拙规矩于方圆,鄙精研于彩绘。笔简形具,得之自然,莫可楷模,出于意表。故目之曰逸格尔。
>
> 大凡画艺,应物象形,其天机迥高,思与神合。创意立体,

妙合化权,非谓开橱已走,拔壁而飞。故目之曰神格尔。

画之于人,各有本性,笔精墨妙,不知所然。若投刃于解牛,类运斤于斫鼻。自心付手,曲尽玄微。故目之曰妙格尔。

画有性周动植,学侔天功,乃至结岳融川,潜鳞翔羽,形象生动者。故目之曰能格尔。[①]

清代周中孚评论《益州名画录》时说:"其例与朱景玄《唐朝名画录》同。其移逸格于神格前,则又小异。盖朱氏以逸品居三品外,是录以逸格居三格上也。"[②]黄休复所称的"四格"与唐代朱景玄的"四格"是相同的,差异在排列的顺序上,朱景玄按照"神、妙、能、逸"逐次排列,"神"为首,"逸"为末;朱景玄对"神、妙、能、逸"做了分品论述,但是对"四格"本身内涵没有做出解释。而黄休复的《益州名画录》,则将"逸"提到了首位。黄休复认为,逸格"最难其俦",可见逸格注重的是画家审美个性。它与"神格"不同,"神格"注重"应物象形",显然是将客观性与真实性摆在第一位,而"逸格"则将主观情趣摆在第一位。黄休复的"逸品"观带有特定的人格色彩和绘画表现手法,就是画家孙位"性情疏野,襟抱超然"的那种高逸之情,这种审美情感表现于绘画艺术,必然导向"笔简形具"的艺术追求。逸格尚简,"简"主要是指笔墨的简,而不是内涵的简,通过简略的笔墨来获得丰富深邃的意蕴。文人画所崇尚的"简",体现在绘画的题材上,喜欢画萧疏荒寒之景,而展示的意境又多为简远、清冷。就孙位而言,他人品超逸,"禅僧道士常与之往还"。"非天纵其能,情高格逸,其孰能与于此耶?"在绘画上,他"画鹰犬之类,皆三五笔而成",画龙水"千状万态,势欲飞动"。张彦远在《历代名画记》中称的"自然"正可对应于黄休复的"逸格"。张彦远指的"自然"与黄休复的"逸格"就是庄子所称的"技进乎道"。

在朱景玄那里,"神、妙、能"是常法,"逸"不过是"不拘常法"的对象。而在黄休复这里,"逸"的重要性大大突出,受到了重视,因此,他对"四格"做了清晰的界定。逸格以规矩之于方圆为拙,以精研于彩绘为鄙,是不拘常法的,在表达方式上具有很大的灵活性和变化感。对描绘

---

① 黄休复:《益州名画录》,人民美术出版社 1964 年版。
② 周中孚:《郑堂读书记》卷四八,中华书局 1993 年版。

对象的处理要求越简越好,但在简中又要求表现出丰富的内涵。"逸格"就是天资和功力皆超常,所以达到"纵心所欲而不逾矩"。而"纵心所欲逾于矩",是在"画之本法"之外的,是对"画之本法"的颠覆。在唐宋绘画的主导风格还是强调本法的历史条件下,唐人所崇尚的是"神品"而非"逸品"。朱景玄提出的"逸品"论在当时的画坛上是不被承认的,在当时没有引起人们普遍的注意。因为在注重绘画教化功能的时代思潮下,"莫可楷模"的"逸格"只能处于边缘地位。三品强调的都是"画之本法",以形象塑造为核心,本法就是规矩。三品虽有区别,但基础都是画之本法。逸品在朱景玄的《唐朝名画录》中作为"非画之本法",不以形象塑造为核心,它是在规矩之外的。到了北宋,随着时代文化观念的转捩,绘画思想上原来的常法被逐渐解构,具有不拘常法特点的"逸品"观念逐渐受到社会的重视。黄休复对"逸品"的推崇,正反映了艺术精神的变化。经过黄休复对"四格"的阐释,"逸格"在北宋中后期受到了学者的重视。元祐文士集团对逸品观十分重视,在他们论画时,以"逸"来描述像孙位那样画艺超众脱俗、人格清高拔俗的画家。苏轼《书蒲永升画后》中记孙位画水"尽水之变,号称神逸",神逸二字并用,称许孙位的不凡画艺。苏轼提出的"常行于所当行,常止于所不可不止"之论,其思想内涵与"逸品"之意相通。陈师道《后山谈丛》卷一有谓:"蜀人勾龙爽作《名画记》,以范琼、赵承佑(公祐)为神品,孙位为逸品。"苏辙《汝州龙兴诗修吴画殿记》亦云:"予昔游成都,唐人遗迹,遍于老佛之居。先蜀之老,有能评之者曰:画格有能、妙、神、逸,盖能不及妙、妙不及神、神不及逸者,称神者二人,曰范琼、赵公佑(祐),而称逸者一人,孙遇而已。"米芾论述华亭李甲的画,称其"李甲,华亭逸人",品评其画则称"作逸笔翎毛,有意外趣"[①]。可见米芾对充满放逸笔墨意趣的画家画作的推崇。

从北宋初期到中期,经过黄休复、苏轼、苏辙、米芾等人的提倡,逸格成为影响绘画艺术发展的重要观念,成了宋代绘画迈向新的阶段的理论基础。

北宋中后期,宋徽宗掌管画院时,绘画创作上要求"神、形皆备",认

---

① 米芾:《画史》,《中国书画全书》本,上海书画出版社 2000 年版。

为"神品"最高,将"神格"放置于"逸格"之后。

到北宋末,我们看到,"逸格"仍高于"妙格"和"能格",其地位已完全不同于唐代了。到了南宋,随着文人画运动的日益扩大,邓椿将"逸格"又提到"神格"之前。他说:

> 自昔鉴赏家分品有三,曰神、曰妙、曰能。独唐朱景玄撰《唐贤画录》,三品之外,更增逸品。其后黄休复作《益州名画录》,乃以逸为先,而神妙能次之,景玄虽云"逸格不拘常法,用表贤愚"。然逸之高,岂得附于三品之末? 未若休复首推之为当也。

邓椿表明自己赞同黄休复的观点。他推崇"逸品",肯定了孙位为逸品的极致。从此之后,逸格立于四格之首渐渐得到绘画界的广泛认同,成为定局。邓椿对院体画不满,对文人画极为推崇。邓椿在《杂说·论远》中表明了自己作书"少立褒贬"的态度。他说:"予作此录,独取高雅二门,余则不苦立褒贬。盖见者方可下语,闻者岂可轻议?"但是,邓椿的理论倾向还是很明显的,他的记述暗寓褒贬,推崇文人画,不满院体画。邓椿在画论上倡导自然、清逸的风格。《画继》卷六批评何渊"失之繁碎",宁涛"纤悉毕呈,失于太显",刘坚"颇柔媚""无豪放之气",表达了对院体画风的不满。他称赞苏轼画墨竹具有"英风劲气来逼人"的艺术风采,赞扬他"非乘酣以发真兴则不为"的创作态度。他引苏轼诗称赞李公麟:"龙眠胸中有千驷,不惟画肉兼画骨。"邓椿对绘画的立意提出自己的看法,他说:"盖复古先画而后命意,不可咯具掩蔼惨淡之状耳。后之庸工学为此题,以火炬照缆,孤灯映船,其鄙浅可恶。"邓椿赞叹赵令穰"甚清丽""思致殊佳"之作。他所赞赏的风格是自然、清逸,他在《画继》卷五中称甘风子"以细笔作人物头面","然后放笔如草书法","顷刻而成,妙合自然";称僧人觉心"如烟云水月,出没太虚,所谓风行水上,自成文理";称李觉"绷素于壁,以墨泼之,随而成象,曲尽自然之态";在《画继》卷六中称陈用之的画受宋迪之法,得"天趣""活笔"等,都反映出他对文人画所展示的清逸画风的倡导。

从宋代绘画思想的演进中可以看到,"逸格"的定位及其变化引人注目。从黄休复推崇逸格、米芾推崇逸笔,到《宣和画谱》对"神、逸、妙、能"重新排列,再到邓椿推崇逸格,反映了绘画观念的深刻变化。

(二)蜀学思想与文人画逸品观的内在联系

1. 宋代巴蜀文化的繁荣发展深刻影响了蜀地绘画思想的发展,为逸品观的发展提供了重要前提

两宋时期是文人画艺术繁荣发展的时期。这一个历史时期留给我们的深刻印象是文人画意识的兴起与巴蜀文化有着紧密的关系,准确地说,与巴蜀文化的地域特点与精神特质有着密切的关系。

两宋时期,无疑是巴蜀文化发展的高峰期,人才辈出,四川一地涌现出许多杰出的哲学家、政治家、军事家、文学家和艺术家。《宋史》一书为蜀人立传达一百五十八人,一大批未被立传的蜀中士人尚不计在内。《四库全书》所存两宋蜀人文集达二十余家,其所佚蜀人文集更数倍之。仅《宋代蜀文辑存》一书辑录散见于群书的蜀人佚文即达四百五十二家,二千余篇。蜀学的发展引人注目,成为影响当时学术思想潮流的一个重要流派。蜀学依托于巴蜀古老文化,吸纳儒、兵、墨、纵横家思想,熔铸众说于一炉,尤其是吸收道释两家思想影响,形成了非常具有特色的思想体系,显示了以异端与杂学为特征的学术风格。

宋代四川绘画的兴盛是宋代四川文化繁荣的组成部分。在我国古代绘画空前发展繁荣的两宋时期,四川也涌现出一批著名的画家,为宋代绘画艺术的繁荣做出了自己的贡献。唐末五代,中原混战,四川僻处西南,社会相对安定。唐玄宗因安禄山之乱,唐僖宗因黄巢起义,都曾相继由长安逃到四川,成都两次作为唐朝的临时首都,中原士大夫随驾入蜀。其后唐室衰落,藩镇割据,中原士人又流寓而来,从而促进了四川经济文化的迅速发展。在这些从游入蜀的士人中,有不少是画家,《益州名画录》记载的唐末五代蜀中画家五十八人,有二十一人都是由外地寓居于蜀,从而有力地推动了四川绘画艺术的发展。宋人李畋就说,"唐二帝播越,及诸侯作镇之秋,是时画艺之杰者,游从而来,故其标格模楷,无处不有",致使"益都多名画,富视他郡"。五代时期,西蜀和南唐都建立了画院,画家云集,成为全国两个绘画艺术中心,培养了许多杰出的画家。据邓椿的《画继》和夏文彦的《图绘宝鉴》统计,两宋蜀

中画家达七十人之多,其中北宋六十五人、南宋五人。身跨两朝的黄筌等人和众多的民间画工还不在其数内。这些众多的画家,有宫廷画家、画工画家,也有文人画家。他们创作了许多杰出的佛道、人物、山水、鸟兽、花竹作品。正如邓椿在《画继》一书中所说,宋代"蜀虽僻远,而画手独多于四方"。对于作为宋代蜀地留存下来的著名画学文献《益州名画录》《画继》及三苏父子的各类绘画评论文字等,我们应该将其放置到更为宽广的历史视角上来做深入的分析。在我们看来,宋代巴蜀文化的繁荣发展深刻影响了蜀地绘画思想的发展,为逸品观的确立与发展提供了理论前提。研究分析文人画意识的由来及其特点,必须将其与北宋蜀学相联系观照。

2. 蜀学思想精神与逸品观的内在联系

自北宋初年黄休复、释仁显以"逸品"论画,到南宋邓椿论"逸品",以"逸品"观论画,是蜀地学者的学术传统,颇具地域学术文化特色。逸品观与蜀学思想具有紧密的内在联系。

绘画逸品观的形成是蜀学思想中浓厚的道释要素在文人画意识发展过程中的积累与挥发。巴蜀一地,具有悠久的文化传统,带着鲜明的地域个性,巫风浓厚,易卜之学足以与中原的文化思想相抗衡,存留与继承了先秦诸子百家尤其是纵横家的思想,多种思想、文化兼容发展。西蜀是中国道教的重要发源地。作为道教发源地,道家思想给予学者很大的影响,眉山、成都等地不但道教风气浓厚,而且受佛教的思想影响也很大,佛学在文人士大夫中广泛传播。从黄休复、苏洵、文同、苏轼、苏辙、邓椿等学者的信仰爱好与旅游踪迹来看,他们日常大多喜游佛老之居,读佛经,访禅院,谒长老,观佛牙,结交僧道中人,以论道谈禅相尚。苏辙对于黄休复的逸品观给予了高度评价。苏氏父子与名僧契嵩、道潜、惟度、惟简、佛印等交情甚深,与禅宗云门、临济宗的禅僧都有过交往,并撰写了大量的文章,宣扬佛学。唯其如此,我们可以理解,苏辙在漫游蜀地佛老居所时对"先蜀之老"黄休复的敬重,他们的精神世界有本质的相通。蜀地向有援道入儒传统,典籍中尤重《易》学,学风驳杂,独立意识强烈,以致学术思想上常见阳儒阴道的现象,具有杂学的特点和异端的色彩,富于思辨能力,崇尚实用价值,将崇实与尚虚予以恰当的结合,展现出独立自足的品格。北宋苏氏蜀学这一学派,更以开放兼容的态度,吸纳融合儒释道理论,援引佛老入儒,自成体系,影响巨大,形成一个足以与王安石新学、二程理学相颉颃的学术派别。

宋代巴蜀文化繁荣发展的时期,以蜀学为核心的哲学思想与同样以蜀学作为根基的绘画思想得到了重要的发展。因此,两者之间有着内在的联系。蜀学本体论与认识论中包含的佛道思想因素,对黄休复、苏轼、邓椿逸品观的发展与确立产生了深刻影响。

绘画逸品观的形成是蜀学思想中牢固的异端立场在文人画意识发展过程中的体现与反映。蜀学不仅在学术品格上具有"务一出己见,不肯摄故迹"的学术自信,有不"自附于六经以求信于天下",求"真""杂"而不求"纯",自由选择百家学说的精华建立独特的思想体系,显然有别于当时的主流思想,具有独立的品格。而且,蜀学学者在立身行事上也持异端立场,认同隐逸者身份,追求"情高格逸"的人格境界。苏轼对此是把握准确的,他在《书蒲永昇画后》中也道及孙位、孙知微,谓蒲永昇"嗜酒放浪,性与画会,始作活水,得二孙本意";尤其指出他不屈于王公贵人之势,而"遇其欲画,不择贵贱,顷刻而成"的为人与作画态度。由此看来,"逸"就从方法、风格,提升至文人画最被视作根本的"人品"。

文人画逸品观与绘画艺术的发展构成了内在的联系。逸品"得之自然,莫可楷模,出于意表",道尽了这一画学范畴的美学特点。"逸格"既"得之自然",体现出它追求"造化为工"的境界,然而它又"出于意表",体现出它又重主观创造。逸格就是这样一种融主观与客观于一体、重自然性与创造性相统一的艺术,展示了天人合一的境界。北宋时期"逸格"这一审美范畴的发展与确立,促进了宋代文人画向着写意艺术的方向发展。米芾在回复《答绍彭书来论晋帖误字》一函中,提出"要之皆一戏,不当问拙工。意足我自足,放笔一戏空"的主张,米芾以横点积叠画法创"米点皴",在山水画中独辟蹊径,用模糊的笔墨做不模糊的表现,而且准确地层次清楚地表现了朦胧的景色,创"云山墨戏"。米芾传世的画作《珊瑚笔架图》《春山瑞松图》无不体现出其创造艺术形象时的自由如意,表现出"放笔""一戏"的笔墨特点。米芾所论,将所有一切都归于"一戏",忽略技巧或手段的"拙工",只求"放笔"与"意足"。米芾的书画观有力地彰明了文士在倡导尚意画风上的决绝态度与艺术意识,在逸品观的影响下,以写意为特征的一代绘画新风格开始逐步形成,文人画艺术有了重要的进展。

四、结　语

本文通过对与文人画意识关联最紧密的"淡""韵""逸品"诸概念的辨析,分析这些范畴蕴含的丰富的道释精神意蕴与绘画美学内涵的内在联系,揭示蜀学思想与文人画意识的价值取向之间的重要关联。通过对北宋蜀学文艺观特质的分析,对黄休复、苏轼、邓椿逸品观的发展与确立做了深入分析。最后的论断是,北宋时期"逸格"这一审美范畴的发展与确立,促进了宋代文人画思想的成熟,是绘画艺术向着写意方向发展的内生原因。

宋韵语境下的处州形象与时代传承

中共缙云县委党校　丁益东

丽水市社会科学界联合会　朱德飞

温州、丽水山水相依,文化一脉相承。瓯越文化与处州文化是浙江历史文化的重要组成部分,具有独特的地域性、人文性、时代性。到了宋代,随着第三次北方人口的整体迁徙与南方规模化的开发,宋朝政治文化中心也开始南移,浙西南山区也逐渐快速发展,瓯越文化与处州文化有了更加紧密的联系,地位开始提升,文化品牌得以彰显。本文的综述成果梳理主要围绕丽水区域社会文化史、宋代处州文化传播价值和宋代文人现象研究,想以此给"浙江(苍南)宋韵文化论坛"提供借鉴参考,以推动与促进宋韵语境下的瓯越文化与处州文化的时代传承。

处州文化是浙江文化的重要部分,具有独特的地域性、人文性、时代性。囿于地理因素,长期以来,处州远离政治与文化中心,虽处万山丛中,风景优美,但在遥远的古代,无疑是人们心目中的"远郡",也即山高路远,偏远蛮荒之地。到了宋代,随着第三次北方人口的整体迁徙与南方规模化的开发,宋朝政治文化中心也开始南移,浙西南山区也逐渐快速发展,处州的地位开始得到提升,文化品牌得以彰显。宋朝时期,处州共中取进士九百四十八名,处州也从"养在深闺"到"谁人不识",形成了具有独特影响的区域形象、区域文化,教育繁盛,名人荟萃,成为"景色美、人情美、风俗美"的绝佳圣地,影响力彰显。宋代很多文人与处州有交集,并写出了很多作品,如范成大、叶绍翁、徐恢、钱若水、林光朝、苏洵、蔡襄、陈傅良、秦观、项安世、梅尧臣、魏了翁、杨万里、王炎、翁卷、叶适、赵蕃等人均在丽水生活或者做官,朱熹、楼玥等人都曾游历经过,他们写下了不少传世名作,有力地助推了处州从幕后小城走向聚光灯下,形成"士尚廉介,家习儒业,弦诵之声接于四境,雅称文献专区"的高光时刻。宋代诗歌等艺术形式是记录宋韵文化的重要载体,对推进文化传播的意义是巨大的,探究宋韵文化背景下处州文化的传播,有利于挖掘区域历史文化遗产,促进丽水文化产业走出去,打造"世界丽水、文脉之乡"新名片。

一、问题提出与研究界定

学界在宋史、宋韵文化研究上已经积累了丰富成果,学者普遍聚焦于宏观架构下的历史文化与亮点文化。鉴于课题的特点,本课题的综述成果梳理主要围绕丽水区域社会文化史、宋代处州文化传播价值和宋代文人现象研究。现将近年来研究成果以综述形式总结如下。

(一)处州社会文化史研究方面

知网检索"处州"二字,共出现学术期刊 381 篇、学位论文 75 篇、学术会议 16 篇,内容涉及面广,散杂纷繁,多是从不同角度、不同侧面展开的,比如涉及处州文化事业、水利工程、艺术成就、龙泉青瓷等展开,如刘蔚(2020)围绕楼玥与范成大的郊游进行了探讨,属于历史事件探讨;徐牧(2020)围绕清末处州会党组织为学术研究点,为社会史和思想史范畴;牛传彪(2019)则围绕明中后期"浙兵半天下"现象,探讨了处州、绍兴、金华、台州等地的士兵招募与管理现象。总体来看,这些成果丰富了处州区域研究的历史考察,具有积极的意义。这些成果丰富了处州社会史的概念与外延,为本课题的深入研究提供了知识借鉴。

(二)宋代诗歌与诗歌区域形象传播研究方面

宋词作为我国文学上的重要文学形式,成为宋韵文化的典型代表,文学遗产又是史学遗产,对研究历史具有重要意义。我国不少学者从宋词人手,研究诗歌概念下的城市变迁,出现了很多成果,这种研究视角值得学习借鉴。如张美玲(2020)的宋代凉州诗歌研究,她认为宋代凉州诗歌涵盖层面广,具有一定的文献学、史料学、地域文化价值,对宋代经济、军事、政治等各方面史料补充有益,同时对文献的辑佚、校勘、辨伪都很有参考意义;李玉荣(2020)宋词中的"扬州梦"主题研究,再现了南北宋时期的扬州景况,探寻了南北宋文人的心态。在区域形象传播方面,学者们把视角做了延伸,成果丰富:曾维刚(2021)从空间之维对曾巩诗歌题材的地域性进行了观照,认为诗歌展现了盛宋宏阔时空中的历史氛围与地方风物;陈恩维(2019)从空间、记忆与地域诗学传承三个方面完成社会建构,分析了广州南园和岭南诗歌的互动场景。这些诗歌作品实现了"文以载道"的目的,共同构成了区域文化品牌的另一种力量。处州地区有部分史料可以支撑处州社会史研究,具有极高的参考意义。

(三)宋代文人心理研究

相对而言,宋代文人思想、心理透视研究成果丰硕,成果容量大,成果价值高,这些成果丰富了宋代文人形象与文人心理,丰富了宋代社会文化的时代感和历史感,是我们了解宋朝、研究宋朝的重要参考标尺。例如:韩伟(2021)研究了宋代文人的礼治模式;张梦羽(2021)研究了宋代瓷器美学与文人审美;柳靖(2021)研究了宋代饮食文化;刘艳菲(2020)把切入点放在咏砚诗歌研究上,以砚与宋代整体社会和文人的关系为背景,深入、细致地剖析宋代咏砚诗歌,分析了创作传统与文化特色;侯本塔(2019)分析了临济宗与宋代诗歌的关系;帅志圆(2019)从小视角分析大问题,阐明了宋代记体文对宋代美学研究的意义和价值。

从整体上看,关于宋史宋韵的研究成果是丰富的,但对于处州的研究成果多是零星的。从下载引用量来说,代代处州研究较为一般,而关于宋韵处州一词的知网搜索则几乎是空白,仅有两篇文章,分别涉及明代处衢严作家研究、苏门词人研究两篇成果,研究中仅仅涉及处州而已,参考价值不大。综合上述研究状况来看,当前学者对宋代文人的研究往往以点状主题为研究对象,研究视角多聚焦于大范围宏观方面的研究以及历史影响,易忽视以时代视角、边缘区域和地域特征为对象的研究样本,这为本课题的研究提供了空间。研究宋韵视角下的处州文化,可以弥补相关成果的欠缺,具有时代性、前瞻性,现实意义巨大。

二、功能叙事:宋代文人的处州情结

长久以来,在以中原地区为中心的政治版图上,处州远离全国政治文化中心,影响力有限。处州地方文献《栝苍汇纪》卷一有载:"浙江南鄙,接壤闽中,北界台、婺,东引瓯、越,西交三衢(信安、龙游、江山),万山中一都会也。因地控阨,都成险阻,诚为四塞之国矣!"这里的意思是,其他地方是四通八达,处州是四塞八阻。山多自然田少,地瘠自然人贫,人贫则习俗侫鬼尚巫,相沿积习,牢不可破。处州的文化教育相对更为落后,"四民之家,先衣食而后诗书,于子弟学业,罕能培植"。《处州府志》曾这样形容当时的丽水,意思是,仓廪实而知礼节,衣食足而知荣辱,饭都吃不饱,哪还有心思读书啊。

北宋以后,经济文化重心逐渐南移,处州的地位才开始有所提升。众所皆知,宋代是我国经济社会史上的一个繁荣期,但随着北方民族入侵,统治者开始南迁步伐,我国统治者政治中心和文化中心南迁至今日的杭州,直接拉近了如今的丽水和京城的直线距离。于是,宋代成为丽水的高光时刻,也是从那个时候起,丽水从名不见经传的浙西南角落走上宏大的宋代舞台,进入大发展时期。

(一)入处动因

"昼出耘田夜绩麻,村庄儿女各当家。童孙未解供耕织,也傍桑阴学种瓜。"这首脍炙人口的《四时田园杂兴·田家》生动描写了江南农村夏日生活中的一个场景。这首诗的作者就是南宋乾道年间处州知州范成大。在处州(589—1912)历任主政官员中,范成大是任期最短暂而政绩却最卓著的一位,因而也是最受丽水人民怀念的一位官员。乾道三年(1167),四十二岁的范成大任处州知州,这是他被罢免后首次担任地方行政长官。当时南宋统治者偏安临安,为了自身的享乐及每年向金国进贡的"岁币",不断加重赋税剥削,致使阶级矛盾不断激化。范成大因年少时家境艰困,经历了无数民间疾苦,所以立志要当关注基层百姓、为民分忧解难的好官。他认为"得民之道,仁之而已",即对人民实行"仁政",并说"省徭役,薄赋敛,蠲(免除)其疾苦而使安之,使民心有余而其心油然知后德之抚我"。基于此,范成大在处州采取了一系列减轻百姓疾苦的惠民措施。《宋史》载:"处民以争役嚣讼,成大为创义役,随家贫富输金买田,助当役者,甲乙轮第至二十年,民便之。其后入奏,言及此,诏颁其法于诸路。处多山田,梁天监中,詹、南二司马作通济堰在松阳、遂昌之间,激溪水四十里,溉田二十万亩。堰岁久坏,成大访故迹,叠石筑防,置堤闸四十九所,立水则,上中下溉灌有序,民食其利。"

范成大的经历代表了一大部分宋代诗人、词人进入处州的大的背景。他们往往都有着近乎一致的人生形态——少有才学,被统治者赏识或者考取功名并任命为官,后被人陷害并被贬谪处州。其中原因有二:一是统治者偏向于向南发展;二是偏向于荒蛮之地。只因处州偏居一隅,相对来说比较落后,人口不足,就极容易成为被贬之地,鉴于山水、历史等因素,被贬的文人骚客自然就形成寄情于山水之间的乐观派和悲观派。

范成大是随遇而安型,并获得了较好的人生际遇,其他如郁郁不得志的秦观。宋哲宗绍圣二年(1095),四十六岁的秦观被贬到处州。在被贬到那里之后,秦观一直是郁郁寡欢,值得慰藉的无非是处州山水。秦观的一生很悲苦,由于时常被贬,以至于他的词作中时常流露出一种淡淡的忧伤,还有着一种孤独之感。秦观在《好事近·梦中作》有言:"春路雨添花,花动一山春色。行到小溪深处,有黄鹂千百。飞云当面化龙蛇,夭矫转空碧。醉卧古藤阴下,了不知南北。"

北宋大臣、文学家、"西昆体"诗歌的代表作家杨亿因支持宰相寇准抵抗辽兵入侵,反对宋真宗大兴土木、求仙祀神的迷信活动,而被排挤。另外一位诗人钱若水写下了《送杨大年知处州二首》:"汗简成惇史,分符别近班。仍闻括苍郡,酷似武夷山。卷箔烟霞丽,登楼水石闲。二年弃官去,惟我独何颜。"一个"独何颜"既表达了对朋友离去的不舍,又表达对其处州上任的羡慕与安慰。宋代诗人林光朝也有一首名为《送别姚国博知处州分韵得绿字》的诗,其中用"长安多别离,此别苦不足"安慰主人公不要因上任羁旅悲伤,用"括苍烟雨前,寒光贯岩腹。大叫出银罍,邂逅聚百族。要携三月粮,所厌惟一菊"描写了处州的自然风光与偏远之势,也间接反映出入处州的动因。梅尧臣在《送李殿承通判处州》中用"拜官将近亲,不畏千里险"形容处州之偏远,也寄语了对故人前往处州做通判的祝福。

(二)心理密码

南宋政权建立后,政治中心南迁至今天的杭州。北方世家大族纷纷南渡,散布江南各地寻求新的安定之所。处州也在历史上第一次近距离接触全国的政治文化中心,经济文化空前繁荣。昔日蛮荒之地,开始出现琅琅读书之声,偏安一隅的处州大地人才辈出。"士尚廉介,家习儒业,弦诵之声接于四境,雅称文献专区"。处州出现了庆元大济村、缙云云塘村等许多文化世家,民间俗称"进士村"。根据史料统计,在宋代,处州共中取进士九百四十八名,蔚为大观。由于处州百姓贫困,负担繁重以"乞免处州盐捐",范成大首开处州义仓之先河,获准,发明了"义役制"并推广到处州其他六县。"义役制"以田租充应役费用,这是民户自行解决应役负担的办法,并使胥吏无法贪索,大大减轻了役法害民的程度。范成大奏报朝廷:"处州六邑,义役已成,可以风示四方,美俗兴化。"宋孝宗闻报,大加赞赏,即令"缮写规约,颁之天下"。随后,多年的"争讼"终于彻底消除。这些正是处州被大规模开发的证明。

徐恢在《灯夕多为城中之约因赋此篇》中写道:"湖山帝里梦频往,泉石吴乡归未能。"这些话间接反映了客居异乡的心理。苏洞的《代书寄赵处州公甫》"怀哉括苍小,安用借留为"表达了对赵公甫的不平。陈傅良在《除夜宿处州天宁寺》中写道:"人言老去不如初,我爱初心老转无。懒向门前题郁壘,喜从人后饮屠苏。"言语中透露着老年将至,随遇而安的淡然与随和。陈傅良是南宋名臣,是永嘉学派的代表人物,也曾在岳麓书院讲学,可谓门庭极盛。但其偶遇处州,得三五笔墨,也表达出流水浮云之意。项安世是土生土长的括苍人,但因为出外做官,在写处州的诗中包含了浓浓的思乡之情,他在《次韵谢处州乡人二首》中用"听说江湖万里身,十年流转狎波神"讽喻如萍徙转的生活,又用"乡心只羡秋鹰争,世味如何腊蚁醇"指代了心念桑梓的无奈。杭州知府蔡襄

《寄题处州朱山人幽居》中有"人生随乐住,世事与闲疏",这句话也指代出去处州的部分人的心理密码,虽未羁旅,但风景可期、山云相伴,不失为另一种幸福,这也是普遍"何因敛退为泉石,可惜垂翅排云霄"的集体相似行为。正因为山色之美,能够让很多诗人忘却苦闷。这正是处州之魅力,处州风土人情为宋代文人心理的促成提供了可能。

(三)基因解读

宋朝的时候处州经济非常繁荣,也是整个南方地区的特点,书香与景致构成了处州的两大特色,构筑了处州日渐发达的学风、社风与教育文化。宋朝时期经济得到很大的发展。但实际上,因为投身科举事业,购书、游学、请老师,往来考试的费用都非常高,所以,士人中,中进士的平均年龄三十五岁。不是富裕之家,或者没有全族、全村、整个宗族的资助,是不可能参加科举考试的。整个科举时代,每个省份中进士的人数多寡,几乎与其经济水平呈正相关。同时,南宋诗人联系相对比较多,交友圈甚广,比如陆游,一口气就为处州写下了《南园四首》,用"欢情饮量年年减,古寺名园处处留""南游云海叹茫茫,又泛归舟到括苍""一到南园便忘返,亭边绿浸琵琶洲"等盛赞处州,算是狠狠地为处州打了一波广告。

那么,宋代文人普遍有哪些心理呢?毫无疑问,那就是宋代文人有普遍的隐居心理,而处州的诗人基本都是集文士、官员(官职中等)、隐者三重身份于一身。原因有二,因为北方入侵,出现了民族整体南迁,加之统治者在请战还是求和上左右摇摆,出现了求和派与主战派的场景博弈。宋朝中后期,国力上积贫积弱,出现了很大的社会矛盾。比如,杨万里做江东转运副使,反对以铁钱行于江南诸郡,改知赣州,不赴,乞辞官而归,自此闲居乡里。范成大晚年也退居石湖归隐。诸多有品节的文人士大夫往往看不惯统治者的求和心理,许多人因为谗言等被罢免。在奔赴处州的文士中,很多人都有被罢免、被贬官的经历。所以,处州的宋朝文人心理中趋向于隐居的自我调适属于普遍现象。而江南处州因为开发程度低,民风相对淳朴,成为一代文人的心之所向。这种基因是处州在宋代诗歌上具有独特地位的重要因素之一。赵蕃也写过一些与处州有关的诗,如《寄处州季侍御二首》《重送处州斯远三首》,也都表达了对友人远赴的寄语。他五十岁时还向朱熹问学,后绝意仕途,开始归隐。

三、归属辨识:宋词视角下的处州文化遗产

北宋时期,处州缙云人胡份创建"尚友堂万松书舍",成为处州历史上最早出现的民间正式书院。南宋时,理学家朱熹曾来处州讲学。此后,处州书院大盛,出现了缙云独峰书院、美化书院,龙泉桂山书院、笏洲书院,遂昌西庵书院、月洞书屋,松阳明善书院,青田石门书院等著名书院。处州是宋代理学与心学、道学的交融之地,处州书院对处州地区的文化传承发挥了重大作用,并促进了浙西文艺的兴盛和文化教育的繁荣。

(一)文化构建

杨万里曾写出《送喻叔奇工部知处州》一文,他用"括苍山水名天下,工部风烟入笔端"来形容处州的风景及其名气。叶绍翁在处州任邢曹期间,写了许多关于丽水的诗,后又知余姚,近杭州,不遗余力推广处州。叶绍翁的生平足迹,代表了南宋中后期文人士大夫的自我认知与价值追求,他们更乐于追求田园生活的恬淡释然,正如诗中所言:"君王不肯赐西湖,鸥鹭丛中借地居。"一方面他们是朝中人;另一方面他们又不屑于翘首升职,不同于当时的江湖诗派,因此,其意见更容易超脱于门派之外,被人接受。叶绍翁后期又回到了临安,却仍旧"爱山不买城中地,畏客长撑屋后船。荷叶无多秋事晚,又同鸥鹭过残年"。其半归隐的生活志趣,成为官场竞相追逐下的生活典范,间接地代表了宁宗、理宗时期官员的政治立场和世俗判断。"括苍九先生"之一的叶适在《送喻太丞知处州》中用"处州不城山作堵,百嶂千峰自翔舞"安慰友人,突出了处州风景之美,实现了自然风景与人文的统一,是处州文化的重要体现。

除了诗歌文化外,处州社会文化也在宋代形成爆发期。如久负盛名的堰规涵盖了涉及堤堰管理的二十个方面,内容完备、具体、全面而

科学,沿用时间之长极为罕见,是我国水利发展史上非常珍贵的古代水利法规,具有很高的科学研究和文化艺术价值。除此之外,应星楼文化也成为处州的文化名片,被人称为处州文化的祖庙。应星楼与松江翡翠楼、镇江望海楼、扬州佳丽楼、金华八咏楼、福州全闽第一楼等名楼齐名,不仅仅是处州的文化景观,更是处州文化从幕后走上前台的重要标志。香菇的种植也与处州有着极深的渊源,何澹在回乡守孝期间,编修了《龙泉县志》,记载了香菇种植的历史,是历史赋予丽水的珍贵文化资源之一。

(二)地域价值

处州地处"九山半水半分田"的江南山区,山田居多,灌溉不易,田地极易干涸。因此,水利灌溉十分重要,特殊的山区地形地貌,为丽水的地域风貌提供了遵循。从建筑上看,宋韵时期,处州进行了大范围的开发。处州知州关景辉治理瓯江的史实也恰说明这一点:"旧传缙云、丽水间,苦水怪,有恶名。"宋代以前,瓯江航道险滩多、水流急,每年都有几百条船被撞沉或倾覆,死者无数,经常听到江边揪心的哭号声。关景辉上任不久,即开始兴修水利,命丽水县尉修理通济堰,发动处州各县大规模疏浚瓯江,排除水患,以利行舟。北宋政和元年(1111),知县王褆按邑人叶秉心的建议,在通济堰上建造了一座立体交叉石函引水桥——三洞桥。从基础设施上看,处州城同瓯江南岸各县被宽阔的江面阻隔,仅靠船筏过渡,十分不便。括苍门外,修建了平政桥("广济桥"前身),建了"知津亭",政桥经过历朝屡毁屡葺,一直作为处州七邑通津桥梁,开创之功应归于范成大。南宋绍兴八年(1138),据沈国琛《通济堰》载:"南渡后,汶上赵学老分宰县事,深羡是堰之利民勘博也,赐名'通济'以美之。"可见,通济堰正式定名。南宋开禧元年(1205),龙泉人何澹"为图久远,不费建筑",请来南昌高级石匠,请旨调来朝廷三千兵马,将木坝改为石坝,从而奠定了拱坝的坚实基础。通济堰成为浙江最古老的大型水利工程和浙南极负盛名的文物古迹。直至1983年春,瓯江大桥(小水门大桥)建成,平政浮桥才完成了它的历史使命。

古应星楼最初是由北宋嘉祐年间(1056—1063)郡守崔愈始作石堤时所建,就桥立屋,建于应星桥上。当时的应星楼与应星桥合为一体,还兼备水利防洪功能。南宋开禧三年(1207),处州知州王庭芝响应号召,为召唤人才、保家卫国、光复河山,在原来应星桥的基础上又建立起了具有处州标志的文化楼——应星楼。随后,龙泉人何澹又在万象上建设了万象楼;元代的时候,万象楼更名崇福寺,一览万象登高成为宋后几百年的绝佳去处,使万象山傲娇上百年。

(三)场域磁场

诗歌是文化记录的重要载体,对推进文化传播的意义是巨大的。诗歌可以看作碎片的历史,具有记录社会的功能。范成大在处州任知州为时甚短,而政绩卓著:首创义役,助民养子,乞减丁钱,建平政桥,修通济堰。其创作方面:次韵绝句,填词纪胜,作疏记碑。南宋文人的社会生存状态,造成了文人在心理上的"扭曲"。范成大在南园中又建造了著名的莲城堂。公务闲暇,他经常在此赏荷品莲,在处州大地传为千古佳话。范成大根据在处州期间体察了解到的民情,向朝廷上奏了《论日力国力人力疏》《论邦本疏》等,这两篇奏章都成为他人生中政论文的代表作。这些政论文大都篇章短小、语言平实,很少用典,在宋代奏疏中独树一帜。

范成大还曾为丽水多处楼亭题榜,有"好溪堂""烟雨楼"等,而且还曾填有《虞美人》词来描写与赞颂烟雨楼,痛惜的是这词作后来散佚不存。布衣诗人翁卷在《处州苍岭》中写道:"不雨溪长急,非春树亦新。自从开此岭,便有客行人。"点出了苍岭从无到有的过程,基本反映出处州在宋代的开发现状。因此,可以说,处州在宋代集聚的诗歌标识、建筑形态、文化自觉、山水价值是空前的,从某种意义上丰富了浙江宋韵文化的区域符号,对打造宋韵浙江具有积极的传播意义。而宋代处州的文化价值,必然是大于其建筑价值和山水价值的,宋代文人在宋韵文化话语权上,为处州做了一次空前的代言,传播了丽水的区域文化,丰富了浙江的宋韵文化形态。

林景熙研究

林景熙的生平和诗歌创作成就

——《林景熙集补注》前言

温州大学　陈增杰

一

　　林景熙(一作景曦)，字德阳(一作德旸)，号霁山，宋理宗淳祐二年(1242)，出生于瑞安府平阳县坳中之奥里(今浙江苍南县繁枝乡三岙村)①。林家兄弟三人，景熙居第二。长兄景怡，字德和，号晓山，从事教育，是当地乡校主持人。景怡的诗写得也很好，谢翱《天地间集》登录他的五古《晓起》，结二句云："海色上寒梢，渐识梅花面。"清孙锵鸣《东嘉诗话》称其"清绝峭绝，亦可想见人品之高洁，于霁山不愧难兄矣"。季弟，字德渊。②

---

　　① 　关于林景熙的乡籍，据林集卷五《送松存弟序》云："林氏自闽徙居平阳之坳中，至予十二世。"又云："予以奥里第二支，松存为伯仲行。"弘治《温州府志》卷六《邑里·平阳县》和乾隆《平阳县志》卷一《舆地上·疆里》"亲仁乡二十六都"下均列有"林坳"；民国《平阳县志》卷三五《林景熙传》云："世居亲仁乡之坳中，实林坳。"《温州师范学院学报》(社会科学版)1995年第1期载萧耘春《林景熙籍贯考》，略云：坳中，即林坳，又名林坳里；奥里，又作岙里，或称岙里堡，属林坳里之一部分。景熙序文中说的"坳中""奥里"，所指为同一地方，即谓林坳里岙里堡，其地在今浙江省苍南县繁枝乡三岙村(苍南县于1981年从平阳县析置)。考论详确，可以据从。今平阳县腾蛟镇林泗源地方，见有林景熙祠墓等古迹(清乾隆间邑令徐恕立)，或景熙卒葬于此，或林氏后裔之徙居地，俟考。

　　② 　民国《平阳县志·林景熙传》叙景熙兄弟四人，以林景英为景熙大弟，甚误。《全宋诗》卷三六三九《林景英小传》承之亦误。

景熙年少聪颖,好学不倦,二十岁时已有诗名。① 大约这时他被荐送首都临安(今杭州市)就读太学(中央最高学府)。宋时太学分外舍、内舍、上舍三等。外舍考试合格,选升内舍,再由内舍选升上舍。内舍、上舍均有限额。上舍考试上等,即可授职,称上舍释褐。景熙说自己"邅回三舍间,余亦跻寸武"(《会严陵邵德芳同舍邀宿玄同斋道旧有作》),经历了由外舍而内舍、上舍循序渐进的苦读过程。在太学就读期间,他曾师从兰溪金履祥(仁山)先生,研习理学,作为门人后来他同熊鉌(勿轩)等一起刊刻先师文集。② 度宗咸淳七年(1271),景熙以优异成绩获得上舍释褐,时年三十岁。这在当时是同进士登第一样荣耀的事,所以后来每每提及:"手折一枝惊昨梦"(《陪王监簿宴广寒游次韵》);"曾搴月窟一枝红"(《与邵德芳同舍三首》之三)。他从此进入仕途,始任福建泉州教授(谢翱赠诗称"府教"),迁礼部架阁(掌储藏账籍文案之官),转从政郎(文阶官从八品)。

咸淳十年(1274)七月,度宗死,贾似道立四岁的赵㬎为帝,专权误国,政治极端腐败。伯颜率元军大举南侵,国势岌岌可危。景熙约在德祐元年(1275)还归平阳故里。③ 德祐二年(1276)正月,元军兵临城下,太皇太后谢道清奉国玺出降;三月,伯颜入占临安。宋都陷落后,益王赵昰、广王赵昺经由婺州(金华)抵达温州,陈宜中、张世杰等奉赵昰为天下兵马大元帅,赵昺为副元帅,随后南下福建。五月,赵昰即帝位(端

① 《林景熙集补注》卷三《赠兰坡星翁》:"嗟余偶阅理,焚膏自童时。"卷五《顾近仁诗集序》:"予自二十已学诗。"

② 李清馥《闽中理学渊源考》卷三七《建宁熊勿轩先生禾学派·识熊勿轩先生传后》载:"逮乾隆壬午往浙,归途于兰邑书坊中,购得金氏履祥先生文集钞本,共三卷。卷一首帙书后学喻良能香山校,下列刊刻门人十人,首曰熊鉌、熊瑞、林景熙、方逢辰、汪梦斗、陈淳、邓虎、张偘、许棐、罗愿。"(四库全书本)按:此条记述真真假假,疑点很多。金履祥(1232—1303),字吉父,学者称仁山先生,金华兰溪人。《元史》入《儒学传一》。该钞本所列校者喻良能,绍兴二十七年(1157)登第,在金生前七十五年。所列刊刻门人中,罗愿(1136—1184)、陈淳(1159—1223)卒时金尚未出世;邓虎嘉定十六年(1223)诏入秘书省,张偘与永嘉四灵赵师秀等往还,许棐《献丑集自序》作于嘉熙元年(1237),年辈都远高于金;即方逢辰(1221—1291)、汪梦斗(约1230年生)亦皆长于金,不应在弟子列。唯前列三人熊鉌、熊瑞、林景熙,有其可能。熊鉌(亦作禾,1253—1312)《送胡庭芳序》有曰:"曩游浙中,尝因受业于敬堂刘先生。"李氏考云:"金公(履祥)本姓刘,因避钱武肃王嫌,故以金易刘。遂恍然,公所述闻之于师者,恐即金公也。"故亦不能完全否定。如景熙尝从学仁山先生,当在太学就读时。

③ 卷五《宋朝请大夫太常寺簿知台州周公墓志铭》作于宋恭帝德祐元年(1275)夏,卷四《州内河记》作于是年冬(乙亥十二月),其时当已在平阳。

宗)于福州,改元景炎。景熙时方英锐,与同里周景灏(字行之,咸淳四年进士)曾有南行追随二王的意向①,他在为景灏写的《鞍山斋记》中吐露了"鸾奕高驷,驱策要途"的远志:

> 八骏不游,六螭犹在……翁(指周景灏)年过伏波,而貌腴意远,如有用我,尚堪一行否?翁笑曰:"吕公后车,申公蒲轮,皆后五十年。吾秣吾马矣!"予闻翁言,颇壮翁,而知翁之寿未艾也。翁行,予亦执鞭从后。

"六螭犹在",是说宋帝朝廷依然存在。"如有用我",愿"执鞭"前行,表达了踊跃从军的强烈愿望;但终因联系不及和道路梗阻等原因,未能成行。在写给友人汪鼎新的诗中,他慨叹道:"征途险在前,而况车折轴";"意远力不任,化作邓林木"(《杂咏十首酬汪镇卿》之一)。又托为商妇之词:"良人沧海上,孤帆涉何之?十年音信隔,安否不得知。""妾身不出门,妾梦万里驰。"(《商妇吟》)对在闽广沿海坚持斗争的宋室君臣,表达了深切的怀念之情。

景熙"栖隐故山",居住平阳城内县治后的白石巷。② 他后来把诗集命名为《白石樵唱》,文集命名为《白石稿》。与景熙相来往的都是一些弃职归里、守节不屈的遗民志士,如郑朴翁(字宗仁,曾任国子监学正)、林千之(字能一,曾任枢密院编修)、陈则翁(字仁则,曾任广东副使)、曹稷孙(号许山,历任权淮西机制承直郎待班)、曹告春(号近山,咸淳七年进士)及林正(浩渊)、裴庚(季昌)等。

宋端宗景炎二年(1277),景熙应山阴王英孙邀约,"与寻岁晏之盟",前往越州(今浙江绍兴市)③。他为英孙作《王氏园亭记》,表达了陵谷变后的忧愤和"不能挽回世运"的慨叹。英孙,字才翁,号修竹,长景

---

① 参用民国《平阳县志》卷三五《林景熙传》说。
② 卷五《送松存弟序》:"更陵谷……予隐州郭。"卷一《南山有孤树》章注:"案先生所居州治后白石巷。"同卷又有《归白石故庐》诗。
③ 章祖程《题白石樵唱》:"既而会稽王监簿移书屈致,与寻岁晏之盟,于是先生往来吴越间,殆二十余年。"景熙赴山阴的时间,章注没有记明。其《王氏园亭记》作于"景炎丁丑(1277)四月",可推知是年为初抵越时。

熙四岁。① 宋末官将作监主簿,世称王监簿。王氏为越州世宦望族,英孙家富财资,雅节不凡,喜延致四方贤士。一时节概之士如谢翱、邓牧、郑朴翁、唐珏、胡侨等皆相从与游。其中景熙与英孙的交谊可说最为密笃,也最得英孙赏重②,在当时山阴吟社居于"领袖"地位。③

帝昺祥兴二年(1279)二月六日,崖山战败,陆秀夫负帝蹈海自尽。景熙这时已回到平阳,噩耗传来,陈则翁"奉宋主龙牌,朝夕哭奠";景熙与裴庚、林正、曹豳孙也都参加了哭祭活动。他们"私相痛悼。作为诗歌,离黍之悲,溢于言外"④。他的《题陆大参秀夫广陵牡丹诗卷后》写道:

> 南海英魂叫不醒,旧题重展墨香凝。当时京洛花无主,犹
> 有春风寄广陵。

对民族英雄深致敬仰。后两句借牡丹发慨,用抒亡国之痛,笔墨极为蕴藉。这首题咏传播很广,后来被徙居潮州的陆秀夫裔孙珍藏。⑤

元世祖至元二十二年(1285)八月,山阴发生了一起政治上的严重事件。江南释教总统杨琏真伽(亦作喜木杨喇勒智),重赂执政大臣桑哥,以修复旧寺为名,率凶徒发掘会稽南宋六帝陵墓(高宗、孝宗、光宗、宁宗、理宗、度宗),盗劫金玉宝货。⑥ 元蒙统治者为了镇压汉族人民的民族意识,巩固政权,对这种暴行逆举予以默许和纵容。⑦ 这件事引起当地人民极大的愤慨。景熙适寓越上⑧,痛愤不已,与同乡好友郑朴翁扮作丐者,身背竹笼,手持竹夹,前往收殓暴露的陵骨。又铸银作两许

---

① 据周密《癸辛杂识》续集上《王茂林立子》载,英孙本姓林,戊戌(1238)生。王克谦(茂林)知温州时立为养子,时年二十。

② 景熙与英孙交往二十余年,集中酬赠王诗多至九首,又为其园亭、书院作记,诗集作序。

③ 李慈铭:《越缦堂诗话》卷上"林景熙条",商务印书馆1925年版。

④ 见陈冈编录瑞安陈氏家集《清颖一源集》卷一《陈则翁传》,清道光五年重刊本。

⑤ 杜臻《粤闽巡视纪略》卷三:"有侍郎屿,宋陆秀夫后人家于此,故名。嘉靖间郡守叶元玉得陆氏遗谱于秀夫之裔孙大策。……大策家又藏有《广陵牡丹图卷》,林霁山题诗云(引略)。"雍正《广东通志》卷六四《杂事志·潮州府·陆丞相墓》载略同。

⑥ 关于发陵时间,诸书记载不一,此从周密《癸辛杂识》续集上《杨髡发陵》说。

⑦ 《元史·世祖纪》卷七、卷十四。

⑧ 卷四《陶山修竹书院记》:"越为东浙望,前将作监簿修竹王公为越望。岁乙酉,予与里人陈用宾同客公第。"乙酉即至元二十二年(1285)。

小牌百十，系于腰间，取贿监守的番僧。捡得高宗、孝宗遗骸，装为两函，托言佛经，秘密移葬于兰亭，在土坟上种植冬青树作为标志。[①] 事后他作诗以纪事抒怀，由于"不敢明言其事，但以《梦中作》为题"，诗云：

> 珠亡忽震蛟龙睡，轩敝宁忘犬马情。亲拾寒琼出幽草，四山风雨鬼神惊。之一
>
> 一抔自筑珠丘土，双匣犹传竺国经。独有春风知此意，年年杜宇泣冬青。之二
>
> 昭陵玉匣走天涯，金粟堆前几吠鸦。水到兰亭转呜咽，不知真帖落谁家。之三
>
> 珠凫玉雁又成埃，班竹临江首重回。犹忆年时寒食祭，天家一骑捧香来。之四[②]

又有一首《冬青花》云：

> 冬青花，花时一日肠九折。隔江风雨清影空，五月深山护微雪。石根云气龙所藏，寻常蝼蚁不敢穴。移来此种非人间，曾识万年觞底月。蜀魂飞绕百鸟臣，夜半一声山竹裂。

忠义足动千古，辞章亦彪炳史册，堪称风雅正声。"屈子《离骚》，杜陵诗史"[③]，兼而有之。其悲恻幽惋之情，千载下犹令人感泣。与景熙同时，山阴人唐珏（玉潜）亦有货家具行贷，阴召里中少年夜往收殡陵骸的事迹。[④] 明嘉靖间修复会稽六陵，并于陵旁建林唐双义祠，表彰他们的义举。文徵明撰书《双义祠碑》，赞颂"高义卓行"，"前无古人"。

至元二十七年（1290）春天，景熙从越中还乡，正遇上平阳发生山寇

---

① 郑元祐《遂昌杂录》谓林扮为丐者潜往拾骨，章祖程《梦中作四首》注谓与郑朴翁等数人相率为采者至陵上收瘗。此处参合两家说。
② 《梦中作四首》，元罗有开《唐义士传》引为唐珏作，实出误传。
③ 鲍正言《霁山先生集跋》。
④ 见陶宗仪《南村辍耕录》卷四引罗有开《唐义士传》。

骚乱①,于是避地县东海滨仙口(今平阳县万全区宋埠乡)。著名杂文《蜃说》就是这时写的。他在登望沧溟中海市蜃楼的诡异景象后,引慨道:

> 噫嘻!秦之阿房,楚之章华,魏之铜雀,陈之临春、结绮,突兀凌云者何限,运去代迁,荡为焦土,化为浮埃,是亦一蜃也,何暇蜃之异哉!

讽刺历代帝王豪华宫殿,都随着"运去代迁"而归于幻灭,正如虚幻的蜃气一样。笔锋犀利,含义深刻,是小品文中精锐之作。

乱平后,景熙回到白石旧居,看到"四邻井灶出荒墟"(《归白石故庐》),无限怅触。于是他在州郭西马鞍山麓辟建赵奥别业②,开池种竹,教授生徒,箪瓢自乐。他徜徉在故乡宁静的湖光山色之间:

> 野色延幽步,秋声入暮年。(《溪行》)
> 远峰开宿雨,高树表初阳。(《郑氏西庄》)
> 野杖日寻壑,家书时到城。(《赵奥别业》)

至元二十八年(1291)春,瓯中雨土,他在诗中记下这次罕见的凶灾③。这年鄱阳李思衍以浙东宣慰使巡部至平阳,不耻下问,于公余单车造访闭门隐居的诗人。他们"促膝谈礼乐"(《李两山侍郎仲氏儒而医解后会稽索诗识别》),极为相得。

至元三十一年(1294)夏六月,季弟德渊去世,冬天长兄景怡继亡。景熙非常悲痛,作《哭德和伯氏六首》以表悼念:

> 棣陨双葩泪洒红,百年已短更匆匆。只今风雪栖栖影,天

---

① 卷一《归自越避寇海滨寒食不得祭扫》,同卷《避寇海滨》章注:"庚寅(1290)岁,山寇为妖,先生避地仙口作也。"卷四《蜃说》:"庚寅季春,予避寇海滨。"
② 卷二《赵奥别业》章注:"在平阳城西二里马鞍山下。"明吕洪《霁山先生集序》:"别墅在城西赵奥马鞍山之麓,予今所卜筑,即其故址也。"
③ 卷三《雨土》章注:"至元辛卯(1291)春,瓯中雨土。"《元史·五行志一》记雨土灾五次,此次失载。

老地荒一个鸿。之一

　　溪冷浣花宗武哭,池荒梦草惠连愁。行人犹说春风夜,灯影书声共水楼。之四

字里行间,溢见"五十三年老弟兄"的友悌深情。

元成宗元贞元年(1295),景熙从平阳出发,取道天台、新昌①,复往越州。王英孙陶山书院落成,他应请写作《陶山修竹书院记》②。次年(1296),杭人邓牧(字牧心)受聘书院③,他有《陶山十咏和邓牧心》的组诗。

约当大德元年(1297),景熙由越抵杭,进行了一次长途跋涉的旅行。在杭州旧地重游,有《重过虎林》《故宫》《拜岳王墓》等诗。然后北出嘉兴。端午那天在嘉禾学宫,友人顾东浦偕博士载酒钱别,尽欢极醉;翌日即从水路抵达云间(今上海松江县)④。他对遁迹云间九山的太学同学邵德芳⑤说:"尔来涉长途,征衣拂天姥。遥泛松江舟,熏风采芳杜。"(《会严陵邵德芳同舍邀宿玄同斋道旧有作》)景熙在云间居留多时⑥,曾拜谒陆宣公祠、内史祠,寻访二陆故居、顾野王读书堆,以及秦皇驰道、吴王猎场遗址,作诗多首。渡过淀山湖后,到了苏州,虎丘寺、剑池、馆娃宫、真娘墓和吴江垂虹桥,都留下了他的踪迹和吟篇。在镇江,他凭吊唐诗人许浑的丁卯桥故宅,游览了鹤林寺、中泉、焦山寺胜迹和多景楼故址。南朝宋武帝刘裕旧宅如今成了僧寺,引起了他很深的感触:

　　青衣梦破满林烟,一掷乾坤亦偶然。僧屋翠微看月上,江山犹似永初年。(《宋武帝居今为寿邱寺》)

---

①　有《天台隐者》《新昌道上》诸诗(卷二)。

②　卷四《陶山修竹书院记》:"岁乙酉(1285)予与里人陈用宾同客公第……后四年(1289),陆氏以陶山归公……又六年(1295),书院成,公领客徜徉……予亦在旁。"

③　邓牧、孟宗宝《洞霄图志》卷五《人物门续编·邓文行先生》:"丙申(1296)至越,山阴修竹王公延至陶山书院。"江苏广陵古籍刻印社 1983 年影印笔记小说大观本。

④　卷二《五月五日寓嘉禾学宫,顾东浦载酒相过,二博士偕来饮,就醉,翌日留诗为别》:"明当理征棹,斜日鲈鱼乡。"

⑤　邵德芳,名桂子,号玄同。据何梦桂《潜斋集》卷五《邵古香行窝记》云:"玄同邵某,古睦清溪家也,而赘于嘉禾之云间。"该文作于"大德戊戌"即元成宗大德二年(1298),故可推知景熙吴越之行当在该年前后。

⑥　雍正《江南通志》卷一七二《流寓一松江府·林景曦》、《宋史翼》卷三二《林景熙传》。

诗咏宋武帝的功业和身后衰微景况。"江山"句怀古伤今,寄其世变的悲慨。此诗沉郁苍凉,极饶顿挫之致,是一篇很见笔力的名作。

到镇江后,景熙再没有往前走,于是折返丹阳。新丰道中他回望嵯峨的润州城,吟道"迢迢铁瓮城,回首隔苍雾"(《新丰道中》),表示很留恋。路过常州,著名的太平寺壁画吸引了他:"山风不动云四寂,万顷波涛生素壁。三峡夜怒摇星河,九溟昼沸卷霹雳。"(《毗陵太平院壁间画山水熟视之有飞动势殆仙笔也因题》)景熙从无锡回转苏州(有《过吴门感前游》诗),又从苏州横越太湖进入湖州,他是这样描绘水乡吴兴的美景的:

> 钓舟远隔菰蒲雨,酒幔轻飘蒟蒻风。仿佛层城鳌背上,万家帘幕水精宫。(《舟次吴兴二首》之一)

妙笔生花,比画境还要生动逼真。景熙最后溯钱塘江而上,到达桐庐,登临严子陵钓台,访问了钓台之东白云原唐诗人方干故居。夜宿七里濑,对着乱山雪意,滩声鸿影,开樽独酌,心中不禁涌起飘泛江湖的寥落感。①

这一次被景熙称为"汗漫游"的吴越之行,经历江南十座名城,沿途寻幽访古,登临赋咏,作诗五十余首,开阔视野和境界,在他的创作上具有重要意义。

吴越游归,大德三年(1299)至十一年(1307),景熙大部分时间是在故乡度过②,其间也曾出游。大德七年(1303)在杭州,江浙儒学副提举陈公举(帝臣)所居楼额"光风霁月",他与诗人张模(仲实)、汤炳龙(子文)、刘濩(声之)等"相率为诗歌以赋其事"③。武宗至大元年(1308),景

---

① 卷二《宿七里滩》:"寥落空江上,买鱼开酒樽。"参阅同卷《钓台》《方玄英故居》诗。

② 其间写有《永嘉县重建法空院记》(1299)、《平阳县治记》《故待制吏部侍郎应公墓志铭》(1300)、《公溥堂记》《故国学内舍蔖君墓志铭》(1301)、《顾近仁诗集序》(1302)、《故国子正郑公墓志铭》(1303 年)、《龙源普渡纪胜诗序》(1304)、《重修阴均斗门记》(1305)、《永嘉忠烈庙记》(1306)、《平阳州志序》(1307)。

③ 张燧《金华洞天行纪跋》:"帝臣以文字起家,一时所交皆宗工硕士。若同邑方韶卿、柳道传、戴率初,吴兴赵魏公、永康胡穆仲相交尤密。尝为楼,所居侧颜曰光风霁月。及提举来杭,西秦张模、淮阴汤炳龙、莆田刘濩、永嘉林景熙辈,相率为诗歌以赋其事,穆仲为之序。时魏公以集贤直学士行提举江浙,与公举情谊深厚,凡六七年。公举秩满归,为书《洛神》一通,自题其末大德十年五月四日也。"(四库全书本方凤《存雅堂遗稿》卷五《金华洞天行纪》附)按,"公举(帝臣)秩满归"在大德十年,故其提举来杭当在大德七年(1303)。

熙最后一次从武林(杭州)还归,染上疾病。两年后即至大三年(1310),这位宋元之际最富成就的诗人,在家溘然长逝,终年六十九岁①。

二

清初著名诗评家贺裳在《载酒园诗话·林景熙》中说:"尝叹诗法坏而宋衰。宋垂亡诗道反振,真咄咄怪事! 读林景熙诗,真令心眼一开。"吴瞻泰称黄公此评"可谓知林诗者"②。宋元易代之际出现的一批遗民诗人,如林景熙、谢翱、谢枋得、汪元量、郑思肖、真山民等,的确使衰微的诗坛重放光彩,使宋诗有了一个光辉的终结。其中谢、林齐名,并称翘楚,而从创作的实际成就来看,景熙的地位又超过谢翱,贺裳的评论不为虚誉。

景熙将诗作为毕生事业,他有自己的文艺观。他的论诗主张反映在以下几个方面。

(一)关合时世

《二薛先生文集序》引乡贤叶适的话说:"为学而不接统绪,虽博无益也。为文而不关世教,虽工无益也。"永嘉学派关切社会、注重事功的观点,奠定了他的文艺思想基础。他认为作诗要有补时政,羽翼"六义"③,起到"美化厚俗"④的作用。因此推崇"三百篇"的现实主义精神,批评晋宋齐梁而下"掇拾风烟,组缀花鸟"而"义日益离"的形式主义作风;肯定"李杜手障狂澜,离者复合"⑤,恢复了《诗经》以来的优良传统。杜甫和陆游是景熙心目中最敬重的诗人,他称美杜甫"感时触景,花泪鸟惊"⑥,"诗中有史"⑦,又说"臣甫再拜鹃,高风或可蹑"⑧。称美陆游

---

① 章祖程《题白石樵唱》:"戊申岁,归自武林,感疾。迨庚戌冬,终于家,时年六十九。"
② 吴瞻泰:《霁山先生诗文集序》。
③ 卷二《杂咏十首酬汪镇卿》之五:"作诗匪雕镂,要与六义涉。"
④ 卷五《胡汲古乐府序》。
⑤ 卷五《王修竹诗集序》。
⑥ 卷五《马静山诗集序》。
⑦ 卷五《郑中隐诗集序》。
⑧ 卷二《杂咏十首酬汪镇卿》之五。

"龟堂一老旗鼓雄,劲气往往摩其垒"①;又说"陆务观拟杜,意在寤寐不忘中原,与拜鹃心事,悲惋实同"②。

(二)根底性情

他解释"诗无邪"就是"诚之发","根性情而作"③,表达真实的情感。"当喜而喜,当怒而怒,当哀而哀,当乐而乐"④,直抒胸臆。反对"剽窃声响,窃蚓争喧"⑤。所以特别看重那种"悲凉于残山剩水"⑥,"彷徨颠沛,将写其悲惋无謬之鸣"⑦的感慨之作。

(三)重视作家的品德修养

他把孟子的"浩然之气"说引入文学创作领域,提出:"天地间惟正气不挠,故清气不浑。清气与正气包含而为文,可以化今,可以传后。"⑧又指出习为粉泽靡丽者,"必毁刚毁直"⑨。将文风与人品、作家的气质禀性联系起来考察。章祖程谓林诗"祖陶而宗杜"⑩,祖陶就是追效陶渊明处乱世而不夺其志的高尚品格。他在诗中一再说:"老爱归田追靖节"(《答郑即翁》);"黄花心事几人同"(《答陈植父》);"千载东篱有晋香,客床风雨梦浔阳"(《次韵谢诸公见寿》),深致慕往之情。不苟富贵,不移贫贱,以文章风节自励,正是宋季遗民诗人守身立世的共同信则。

(四)他追求清腴婉壮的艺术风格

他追求清腴婉壮的艺术风格,要求作品浑雄谐和,既有华藻,又见气骨,兼具刚柔之美。

---

① 卷三《书陆放翁诗卷后》。
② 卷五《王修竹诗集序》。
③ 卷五《王修竹诗集序》。
④ 卷五《王修竹诗集序》。
⑤ 卷五《顾近仁诗集序》。
⑥ 卷五《胡汲古乐府序》。
⑦ 卷五《郑中隐诗集序》。
⑧ 卷五《王修竹诗集序》。
⑨ 卷五《胡汲古乐府序》。
⑩ 章祖程:《注白石樵唱》。

　　清而腴，丽而则，逸而敛，婉而壮。悲凉于残山剩水，豪放
于明月清风。(《胡汲古乐府序》)

　　辞语浑雄，而发之以华藻；气骨苍劲，而节之以声律。
(《顾近仁诗集序》)

　　发天葩于枯槁，振古响于寂寥。(《马静山诗集序》)

上面这三段话，十分精要地反映了他的艺术崇尚和审美情趣。

　　诗为心声。景熙生当陵谷之变，"忠愤之气，无所于托"[①]，发而为诗，故其作品凄怆悱恻，充满故国情思，表现出深沉强烈的爱国主义精神。他在诗中热情歌颂文天祥、陆秀夫、家铉翁、谢枋得大义凛然的民族节概。写文天祥临刑不屈："英风傲几碪，滨死犹铁脊。血染沙场秋，寒日亦为碧。"(《杂咏十首酬汪镇卿》之九)表彰家铉翁出使不辱，"名节千年日月悬"(《闻家则堂大参归自北寄呈》)。对谢枋得被拘北行，至燕绝食而死，唱叹道："何人续迁《史》，表为节义雄！"(《杂咏十首》之十)另外，对那些屈膝投降的贰臣，投以辛辣的讽刺："幡幡长乐老，阅代如传舍。"(《孙供奉》)"桓桓李将军，甘作单于鬼。"(《秦吉了》)指斥他们禽兽不如，笔端饱含义愤，见出爱憎分明的态度。

　　同时代诗人何梦桂评述林景熙的诗说："其辞意皆婉娩凄恻，使人读之，如异代遗黎及见渭南铜盘、长安金爵，有不动其心者哉！"[②]是深有体会的话。以藻思绮合之笔，写激楚苍凉之情，是景熙诗最显著特色。除前面已经引述的《梦中作四首》《冬青花》外，又如《送春》：

　　蜀魄声声诉绿阴，谁家门巷落花深。游丝不系春晖住，愁绝天涯寸草心。

用比兴的语言，抒写自己对祖国的眷念和赤诚之心，极为缠绵悱恻。"春晖"比喻哺育自己的祖国，与《故衣》所咏"终怜寸草心，何以报春晖"，托意相同。他常用"辽鹤""蜀鹃""铜盘""铜驼"这类典实，借达黍离之感。即使在一些酬应送别的诗中，也往往融注进眷怀情思。《赠天

---

①　吴瞻泰：《霁山先生诗文集序》。
②　《潜斋文集》卷五《永嘉林霁山诗序》。

目吴君实》云："梦回残月苍梧晓,家在春风秀麦西。"著"苍梧""秀麦",寄托亡国哀思,情辞凄切。《哭薛榆淑同舍》云:"桂死月亦灰,鹏枯海为陆。自我哭斯文,老泪几盈掬。故国忽春梦,故人复霜木。……问天天梦梦,秋声满岩谷。"悲怀故人而伤叹故国,真是一字一泪,令人泣下。

　　爱国主义的一个重要内容,是对人民命运的深切关怀。景熙关心民瘼,在题为《赠泰霞真士祈雨之验》的诗中,他没有着力渲染"祈雨之验",而是借题发挥,把攻击的矛头指向"庙堂""司牧",揭露执政者养尊处优、玩忽职守,不能负起"调元"之功,致使旱涝无常、荒馑频仍。诗中还写道:"肥羊日日供大官""淮南捕蝗蝗更在,饥蛟啮人陆成海"。言淮南蝗灾,官府遣吏捕蝗,而猾胥敲诈祸民,更有甚于蝗害,故说"蝗更在"。这即是孔子所说"苛政猛于虎"、柳宗元《捕蛇者说》所言"赋敛之毒有甚是蛇者"的意思。当时必实有其事,故作者引以为例。这样锐利的笔锋,对弊政的大胆抨击,在同时代的作品中可以说是很突出的。《陶山十咏和邓牧心·任公子钓石》云:"千年无此垂纶手,多少饥民向涮河!"〔用《庄子·外物》任公子钓得巨鱼,涮(浙)河以东民"莫不厌若鱼"典事〕前题《上下二镬》云:"却问黄粱几番熟,不知沸鼎在人间。"(沸鼎人间,喻民受煎熬之苦)在这些题咏古迹的诗作中,也同样折射出现实主义的光芒。

　　景熙的咏物诗取境高卓,多用以抒怀写意,如:

> 芳信不消三两点,已压春风二十四。(《赋梅一花得使字》)
> 制裳香冷微云护,倾盖盟深独月知。(《荷花》)
> 掀髯相视雪皑皑,拥盖对立云童童。(《赋双松堂呈薛监簿》)

下笔落落大方,都具有象征的意义。又如,《古松》"独占宽闲地,不知摇落天。山林犹古色,风雪自穷年",称颂岁寒不易的品操;《赋冬岭孤松得秀字》"冻蛟出壑苍髯秀,劲气独与玄冥斗。秦官五辈空遗臭,陶径单传无别胄……花开花谢当春昼,蒲柳迎秋唯恐后。此地不知黄落候,一盖高风撑宇宙",塑造坚贞不屈的形象,皆借以明志。还有一首《枯树》写道:

  凋悴缘何事，青青忆旧丛。有枝撑夜月，无叶起秋风。暑
路行人惜，寒巢宿鸟空。倘留心不死，嘘拂待春工。

通篇以凋悴的枯树，比况被倾覆的祖国，抒写亡国的痛苦和有志匡复而
无力立功的慨叹，结末表现了热切的期待。章祖程评："凡诗结语贵有
生意。设若此诗终篇言枯悴，则非所以为诗矣。故曰'倘留心不死，嘘
拂待春工'也。"①颇有见地。有的文学史说林诗意绪消沉，那并不确切。

  景熙的诗古近体兼备，诸体并有佳构，这一点使他能够在宋末元初
的诗坛称雄。宋季遗民诗人多事近体，如郑思肖、汪元量等皆擅七绝；
五古较有气格者数谢翱。景熙与皋羽节义既同，才概亦略似，其《酬谢
皋父见寄》云：

  入山采芝薇，豺虎据我邱；入海寻蓬莱，鲸鲵掀我舟。山
海两有碍，独立凝远愁。美人渺天西，瑶音寄青羽。自言招客
星，寒川钓烟雨。风雅一手提，学子屡满户。行行古台上，仰
天哭所思。余哀散林木，此意谁能知？夜梦绕句越，落日冬
青枝。

这是酬答谢翱《远游篇寄府教景熙》而作。开篇就谢诗"远游"发兴，山
海两碍，有托身无地苍茫百感之慨。后文刻画了谢翱的不屈形象和恋
恋宗国之怀，表达的也是他自己的眷念情思。全诗格高意远，充满肝胆
相照的知己之情。谢、林古诗悉出《骚》《选》，谢兼效东野、长吉，林直法
射洪、老杜，而皆能匠心自恣。《宋诗钞》的编者吴之振等较论异同，谓
"大概凄怆故旧之作"两家诗"相表里"，风格上"翱诗奇崛，熙诗幽宛"②。
所言颇为简要。《南山有孤树》即景感怀，用比兴手法抒发易世伤慨，词
意凄婉。《杂咏十首酬汪镇卿》之二："百感凑孤夜，江楼起呼月。秋虫
声转悲，念此众芳歇。人生非金石，青鬓忽已雪。瑜淮橘心移，出山泉
性泪。猗兰抱孤芳，不受宿莽没。"隽朴的词旨，高远的意境，可以方驾
陈子昂、张九龄《感遇》诸什。

---

  ① 卷三《枯树》章注。
  ② 《宋诗钞·白石樵唱钞叙》。

景熙的七言歌行词气塞拔,意韵沉至,比五古更能见出他的才力。胡应麟《诗薮》外编卷六曰:"宋末盛传谢皋羽歌行,虽奇邃精工,备极人力,大概李长吉锦囊中物耳。林德旸七古不多见,而合处劲逸雄迈,视谢不啻过之。"这是很有眼力的评论。请看他的《读文山集》:

> 黑风夜撼天柱折,万里风尘九溟竭。谁欲扶之两腕绝,英泪浪浪满襟血。龙庭戈鋋烂如雪,孤臣生死早已决。纲常万古悬日月,百年身世轻一发。苦寒尚握苏武节,垂尽犹存果卿舌。膝不可下头可截,白日不照吾忠切。哀鸿上诉天欲裂,一编千载虹光发。书生倚剑歌激烈,万壑松声助幽咽。世间泪洒儿女别,大丈夫心一寸铁!

哀弦促节,句句紧逼,一气盘折中跳荡着高亢激越的旋律,真可以"凄金石而泣鬼神"①。乾坤浩然正气,民族刚烈精神,笔底毫间淋漓感发。这是时代的最强音。胡应麟推为"元初绝唱",千古定评。他如《钱盛景则教授》,表现盛才高位下的境遇,抒发抑塞磊落襟怀,很有感人的力量。《书陆放翁诗卷后》,笔调沉郁而又豪放,"劲气"直摩放翁之垒。

景熙的五律,可举《郑宗仁会宿山中》为例:

> 挑灯怀旧梦,移席近春泉。共话忽深夜,相看非少年。斗垂天末树,犇出雨余田。亦有茅檐下,饭牛人未眠。

感触深沉,而凝练含蓄,句句稳妥,可称合作。摘句如《山阴秋怀》:"风雨行金气,乾坤老铁心。"章注:"此言天地肃杀,虽铁心亦老矣。意远而语健。"《新春》:"兵革儿童长,风霜天地仁。"平淡而遥有意味。唐戴叔伦写战乱的诗《过申州》有"井邑初安堵,儿童未长成"语,此云"儿童长",翻用之更进一层,于世变沧桑,慨乎言外。"天地仁",暗用《礼记·乡饮酒义》孔疏:"春夏皆生育万物,俱有仁恩之义。"隐磨砺而不易所守意。写景如"霜增孤月白,江截乱峰青"(《宿台州城外》);

---

① 鲍正言:《霁山先生集跋》。

"开池纳天影,种竹引秋声"(《赵奥别业》);"迟花春后见,远瀑夜深闻"(《访武伯山居》),或清峭,或淡逸,俱有远致。至如"独行穿落叶,闲坐数流萤"(《溪亭》),"用'穿''数'二字,便觉精神振竦"(章注),又见善于锻炼。

但是,景熙最为擅长并且也最能体现他诗歌艺术风格的却是七言律体。林集现存诗三百一十五首(含补遗四首),其中七律八十五首,数量最多。清初选家范大士评其七律云:"俱秀健有骨,不必律以唐格,徒为优孟衣冠也。"[①]这话说得不错。景熙的七律完全是宋派宋调,自见面目。他远绍杜陵,近俪放翁,又效法黄山谷、陈后山奇警遒劲的格律,豪健跌宕,郁勃沉挚,表现出"清而腴""婉而壮"又蕴藉又酣畅的特点,在宋季夐复独造,凌驾诸家之上。他说"独提诗律继黄陈"(《重游镜曲次韵》),表明艺术上的追崇,但没有沾染江西派后期作家枯涩生僻的弊病,说明善能推陈出新。

> 大雅凋零尚此翁,醉乡一笑寄无功。衣冠洛社浮云散,弓剑桥山落照空。东鲁有书藏古壁,西湖无树挽春风。巾车莫过青华北,城角吹愁送暮鸿。(《寄林编修》)

> 初阳蒙雾出林迟,贫病虽兼气不衰。老爱归田追靖节,狂思入海访安期。春风门巷杨花后,旧国山河杜宇时。一种闲愁无著处,酒醒重读寄来诗。(《答郑即翁》)

> 玄发相逢雪满颠,一番欲别一凄然。离亭落日马嘶渡,旧国西风人唤船。湖海已空弹铗梦,山林犹有著书年。蓬莱不隔青禽信,还折南枝寄老仙。(《别王监簿》)

这三首诗可以看为霁山体七言律的代表作。流丽中感慨顿挫,那种悱恻的情思,深沉的郁愤,始终盘绕笔端,读之有一种荡气回肠的力量。而词采朴茂,韵姿跃出,又称得上"发天葩于枯槁,振古响于寂寥"了。难怪像"离亭落日马嘶渡,旧国西风人唤船"这样的警联为越上诗社诸公所吟赏[②],在当时已经播诵人口了。

---

① 《历代诗发》卷二九《云门即事》《东山渡次胡汲古韵》《答郑即翁》评。
② 卷三《别王监簿》章注:"越上诸公最赏先生此联。"

景熙七律也有松俊秀逸的一面,隽句络绎。如《喜刘邦瑞迁居采芹坊二首》之一:"卜邻俎豆三迁后,负郭田畴二顷初。"贺乔迁之喜,上句用孟母择邻事,下句用《史记·苏秦传》语,使典恰切自然,运化无迹。《酬合沙徐君寅》:"乡心荔子熏风国,客路槐花细雨时。"用白描手法,展现南土风物,令人向往。《用韵寄陈振先同舍》:"煮茗敲冰贫有味,看花隔雾老无情。"写日常生活琐事,亦饶有情趣。《新晴偶出》:"风动松枝山鹊语,雪消菜甲野虫飞。看花春入桃榔杖,听瀑寒生薜荔衣。"章云:"前联融景趣之妙,后联得句法之新。"桃榔杖、薜荔衣,借"看花春入、听瀑寒生"点染生神,一片自然浑化之意。春入桃榔杖,又从东坡诗"春在先生杖履中"化出,韵味悠远。

景熙七绝的成绩,前文已数见称引,读者当能窥见其精奥,此不复论。

林景熙以诗名,而散文也很有成就,他其实是位诗文并重的作家。他重视文章的学养,主张诗、文同道,"诗如其文,文如其人"。又认为诗本于文,一个作者如果没有散文的根底,是作不好诗的,"岂有拙于文而工于诗哉?"批评"裂诗文为二途而不知归一"的认识误区。①

景熙现存文集二卷,计四十四篇(含补遗五篇)。其中最有价值的,是一些托物言志的讽喻小品。除为历代选家看好的名篇《蜃说》外,《磷说》也是一篇精悍犀利的佳作。文写舟行夜过北塘,见"有火青青,什什伍伍"。作者把这种散漫弥野的磷火,展现在"朔骑压境,所过杀掠,数十里无人烟"的残酷背景上,有力揭露元蒙贵族残杀无辜的暴行。后段将笔锋一转,叹息道:"故人失之常,鬼行其怪;中国失中国之常,夷行其怪。"深慨宋室丧亡,乃因政失常道,托蕴极为深刻。其他如《宾月堂赋》《悼墨卿文》《汤婆传》《春声君传》,都写得生动富有文采,读有诙趣,在笔墨游戏外,寓含着正意。《王修竹诗集序》《胡汲古乐府序》《顾近仁诗集序》等文,则表达了他的文艺观点。《重修阴均斗门记》和《州内河记》,反映地方水利建设情况,具有重要的文献价值。

---

① 卷五《顾近仁诗集序》。

三

　　林景熙诗文在生前已经结集行世。"吟卷一编",曾通过友人胡侨(汲古)转致方逢辰品评。^①元世祖至元二十三年(1286)夏,又曾寄诗册请太学同学何梦桂作序。^②在他去世后二十四年,即元惠宗元统二年(1334),同里章祖程^③为其诗集作注,序称"晚年所著,杂文十卷外,有诗六卷,题曰《白石樵唱》,行于世"^④。是则景熙传世文集计十六卷,其中文十卷,名《白石稿》;诗六卷,名《白石樵唱》。章注本《白石樵唱注》六卷(诗集),当系单独刊行,章之友人郑僖有元惠宗至元元年(1335)作的序《书白石樵唱注》。

　　这十六卷本霁山集,诗集《白石樵唱》赖有章祖程的注本而得完整保存下来,文集《白石稿》则至明初已多散亡。明代中期以后流传的刊本主要有:

　　(1)明天顺七年(1463)乡人吕洪刻本。据吕氏序称,从叶衡处获章注《白石樵唱》,"始末俱全",遂将原编六卷并为三卷,又从《元音》补入《读文山集》一首;而文集《白石稿》多已散失,检阅旧藏,仅得"记序赋铭而下,凡若干篇",乃捃拾编作二卷。共计五卷,总为一帙,名《霁山先生文集》,锓梓刊行。这是林景熙诗文合集的最初刊本,也是现今流行传本的来源。

　　(2)明嘉靖八年(1529)辽藩光泽王刊本。前有光泽王(朱宠㵿)序,尾附毛秀辨《梦中作》诗章注跋文。该本据江陵毛秀(东墅)所藏旧刻刊行,光泽王序云:"江陵东墅居士毛秀未仕时,尝得旧刻本,甚重先生高义,间有手批注,遗予乞重梓行。"是本共五卷,于《白石樵唱》题卷一、卷

---

　　① 《蛟峰文集》卷四《雁荡林霁山诗集序》。
　　② 《潜斋文集》卷五《永嘉林霁山诗序》。
　　③ 乾隆《平阳县志》卷一六《文苑传·元》:"章祖程,号宜竹,林景熙高第。工文词,尝注《白石樵唱》。"民国《平阳县志》卷三六《章祖程传》:"章祖程,字和父,号宜竹,白沙人。好林景熙《白石樵唱》,尝为之注。……言颇深至,注亦根据确凿。尝与永嘉张天英相唱和,又有同里郑僖辨河洛图书等篇,今亡。"
　　④ 章祖程:《题白石樵唱》。

二、卷三,于《白石稿》题卷四、卷五。诗集删去章注,间录毛秀若干批语。

(3)明嘉靖十年(1531)邑令冯彬校刻本。张寰、陈璋、冯彬各有序,附丁瓒跋。据张寰序称,系嘉靖八年(1529)张氏奉使永嘉,"邑人叶舜华以家藏章祖程集注先生旧刻遗稿以献","诗凡若干首,文若干首,总之为十卷",由平阳知县冯彬刊刻。是本编为十卷,诗六卷,文四卷。其诗目序次多与他本不同,鲍正言谓"任意割裂,失其本真,幸章注赖以获全"。冯本传布颇广,嘉靖《温州府志》卷三《林景熙传》云"所著有《霁山文集》十卷",焦竑《国史经籍志》卷五、黄虞稷《千顷堂书目》卷二九、倪灿《宋史艺文志补》集部、雍正《浙江通志》卷二四八、乾隆《平阳县志》卷一九著录之"《霁山集》十卷",皆即此本。明曹学佺《石仓历代诗选》卷二二一所录林诗,亦据此本。

(4)清康熙三十二年(1693)汪士鋐刊本。此本系据辽藩本开雕,合诗文为五卷,亦删略章注。扉页署"后学吴菘、梅庚、沈士尊、汪士鋐、吴肃公、吴瞻泰参校"。汪士鋐、吴菘、吴瞻泰各有序。集后附载郑遂昌事迹一则、陶九成辍耕录一则、孔希普诗跋一则。《四库全书总目》称其"较有体例"。清嘉庆七年(1802)所刊《霁山先生诗文集》五卷,据此本重刻。

(5)清乾隆四十七年(1782)四库全书本。题《林霁山集》五卷,浙江巡抚采进本。提要称据汪士鋐本缮录。

(6)清嘉庆十五年(1810)鲍廷博知不足斋丛书本。编在《知不足斋丛书》第二十五集,题《霁山先生集》。此本五卷,以吕洪本为主,参校辽藩本、冯彬本、汪士鋐本。诗集全部保留章注。书后附《霁山集拾遗》,增辑诗二首、文二篇。有鲍正言、苏璠跋。黄丕烈(复翁)《辽藩本霁山先生集跋》谓:"鲍刻叙次据辽藩本,其注多据冯本,今世行本差善矣。"孙诒让亦称"其本最为精备"(《温州经籍志》卷二三)。

(7)民国四年(1915)冒广生永嘉诗人祠堂丛刻本。此本据知不足斋本刊刻,冒氏跋语中录存佚诗二首(辨其中一首伪)。

(8)1935年商务印书馆丛书集成初编本。据知不足斋本排印。

(9)1960年中华书局上海编辑所排印本,名《霁山集》。前言谓以知不足斋丛书本为底本,并用永嘉诗人祠堂丛刻本及上海图书馆藏明抄冯彬刻《霁山先生白石樵唱》进行校勘。书后附明抄冯刻本诗三卷目次。

（10）北京大学古文献研究所编《全宋诗》第六九册收录林景熙诗三卷（卷三六三一至卷三六三三），北京大学出版社 1999 年出版。叙云以明吕洪刻《霁山文集·白石樵唱》为底本校录，后附集外诗四首，其中新辑《知宗柑诗用韵颇险》一首属误录，当删（详本书附录六辨疑）。该本所录章注不完整，仅存题下注，又时有节略，或标"原注"或标"自注"，颇错乱；诗内注文全然不存。

（11）新编《全元文》第十一册收录林景熙文二卷（卷三七一至卷三七二），江苏古籍出版社 1999 年出版。叙云以明吕洪刻《霁山文集》为底本校录。该本篇目序次经重编，文字及标点错误较多。

这次校理，以鲍刻知不足斋丛书《霁山先生集》为底本，取校吴荪、汪士铉等合校本（简称吴校本）、文渊阁四库全书本（简称四库本）、永嘉诗人祠堂丛刻本（简称冒刻本）、丛书集成初编本（简称丛集本）、中华书局排印本（简称中华本），并参校下列诸书：

（1）元苏天爵《元文类》，刊于元惠宗元统二年（1334），文渊阁四库全书本。

（2）元孙存吾《皇元风雅》后集，编于元惠宗至元二年（1336），四部丛刊初编景印上海涵芬楼藏高丽翻元刊本。

（3）元蒋易《元风雅》，编于元惠宗至元三年（1337），江苏古籍出版社影印宛委别藏本。

（4）明孙原理《元音》，编于明洪武十七年（1384），文渊阁四库全书本。

（5）明宋公传《元诗体要》，文渊阁四库全书本。

（6）明程敏政《宋遗民录》（卷十四林景曦选录诗四十七首），编于明成化十五年（1479），知不足斋丛书本。

（7）明蔡璞《东瓯诗集》（卷五选录十八首），明赵谏《东瓯续集》（补遗选录四首），温州图书馆藏明弘治十六年（1503）刻本。

（8）明弘治《温州府志》（引录文七篇、诗三首），编于弘治十六年（1503），上海书店影印天一阁藏明代方志选刊续编本（第三十二册）。

（9）明嘉靖《温州府志》，编于嘉靖十六年（1537），上海古籍书店

1964年影印天一阁藏明代方志选刊本。

（10）明李蓘《宋艺圃集》（卷十九选录诗二十八首），编于明隆庆元年（1567），文渊阁四库全书本。

（11）明曹学佺《石仓历代诗选》（卷二二一宋林景熙选录八十四首，又卷二七九选录一首），文渊阁四库全书本。

（12）明贺复徵《文章辨体汇选》，文渊阁四库全书本。

（13）清吴之振、吕留良、吴自牧《宋诗钞》（白石樵唱钞选录一百一十首），编于清康熙十年（1671），1914年上海涵芬楼影印本、1986年中华书局排印本。

（14）清陈焯《宋元诗会》（卷五五选录一百一十一首），文渊阁四库全书本。

（15）清顾贞观《积书岩宋诗删》（选录六十首），康熙三十五年（1696）刊本。

（16）清范大士《历代诗发》（卷二九选录二十四首），康熙三十八年（1699）虚白山房刻本。

（17）清《御定历代赋汇》，编于康熙四十五年（1706），文渊阁四库全书本。

（18）清《御选宋金元明四朝诗·御选宋诗》（选录六十首），编于康熙四十八年（1709），文渊阁四库全书本。

（19）清雍正《浙江通志》（引录诗二十五首、文四篇），编于雍正十二年（1734），1934年商务印书馆影印光绪二十五年重刊本。

（20）清厉鹗《宋诗纪事》（卷七五选录二十首），清乾隆十一年（1746）刊本、上海古籍出版社1983年排印本。

（21）清乾隆《平阳县志》，乾隆二十五年（1760）刻本。

（22）清曾唯《东瓯诗存》（卷十选录六十七首），乾隆五十五年（1790）刻本。

（23）清陈遇春《东瓯先正文录》，道光十四年（1834）梧竹山房藏版。

（24）清庄仲方《南宋文范》，编于道光十六年（1836），上海千顷堂书局印本。

（25）管庭芬、蒋光煦《宋诗钞补》（补录五十四首），1915年上海涵芬楼刊本、1986年中华书局排印本。

(26)薛钟斗《永嘉诗人祠堂丛刻札记》(霁山集),1931 年永嘉诗人祠堂丛刻敬乡楼黄氏补版。

本书凡校正底本处,均出校记说明;有可参考的异文,酌予引录;原本不误他本讹者除重要的外,一般不作举正。原本使用的古体字异体字,如"鞿(鞋)、筴(策)、脩(修)"之类,不做改易。编次方面,诗集三卷,篇目悉依原次;文集二卷,目次有所调整,按原有"记、传、赋、说、序、志、铭"分类,各篇以著年先后为序,著年未能定者,仍依原序次。

景熙佚诗,吕洪本从《元音》辑得一首,知不足斋本从《温州府志》《平阳县志》辑得两首,《瓯海轶闻》从《归田诗话》辑得一首,计四首,依次编于卷三末;佚句二附后。佚文,知不足斋本从《平阳县志》辑得《州内河志》《平阳州志序》二文,兹复从乾隆《绍兴府志》《胡氏粹编》《济南郡林氏宗谱》辑得《王氏园亭记》《春声君传》《济南林氏谱牒序》三文,计五篇,分别编入卷四"记""传"、卷五"序"内。

林景熙为宋元之际作家,虽然其现存诗文大多数是入元后所作,但历来都将他看作宋季遗民诗派的代表,见载《宋遗民录》《宋诗钞》《宋史翼》等,《四库全书》编入"集部别集类宋",故本书亦仍其旧署"宋"。

元初诗人黄庚《月屋漫稿》和张观光《屏岩小稿》(均四库全书本),两书与景熙诗互见者计二十三首。篇题大部不同,字句改易亦较多,情况较为复杂。或者出于误编,或者竟是窃用。本书已于各篇校记中加以举说,详看附录六拙文《林景熙黄庚互见诗辨疑》及附记。

元章祖程《白石樵唱注》不仅使霁山诗得以全帙留存,而且由于他与景熙既属同里,又时代相去不远,其"疏通证明,多得霁山微旨;至于诗中本事,考核尤详"[1],史料价值甚高。郑僖序称"章君所注,辞义兼得";鲍正言跋称"章祖程为评注,颇能得其用意所在";孙诒让谓"霁山诗之有是编,亦如山谷之有任渊注、荆公之有李壁注"[2],皆非虚誉。但章注亦存在不少疏漏,除孙诒让所指出不知邓牧心即邓牧、《怀叶邓二友》之"叶"为叶林以外,他如吴君实、葛秋岩(见卷一)、徐应穗(卷二)、邵德芳(卷二、三)等,均付阙如。卷一《侍应平坡侍郎郊行口占》注"节岩",与景熙《故待制吏部侍郎应公墓志铭》(卷五)"讳节严"相抵牾;卷

---

[1] 《温州经籍志》卷二四《白石樵唱注》案。
[2] 《温州经籍志》卷二四《白石樵唱注》案。

二《杂咏十首酬汪镇卿》注"名鼎"，元苏伯衡《苏平仲集》卷十四《孔教授夫人汪氏墓志》、明王朝佐《东嘉先哲录》卷二十引《郡志》并作"鼎新"，是为脱误。其征引故事人物亦时见疏失，如卷一《双桧堂为鲁圣可行可赋》"鱼头公子"注："《拾遗记》：鲁宗道为参政，忠鲠自任，时人谓之鱼头公。"按鲁宗道事见欧阳修《归田录》卷一及《宋史》卷二八六本传，《拾遗记》为晋王嘉撰，显误。卷二《谒陆宣公祠》注"唐陆贽，字德舆"，按《旧唐书》卷一三九、《新唐书》卷一五七本传均作"字敬舆"。卷三《有感》注引《离骚》：邑犬群吠，吠所怪也"。按《离骚》无此语，实见《九章·怀沙》"邑犬之群吠兮，吠所怪也"。此外，还有一些解释尚欠妥帖，而时地人物事典之阙漏未注者亦甚多。凡此等等，皆宜校核订正和做必要补充。20 世纪 50 年代，夏承焘先生就曾嘱人为《白石樵唱》作新注。①

　　鲍刻本章注外有作"案"者四处，作"批云"者三处。薛钟斗《永嘉诗人祠堂丛刻札记》云："光泽王序称江陵毛秀'间有手批注'云云，是殆毛之手笔与？"今按："批云"三处，殆出诸毛秀，兹录入辑评；而作"案"者从案语细看，非毛氏之语，故仍归于章注。详附录一拙文《关于章祖程注及毛秀批语》。

　　1992 年，笔者应浙江古籍出版社约编著《林景熙集校注》，列入"两浙作家文丛"，于 1995 年 12 月出版。《校注》出版后，颇获好评，杭州大学（今浙江大学）宋史研究室主任徐规先生许以"精审"，并赐示五条校补意见②；浙江古籍出版社副总编辑王翼奇先生誉称："林集读者皆盛称整理功力，包括《前言》之精到评论，洴霄山功臣，在两浙文丛中为上乘之集。"③莫砺锋、陶文鹏、程杰先生《回顾、评价与展望——关于本世纪宋诗研究的谈话》中说："别集的整理工作也很有成绩，朱东润先生的梅集校注、钱仲联先生的剑南诗稿注、白敦仁先生的陈与义诗注、陈增杰先生的林景熙集注、傅平骧与胡问陶先生的苏舜钦集注都值得肯定。"④论者举为"八十年代以来，宋诗文献整理校辑笺注、编年考定绩功较多"

---

① 《天风阁学词日记》1959 年 3 月 27 日。《夏承焘集》第七册，浙江古籍出版社、浙江教育出版社 1998 年版，第 731 页。
② 1996 年 10 月 22 日致笔者函。
③ 1996 年 8 月 9 日致笔者函。
④ 《文学遗产》1998 年第 5 期，第 4 页。

的校笺本①和"林景熙研究集大成之著"②。

　　本书的工作是在《林景熙集校注》的基础上进行的,根据《浙江文献集成编纂纲要》的要求,在体例上做了相应的调整(如原来的做法是在注文中吸纳章注),削去一些词语注释和难句串讲。同时也借此机会,进行全面修订,正讹补阙,充实内容,更求完善。诗歌部分(三卷),章注予以完整保留,仍用题下文内夹注形式。章注引书不出卷次篇目,引文亦多有约略,凡此类一仍其旧,不做改动。另立"补注",主要就时地、交游人物、本事及典实作笺,以补原注之欠缺;其误注亦酌予订正。散文部分(二卷),原无注,也做了笺注,为求全书统一,仍用"补注"标目。又设"辑评",辑集前人评论,笔者之评语亦附著焉,用助赏览。

　　本书校注过程中,曾作广泛阅览,搜录有关林景熙生平事迹、文集流传和作品评论的资料,编辑为六个专题,以供读者研究参考。校注者对于若干问题的看法,如传记辨证、宋陵收葬事及《梦中作》诗、互见诗辨疑等,亦撰为短论,附于各辑末后,读者可以参看。

---

① 莫砺锋、程杰:《新时期中国大陆宋诗研究述评》,《阴山学刊》2000年第2期,第31页。
② 萧耘春:《读林景熙集校注》,《温州师范学院学报》(社会科学版)1996年第4期,第76页。

林景熙其人其诗

浙江工业大学人文学院　钱国莲

    1276 年,元军攻克南宋都城临安(今杭州),恭帝投降。1279 年,兵败,陆秀夫负帝投海,南宋政权彻底覆灭。面对宋元易代的历史巨变,林景熙、汪元量、谢翱等一批遗民诗人以诗为载体传递出了民族兴亡的忧患、抗敌复国的志向及身逢乱世的悲怆,使宋诗有了一个光辉的终结。

    清初著名评论家贺裳在《载酒园诗话》中说:"尝叹诗法坏而宋衰。宋垂亡而诗道反振,真咄咄怪事！读林景熙诗,真令心眼一开。"①然而,我们在讨论宋末元初诗坛之事时却往往忽略林景熙。本文试图通过对林景熙其人其诗的论述,阐明林景熙在宋末元初诗坛上的特殊性,以还林景熙在文学史上应有的地位。

一

    林景熙(一作林景曦),字德阳(一作德旸),号霁山,温州平阳(今属浙江)人,生于宋理宗淳祐二年(1242),卒于元武宗至大三年(1310)。

    景熙年少好学,其诗《赠兰坡星翁》说"嗟余偶阅理,焚膏自童时",

---

    ①　《温州经籍志》卷二十三《霁山先生诗文集序》。

文《顾近仁诗集序》称"予自二十已学诗"。① 后被推荐到都城临安就读于当时的中央最高学府——太学。宋时太学分外舍、内舍、上舍三等，由外舍选升内舍，最后选升上舍，都须经过考试，上舍考试优秀方可授职，即上舍释褐。景熙经过几年的潜心修读，由外舍升到内舍，又由内舍升到上舍，其诗句《会严陵邵德芳同舍，邀宿玄同斋道旧有作》可为佐证。度宗咸淳七年(1271)，景熙终于获得上舍释褐一职，从此步入仕途。他初为福建泉州教授，迁礼部架阁，转从政郎。

咸淳十年(1274)，度宗赵禥亡，恭帝四岁登基。贾似道对内把持权位，排斥异己，对外则怯懦畏敌，一味退缩，导致国势日蹙。景熙愤而弃官，隐居平阳故里。

德祐二年(1276)二月，元军入侵临安，掳宋帝及太后等北行。而益王赵昰、广王赵昺逃往福州，张世杰、陆秀夫、文天祥等拥立赵昰为帝，是为端宗。三十五岁的林景熙意欲会同同里周景灏(字行之，咸淳四年进士，宋亡隐居不仕)前往福州，辅佐朝廷抗敌复国。他在为周景灏作的《鞍山斋记》中说："噫嘻！八骏不游，六螭犹在。翁将泻奕乎高驷，驱策乎要途，追飙抹电，一瞬千里。……翁年过伏波，貌腴意远，如有用我，尚堪一行否？……翁行，予亦执鞭其后。"此事终因道路梗阻等故而未果，景熙甚为痛心，同时又更为忧念朝廷。②

元世祖至元二十二年(1285)，应山阴王英孙延聘，景熙前往越州(今浙江绍兴市)。英孙，字才翁，号修竹，宋时曾作监主簿，世称王监簿。他出身望族，家饶于赀，又喜交四方名士，为一时士人之宗。景熙与英孙交谊甚笃，颇得英孙赏识。③

是年八月，江南释教总统杨琏真伽发掘会稽宋六帝(高宗、孝宗、光

---

① 本文所引林景熙诗文见于《林景熙诗集校注》，浙江古籍出版社 1995 年版，以下同。

② 民国《平阳县志》卷三十五《林景熙传》载："(景熙)旋以国事寝非，弃官归里，隐州治白石巷。时景熙方年英锐，闻益、广二王行遁海滨，同里周景灏皆有南行意，尝为景灏作《鞍山斋记》以见志。后以道梗不果。"

③ 事见林景熙文《陶公修竹院记》，又见《民国平阳县志》卷三十五《林景熙传》及章祖程《题白石樵唱》。

宗、宁宗、理宗、度宗)陵墓,劫取墓中珍宝。[①]"景熙痛愤不已,与英孙及客唐珏等谋往收瘗。珏遣里中年少昏夜掩窃,得光、宁、理、度四宗遗骸;景熙与(郑)朴翁饰为采药者或丐者,躧拾其遗;又以白金制小牌数十,纳之监守诸僧,僧徒右之,续得高宗、孝宗骸骨,合为六函,窆葬兰亭,植冬青树表之。是时,禁网森严,景熙秘而不敢泄。作诗四绝,托之梦中(即《梦中作》四首);又为《冬青行》以纪其事。"[②]

至元二十七年(1290)春,景熙还乡,恰逢平阳山寇作乱,他避乱海滨,作著名杂文《蜃说》。骚乱平息后,景熙才回到白石故里。[③]

元贞元年(1295),景熙又往越州,适逢王英孙之陶山书院落成,他作了《陶山修竹书院记》。次年,杭人邓牧(字牧心)受聘于陶山书院,景熙作《陶山十咏和邓牧心》组诗。

大德二年(1298)前后,景熙从平阳出发,开始了他平生行程最远、耗时最久的一次旅行,他经天台、新昌,过越州、杭州,到了嘉兴、苏州、镇江等江南名城,沿途做了《重过虎林》《故宫》《拜岳王墓》《新丰道中》及《过吴门感前游》等五十余首记游诗,是其诗歌创作较为集中的一个时段。

大德三年(1299)至大德十一年(1307),林景熙大部分时间都在平阳故里,只是偶尔出去访亲问友。武宗至大元年(1308),景熙从杭州返乡,身染疾病。至大三年(1310),病卒于家中。

林景熙平生所著有文《白石稿》十卷,诗《白石樵唱》六卷。元顺帝元统二年(1334),同里章祖程为其诗集笺注,《白石樵唱》因而得以传世,而文集《白石稿》则多散佚。明天顺七年(1463),景熙乡人吕洪以章祖程所注之诗集合为三卷,又摭拾遗文,辑结成集,名为《霁山先生文集》。今有《知不足斋丛书》本《霁山先生集》(丛书第二十五集)及中华书局排印本之《霁山集》,内存诗三卷凡三百余首,文两卷约四十篇。

---

① 关于杨琏真珈掘墓时间有三种说法:一、《元史·世祖纪》作至元二十一年(1284)九月;二、周密《癸辛杂识》谓在至元二十二年(1285)八月至十一月;三、罗有开《唐义士传》称在至元十五年(1278)。本文据陈增杰先生《收葬宋陵遗骨事及〈梦中作〉诗辨证》(见《林景熙诗集校注》附录三),从第二说。

② 《民国平阳县志》卷三十五《林景熙传》。

③ 事见林景熙文《蜃说》及诗《避寇海滨》,章祖程注。

二

作为一位具有民族气节的爱国诗人，林景熙生当陵谷之变，"忠愤之气，无所于托，而即物比兴，以泄其胸中之蕴"①，因而其诗歌的核心主题是深沉的故国情思。对故国的怀念、对亡国的悲哀、对复国的期待、对为国献身者的仰慕以及对误国者的愤慨，种种情感在景熙诗中交织成一股浓郁的爱国主义情感。"未会漆园观物意，酒阑犹发次公狂"（《答周以农》），说自己虽隐居山中，但未能忘怀世事，只能借酒狂放。《寄林编修》写道：

> 大雅凋零尚此翁，醉乡一笑寄无功。衣冠洛社浮云散，弓剑桥山落照空。东鲁有书藏古壁，西湖无树挽春风。巾车莫过青华北，城角吹愁送暮鸿。

宋帝陵园笼罩在一片残阳夕照中，西湖树木不能挽留消逝的春光，胡应麟评价该诗说："其恋恋宗国之意，盖未尝顷刻舍也。"②《寄葛秋岩》则以悲怆之笔描绘了黄叶斜阳、满目荒废的亡国景象：

> 吴地繁华半劫灰，故山秋远梦频回。琵琶亭老春风棹，桑落洲寒夜雨杯。岁月悠悠人几换，关河渺渺雁空来。酒酣欲寄登临眼，黄叶斜阳满废台。

此诗让人不由得联想起辛弃疾"摸鱼儿"（更能消几番风雨）尾句"斜阳正在，烟柳断肠处"的萧瑟悲凉，这种萧瑟悲凉是每个爱国文人所不堪面对，却又不得不面对的，因而让读者感觉到作者是"字字写来皆是血"。《寄七里山人》中的"鹤归尚觉辽城远，鹃老空闻蜀道难"，上句抒发城池依旧、人民已非的沧桑之感，下句以古蜀帝死后化

---

① 《温州经籍志》卷二十三《霁山先生诗文集序》。
② 胡应麟：《诗薮·杂编》卷五。

杜鹃鸟悲啼之事寄托故国之思。此外,如"旧国愁生暮,衰年病过春"(《初夏病起》)、"离亭落日马嘶渡,旧国西风人唤船"(《别王监簿》)、"来孙却见九州同,家祭如何告乃翁"(《书陆放翁诗卷后》)等无一不渲染着丧国之痛。

在兵败前,景熙对复国抱着热切的期望和坚定的信念。景熙的弃官本缘于对贾似道擅权的愤慨,他对朝廷的耿耿忠心始终未曾泯灭,"情知力不任,誓将毕此生"(《精卫》),这并非文人的虚言。当赵昰在福州被拥为端宗时,景熙闻悉即欲前往福州辅佐朝廷抗敌复国。《杂咏十首酬汪镇卿》(之一)表白了他的心愿:"夸父追羲和,欲挽丹砂谷",无奈道路受阻,景熙未能遂愿;"意远力不任,化作邓林木",这是诗人心中永远的创伤;"漫漫夜何如,长歌饭穄秣",他始终心系朝廷,"妾身不出门,妾梦万里驰""良人沧海上,孤帆渺何之?十年音信隔,安否不得知",耿耿忠心,日月可鉴。虽然兵败后赵昰溺海宣告了赵宋王朝的彻底覆灭,也使林景熙落入了无限的悲哀之中,但他对复国仍存有幻想,《枯树》一面无可奈何地将宋朝比作失去生命力的枯树,并深情地眷恋着它昔日的繁华,一面又在结尾说:"倘若心不死,嘘拂待春工。"这种幻想固然虚妄,但却足见景熙对故国的一往情深。

林景熙在为自己不能从戎报国而抱憾的同时,更为歆羡和仰慕那些忠臣义士。《题陆大参秀夫广陵牡丹诗卷后》称兵败后负帝蹈海的陆秀夫为"南海英魂",《题陆秀夫负帝蹈海图》赞陆秀夫:"板荡纯臣有如此,流芳千古更无前。"景熙对一代英烈文天祥更是仰慕之至,他的《读文山集》写得高亢激越,字里行间弥漫着乾坤正气和民族精神:

> 黑风夜撼天柱折,万里风尘九溟竭。谁欲扶之两腕绝,英泪浪浪满襟血。龙庭戈铤烂如雪,孤臣生死早已决。纲常万古悬日月,百年身世轻一发。苦寒尚握苏武节,垂尽犹存果卿舌。膝不可下头可截,白日不照吾忠切。哀鸿上诉天欲裂,一编千载虹光发。书生倚剑歌激烈,万壑松声助幽咽。世间泪洒儿女别,大丈夫心一寸铁。

该诗将文天祥的英雄气概和高尚节操及诗人的忠义之心表现得淋

漓尽致,胡应麟推其为"元初绝唱"。①

《霁山集》中还有不少记游和写景的作品,这类作品大多有所寄托而非流连光景之作。《重过虎林》以凄凉的笔触写出了沦陷后临安的荒芜萧瑟:

> 漠漠江湖梦,萧萧禾黍秋。清笳吹落日,白发过西州。池涸神龙逝,山空老凤愁。唯余关外水,寂寞自东流。

昔日繁华的都城如今已是长满禾黍的废墟,清笳落日中,唯有城外的钱塘江水寂寞地向东流去,似乎在向人们诉说着历史的沧桑。《辟雍》写道:

> 冠带百年梦,昔游今重嗟。璧池春饮马,槐市暝藏鸦。堂鼓晨昏寂,廊碑风雨斜。石经虽不火,岁岁长苔花。

这里原有庄严肃穆的天子学宫——太学,景熙曾经在这里度过了人生中的辉煌岁月,而如今却如此荒凉寂寞。"树老残霞淡,尘深断碣昏。东南天半壁,往事泣寒猿"(《拜兵山墓》),"繁华已如梦,登览忽成尘"(《西湖》)等诗句,都倾诉着无限的丧国之痛。

三

宋季遗民诗人除林景熙外,还有谢翱、谢枋得、汪元量、郑思肖、真山民等,景熙和谢翱并称翘楚,而景熙又屡被称为诗家之雄。方逢辰《序白石樵唱》说:"其诗凄惋而悠以博,微以章,宛然六义之遗音,非湖海啸吟风月而已。于诗家门户,当放一头"。②

遗民诗人的诗歌就内容而言大抵相仿,国破家亡的悲愤是当时诗人共同吟咏的主题。但宋末元初的诗人大多仅以诗抒愤,而忽略了诗

---

① 胡应麟:《诗薮·杂编》卷六。
② 方逢辰:《序白石樵唱》,见《林景熙诗集校注》,浙江古籍出版社1995年版,第381页。

的辞藻、声律之美。景熙能称雄诗坛,关键在于他对诗歌艺术的注重。章祖程注《白石樵唱》时的一段评论道出了其中缘由:"抑尝思之,诗固出于人之情性,然发之以句法之清英,谐之以音节之和畅,融之以气味之悠远,则亦枯淡浅促,而不能以入妙,宁保其不使人玩之易厌,索之易竭也哉!善乎先生之为诗也,本义理以为元气,假景物以为形质,濯冰雪以为精神,剪烟云以为态度,朱弦疏越而有遗音,太羹玄酒而有遗味,其真诗家之雄欤!"①

景熙论诗主张诗歌不仅要有气骨之雄,而且要有辞藻、声律之美,要达到雄浑相谐的境界。"辞语浑雄,而发之以华藻;气骨苍劲,而节之以声律"②,"清而腴,丽而则,逸而敛,婉而庄"③,这些论诗的言论体现了景熙的艺术追求和审美趣味。

景熙的诗歌往往以藻思绮合之笔抒发激楚苍凉的故国之思,因而形成一种"沉雄凄婉"④的风格。何梦桂《永嘉林霁山诗序》谓:"其辞意皆婉娩凄恻,使人读之,如异代遗黎及见渭南铜盘、长安金爵,有不动其以心者哉?"⑤现以《故宫》为例:

> 惊风吹雨过,历历大槐踪。王气销南渡,僧坊聚北宗。烟深疑碧树,草没景阳钟。愁见花砖月,荒秋咽乱蛩。

写得沉郁苍凉。再如《冬青花》:

> 冬青花,花时一日肠九折。隔江风雨清影空,五月深山护微雪。石根云气龙所藏,寻常蝼蚁不敢穴。移来此种非人间,曾识万年觞底月。蜀魂飞绕百鸟臣,夜半一声山竹裂。

诗以不忍见冬青开花始,以不忍听杜鹃悲声做结,曲尽诗人心事,词旨幽恻,凄婉悲慨,颇能代表景熙诗的风格。

---

① 章祖程:《注白石樵唱》,见《林景熙诗集校注》,第383页。
② 林景熙:《胡汲古乐府序》,见《林景熙诗集校注》,第333页。
③ 林景熙:《顾近仁诗集序》,见《林景熙诗集校注》,第351页。
④ 《温州经籍志》卷二十三《霁山先生诗文集序》。
⑤ 何梦桂:《潜斋集》卷五。

景熙的诗多用比兴的手法,这给他的诗歌带来了含蓄蕴藉之美。如《送春》:

> 蜀魄声声诉绿阴,谁家门巷落花深。游丝不系春晖住,愁绝天涯寸草心。

诗以"春晖"喻故国,以"寸草心"自比,婉转地表达了对故国的怀念。再如,"梦回残月苍梧晓,家在春风秀麦西"(《赠天目吴君实》)以"苍梧""秀麦"寄托亡国悲情。这一艺术特征集中体现在他的咏物诗中,这类作品所咏之物往往有着象征的意味。

在体裁上,景熙兼备众体。这也是景熙在宋季遗民诗人中得以称雄的原因之一。当时诗人除谢翱外大多事近体,而景熙则兼工古体近体。景熙的五古如《杂咏十首酬汪镇卿》《酬谢皋父见寄》等都写得意境高远、词旨隽朴。七言歌行如《读文山集》《书陆放翁诗卷后》等意韵沉至,胡应麟说:"宋末盛传谢翱歌行,虽奇邃精工,备极人力,大概李长吉锦囊中物耳。林德旸七古不多见,而合处劲逸雄迈,视谢不啻过之。"[1]

景熙成就最高的当数七律,《霁山集》现存诗凡三百十三首,七律占八十五首,于诸体中比例最高。景熙的七律远绍杜甫、近承陆游。他说自己"独提诗律继黄陈"(《重游镜曲次韵》),可见他是有意识地师法江西诗派的;但景熙吸收了江西诗派格律严谨、讲究法度的优点,摒弃了江西诗派后期作家句法和章法过分生硬的毛病,所以他的七律如《寄林编修》《答葛秋岩》《答周以表》《别王监簿》等都写得沉郁顿挫、奇警遒劲,颇有老杜和放翁之风。

景熙诗歌的语言凝练蕴藉、清丽空灵。如"云留秋渡冷,月过别峰明"(《访朱月峰不值》)、"落日渔舟吹远笛,断烟戍屋带荒城"(《括城》)、"独行穿落叶,闲坐数流萤"(《溪亭》)等句子都写得清空婉眇、蝉脱尘埃,语易而意远。林景熙避免了江西诗派枯涩生僻的弊病,诗歌语言清妙秀远,精巧工致而又不落痕迹。

林景熙以写诗作为自己毕生的事业,他强调"作诗非雕镂,要与六义

---

① 胡应麟:《诗薮·杂编》卷六。

涉"(《杂咏十首酬汪镇卿》),歆羡陆游作品之"痛痒不忘中原",睥睨那些"掇拾风烟,组缀花鸟"之作。[①] 景熙正是遵循这种创作原则,用诗歌真实而深刻地反映了宋元易代这一历史巨变给当时正直的知识分子带来的心灵创伤,抒发了他的悲怆和愤慨之情。同时,林景熙避免了当时众多诗人作品雄而不浑的弊病,在抒愤的同时,注重诗的辞藻、声律之美,使他的诗歌达到了雄浑两谐的艺术境界,成为宋元之际诗坛上一位杰出的诗人。

---

① 林景熙:《王修竹诗集序》,见《林景熙诗集校注》,第 342 页。

林景熙生平考略

——以《霁山集》为中心

湖州师范学院人文学院　　张　　剑

目下学界对于宋元之际林景熙之研究,主要侧重于三大面向,分别为诗歌面向、遗民面向和著作面向,这三大面向之中尤以诗歌面向为重,遗民面向次之,著作面向再次之。笔者将从这三大面向出发,简述林景熙研究之要点,以便发现林景熙研究之优势和不足。就诗歌研究面向而言,学界将林景熙诗歌定义为爱国诗歌,陈冰原的《论霁山诗》[①]和李青枝、李翠霞的《论宋末遗民诗人林景熙的诗歌艺术》[②]两文重点突出了林景熙作为宋元之变遗民的爱国情怀和亡国悲愤。钱国莲在《林景熙其人其诗》[③]一文中,用"对故国的怀念、对亡国的悲哀、对复国的期待、对为国献身者的仰慕以及对误国者的愤慨"来表达林景熙爱国情怀。从诗歌分类角度来说,林景熙诗歌亦有爱国诗之类别,这一点姚佳圻在《林景熙诗论》[④]中有所论述。申君在《悲怆深沉寄慨无穷——析宋遗民诗四首》[⑤]中,以林景熙诗歌《书陆放翁诗卷后》和《山窗新糊,有故朝封事稿,阅之有感》为论述重点,表现出林景熙不与敌人合作的爱国

---

　　① 　陈冰原:《论霁山诗》,《温州师专学报》(社会科学版)1980 年第 2 期,第 41 页。

　　② 　李青枝、李翠霞:《论宋末遗民诗人林景熙的诗歌艺术》,《长春师范学院学报》2004 年第 3 期,第 79 页。

　　③ 　钱国莲:《林景熙其人其诗》,《浙江广播电视高等专科学校学报》1999 年第 4 期,第 55 页。

　　④ 　姚佳圻:《林景熙诗论》,哈尔滨师范大学 2009 年硕士学位论文。

　　⑤ 　申君:《悲怆深沉寄慨无穷——析宋遗民诗四首》,《名作欣赏》1981 年第 5 期,第 18 页。

精神和民族气节。事实上,林景熙诗歌《书陆放翁诗卷后》成为其爱国诗歌的名篇,陈晓晔在《林景熙〈书陆放翁诗卷后〉读解——兼谈宋诗的审美趣味》①一文中再次强调了林景熙的爱国情怀。陶文鹏在《宋末七家山水诗简论》②一文中也兼谈到林景熙的山水诗,展现其伤时忧国和爱国报国之情。学界对林景熙诗歌的艺术成就有褒有贬,以褒义居多。张丽华在《林景熙诗歌研究》③一文中认为:林景熙提出了颇有见地的诗歌理论,并努力以创作实践扭转了南宋诗坛黯淡气氛。赵红在《林景熙诗歌的艺术成就及与谢翱诗歌艺术性之比较》④一文中,认为林景熙诗歌古近体兼备且各体并有佳构,多使事用典、语言凝练,其诗作宗杜(杜甫)之心和学杜之意非常坚定明确,对林景熙的诗作多有肯定。黄善文在《林景熙诗歌意象研究》⑤一文中也是颇为肯定林景熙之诗歌的,认为其诗歌呈现出"清空沉郁"的总体格调。而左汉林则对林景熙诗歌成就持否定意见,他在《论南宋后期诗歌从宗唐到学杜的转变》⑥一文中指出,林景熙只是诗歌史上的一个小诗人,诗歌的成就和影响都是有限的。就遗民研究面向而言,学界关注重点是林景熙的遗民生存状态和遗民心态。李雨婷从林景熙的散文出发,在《林景熙散文及其遗民生存状态》⑦一文中,展示了林景熙避世隐居后的平淡生活和身为遗民在艰难环境下的生存选择。陈彩云《元初温州的遗民群体》⑧一文则展示了以林景熙为代表的遗民群体,拒绝入仕,选择隐居避世、课子读书、关心地方、积极参与地方与宗族事务的生活样态。对于林景熙的遗民心态,学界则是更为关注。王云杰在《林景熙遗民心态与诗歌创作研究》⑨一文中,剖析了林景熙遗民心态与其诗歌创作之关系。李青枝在《论宋末

---

① 陈晓晔:《林景熙〈书陆放翁诗卷后〉读解——兼谈宋诗的审美趣味》,《重庆电大学刊》1998 年第 2 期,第 41 页。

② 陶文鹏:《宋末七家山水诗简论》,《阴山学刊》2001 年第 4 期,第 22 页。

③ 张丽华:《林景熙诗歌研究》,南京师范大学 2009 年硕士学位论文。

④ 赵红:《林景熙诗歌的艺术成就及与谢翱诗歌艺术性之比较》,《宜宾学院学报》2006 年第 10 期,第 6 页。

⑤ 黄善文:《林景熙诗歌意象研究》,西北师范大学 2004 年硕士学位论文。

⑥ 左汉林:《论南宋后期诗歌从宗唐到学杜的转变》,《楚雄师范学院学报》2012 年第 10 期,第 26 页。

⑦ 李雨婷:《林景熙散文及其遗民生存状态》,《浙江万里学院学报》2021 年第 1 期,第 71 页。

⑧ 陈彩云:《元初温州的遗民群体》,《学术探索》2011 年第 4 期,第 94 页。

⑨ 王云杰:《林景熙遗民心态与诗歌创作研究》,华东师范大学 2014 年硕士学位论文。

诗人林景熙的遗民心态》①一文中展示了林景熙内心的孤独与失落、悲愤与忧患、愧疚与苦闷。王超、刘景在《横琴妙在无弦处　知音何必有子期——林景熙诗的遗民心态及其表现手法》②一文中,则将林景熙的遗民心态表现为寄托亡国哀思、讽刺变节官员、赞扬忠贞之士、表明忠贞之志等。就著作研究面向而言,学界对林景熙的作品进行了整理和辨伪。顾永新在《〈林景熙集〉版本考》③一文中考察明清以来的各种版本,探究《林景熙集》版本源流。陈增杰在《林景熙集的版本流传及其他》一文④中,讨论了林集版本、章祖程注及毛秀批注、原集校勘标点和平阳县志传记诸问题。章祖程所注释的《白石樵唱》质量颇高,史料价值甚高。此外,陈增杰在《林景熙事迹作品辨疑》⑤一文中肯定了《冬青花》为林景熙所作。潘猛补在《林景熙佚文〈春声君传〉》⑥一文中记载了新发现的《胡氏粹编·新刻谐史粹编上卷》,或为林景熙作品的《春声君传》,这是对林景熙著作的增补。与之相对的是,陈增杰在《订正〈全宋诗〉一误》⑦一文中考证出北京大学古文献研究所纂修《全宋诗》第六十九册卷三六三三《林景熙·三》中《知宗柑诗用韵颇险,予既知之,复取所未用之韵,续赋一首三十韵》一诗并非林景熙所作,实为宋代王十朋的诗。更有渠嵩烽在《〈陆秀夫抱王入海图诗〉作者辨疑》⑧一文中,将《陆秀夫抱王入海图诗》的著作权归于南宋遗民诗人盛彪,而非是学界之前所认为的林景熙。从上述内容可知,学界对于研究林景熙在诗歌、遗民、著作等方面都取得了颇为丰硕的成果,然而关于林景熙的生平、思想等研究内容尚处于相对薄弱之状态。就林景熙思想而言,只有李

---

① 李青枝:《论宋末诗人林景熙的遗民心态》,《淮海工学院学报》(社会科学版)2007 年第 1 期,第 52 页。

② 王超、刘景:《横琴妙在无弦处　知音何必有子期——林景熙诗的遗民心态及其表现手法》,《语文学刊》2007 年第 17 期,第 55 页。

③ 顾永新:《〈林景熙集〉版本考》,《古籍整理研究学刊》2000 年第 5 期,第 43 页。

④ 陈增杰:《林景熙集的版本流传及其他》,《温州师范学院学报》(哲学社会科学版)1995 年第 1 期,第 25 页。

⑤ 陈增杰:《林景熙事迹作品辨疑》,《苏州大学学报》1996 年第 1 期,第 74 页。

⑥ 潘猛补:《林景熙佚文〈春声君传〉》,《温州师范学院学报》(哲学社会科学版)2001 年第 2 期,第 28 页。

⑦ 陈增杰:《订正〈全宋诗〉一误》,《温州大学学报》(社会科学版)2012 年第 6 期,第 56 页。

⑧ 渠嵩烽:《〈陆秀夫抱王入海图诗〉作者辨疑》,《图书馆杂志》2019 年第 4 期,第 109 页。

青枝在《论宋末遗民诗人林景熙的思想》①一文中提出林景熙受道家文化影响极深,但其主导思想仍是儒家的入世思想。就林景熙生平而言,仅陈增杰在《林景熙的生平和诗歌评价》②一文中,就用大半篇幅进行介绍;以及崔文静在《宋代平阳林氏家族研究》③一文中,单辟一节——"宋末诗人林景熙"进行论述,尚未形成对林景熙生平及思想较为完整、较为系统的研究。鉴于此,笔者将从林景熙的著作④出发,特别是以《霁山集》为核心,加之温州地方志、今人著作等文献资料,探索林景熙之生平,以期能够打破对于林景熙生平只限于"收敛宋帝尸骸这一忠义之举"这一刻板印象,从探究林景熙参与创办的"汐社"、吴越"汗漫游"及其交友活动的状况,多层次、多角度、较为完整地展示林景熙的人生履历、"节点事件"和"朋友圈",较为立体地呈现林景熙的生平样貌和社会关系。

一、人生履历:《霁山集》中的林景熙

在传统社会中,人有两种最为基本的社会关系,即人的地理关系和宗族关系。所谓地理关系就是一般意义上的家乡或者寄居地,宗族关系则是更为明显的社会关系。在开展对林景熙人生履历的研究之前,也需要清楚了解林景熙的籍贯和宗族。关于林景熙的籍贯,林景熙自述说:"林氏自闽徙居平阳之坳中,至于十二世。"⑤那么,"平阳之坳中"又是哪里呢?据民国《平阳县志》卷三十五《林景熙传》:"世居亲仁乡之坳中,实林坳。"据陈增杰之考证,认为"林坳,在今苍南县繁枝乡南山至三岙村一带,但其地已无林氏遗迹可考"⑥。且也有人认为,平阳县带溪

---

① 李青枝:《论宋末遗民诗人林景熙的思想》,《九江学院学报》2006 年第 4 期,第 75 页。
② 陈增杰:《林景熙的生平和诗歌评价》,《杭州大学学报》(哲学社会科学版)1994 年第 4 期,第 134 页。
③ 崔文静:《宋代平阳林氏家族研究》,河北大学 2019 年硕士学位论文,第 33—37 页。
④ 笔者注:据明代王光蕴所撰写(万历)《温州府志》卷一七的记载:林景熙编纂六卷诗歌集《白石樵唱》、十卷散文集《白石稿》。令人遗憾的是,林景熙的大多作品都已佚失,现今存世作品仅三百一十三首诗歌和四十四篇散文,多集中于《霁山集》。
⑤ 林景熙:《霁山集·霁山先生文集卷之三白石稿》,明嘉靖十年刊本,第 71 页。
⑥ 陈增杰:《林景熙的生平和诗歌评价》,《杭州大学学报》(哲学社会科学版)1994 年第 4 期,第 134 页。

乡联源村为林景熙之故里,该处有林景熙祠、墓等古迹。笔者较为认同萧耘春之考证,他在《林景熙籍贯考》①一文中明确指出林景熙是居住在温州平阳县亲仁乡林坳里奥里。这与林景熙自述先祖迁徙坳中,又说居住在奥里能够自圆其说,故而笔者甚为认同。那么,林景熙是出自哪个宗族呢?林景熙是"平阳林氏的第十三代,林待聘的后人"②,"平阳林氏的始祖是林建……林建自福建长溪县迁徙至浙江平阳县……两宋时期,平阳林氏大约历经十三代"③……在宋元之际,平阳林氏的著名人物就包括林待聘、林景熙等人。从中可知,林景熙是平阳林氏宗族之人。从上述可知,林景熙的籍贯是温州平阳(今苍南),且他是平阳林氏之后裔。从这一点来说,也可解释他晚年为何会一直留在平阳,毕竟平阳是其家族所在地。

宋理宗淳祐二年④(1242),林景熙出生于平阳县亲仁乡林坳。林景熙少年聪慧,"嗟余偶阅理,焚膏自童时"⑤,从小饱读诗书,后被推荐入读太学。

宋度宗咸淳七年(1271),通过上舍试,且因上舍试与舍试均被评定为优⑥,即成为太学释褐⑦,授官泉州教授,此后林景熙历任礼部架阁,转从政郎。

宋度宗咸淳十年(1274),林景熙作《南山有孤树诗》⑧。

宋恭宗德祐元年(1275),林景熙不满贾似道专权,辞官归家,"居州治(温州)后白石巷"⑨。为周元龟作墓志铭《宋朝请大夫太常寺簿知台州周公(元龟)墓志铭》⑩,赞周公高洁、不慕富贵的品格。同年十二月,

① 萧耘春:《林景熙籍贯考》,《温州师范学院学报》(哲学社会科学版)1995年第1期,第31页。

② 崔文静:《宋代平阳林氏家族研究》,河北大学2019年硕士学位论文,第33—37页。

③ 崔文静:《宋代平阳林氏家族研究》,河北大学2019年硕士学位论文,第1页。

④ 笔者注:章祖程《题白石樵唱》:(林景熙)戊申负归自武林,感疾。追庚戌冬,终于家。时年六十有九。庚戌为元武宗至大三年(1310),林景熙六十九岁。据此逆推而来。

⑤ 林景熙:《霁山集·霁山先生白石樵唱卷之三》,明嘉靖十年刊本,第26页。

⑥ 马端临:《文献通考》卷四二,清浙江书局本,第731页。

⑦ 笔者注:章祖程《题白石樵唱》:宋咸淳辛末,(林景熙)太学释褐。吕洪《霁山先生文集序》:"咸淳辛末,先生上舍释褐。"

⑧ 林景熙:《霁山集·霁山先生白石樵唱卷之一》,明嘉靖十年刊本,第1页。

⑨ 林景熙:《霁山集·霁山先生白石樵唱卷之一》,明嘉靖十年刊本,第1页。

⑩ 林景熙:《霁山集·霁山先生文集卷之四白石稿》,明嘉靖十年刊本,第79页。

林景熙为县令王应嘉做《州内河记》①。

宋恭宗德祐二年(1276),赵昰于福州即位,改元景炎。林景熙写《鞍山齐记》②给同里周景灏,表达了追随赵昰南行入闽的想法。同年,林景熙作《送松存弟序》③《郑宗仁会宿山中诗》④。十二月,端宗在惠州,遣使降。最终林景熙选择了留在家乡平阳,未随赵昰南行。

宋端宗景炎二年(1277),林景熙达到越州,元章祖程《题白石樵唱》中言之,"既而会稽王监簿移书屈致,与寻岁晏之盟,于是先生(林景熙)往来吴越间,殆二十余年"⑤。林景熙为王英孙作《王氏园林记》。同年秋,林景熙于平阳作《磷说》⑥一文。

宋端宗景炎三年(1278),林景熙作《书陆放翁诗卷后》⑦。

宋帝昺祥兴元年(1279),崖山一跃,南宋灭亡。陈则翁、林景熙、裴庚、林正与曹移孙于家乡"奉宋主龙牌",哭祭南宋朝廷的灭亡。⑧ 林景熙作《题陆大参秀夫广陵牡丹诗卷后诗》⑨。

元世祖至元二十二年(1285),林景熙前往越州,"与里人陈用宾同客公(王英孙)第"⑩。同年,"六陵冬青之役"发生,即江南释教总统杨琏真伽发掘会稽南宋六帝陵墓⑪,暴露帝王尸骨。林景熙参与其中⑫,林景熙与郑朴翁等"数人在越上,席臃乃不能已,相率为采药者,至陵上,

---

① 王光蕴:(万历)《温州府志》卷一六"艺文志"三,明万历刻本,第403—404页。

② 林景熙著,章祖程、陈增杰注:《林景熙集补注》,浙江古籍出版社2011年版,第340—343页。

③ 林景熙著,章祖程、陈增杰注:《林景熙集补注》,浙江古籍出版社2011年版,第406—408页。

④ 林景熙:《霁山集·霁山先生白石樵唱卷之一》,明嘉靖十年刊本,第2页。

⑤ 林景熙:《霁山集·霁山先生白石樵唱卷之六》,明嘉靖十年刊本,第56页。

⑥ 林景熙:《霁山集·霁山先生文集卷之二》,明嘉靖十年刊本,第68页。

⑦ 林景熙:《霁山集·霁山先生白石樵唱卷之六》,明嘉靖十年刊本,第54页。

⑧ 陈增杰:《林景熙的生平和诗歌评价》,《杭州大学学报》(哲学社会科学版)1994年第4期,第141页。

⑨ 程敏政:《宋遗民录》卷一四,明嘉靖二年至四年程威等刻本,第75页。

⑩ 林景熙:《霁山集·霁山先生文集卷之一》,明嘉靖十年刊本,第61页。

⑪ 笔者注:六陵即指宋高宗永思陵、宋孝宗永阜陵、宋光宗永崇陵、宋宁宗永茂陵、宋理宗永穆陵和宋度宗永绍陵。南宋时期,皇陵皆在绍兴府会稽县宝山。

⑫ 据元代陶宗仪《南村辍耕录》卷四中记载:宋太学生林德阳,字景曦,号霁山。当杨总统发掘诸陵寝时,林故为杭丐者,背竹箩,手持竹夹,遇物即以夹投箩中。林铸银作两许小牌百十,系腰间,取赂西番僧曰:"余不敢,望收其骨,得高家孝家斯足矣。"番僧左右之,果得高、孝两朝骨,为二函贮之,归葬于东嘉。从中可知,林景熙确实参与了埋葬陵骨之事。

以草囊拾而收之"①,将陵骨秘密葬于兰亭,种冬青树为标志。林景熙作《梦中作四首》②与《冬青花》③记之,郑朴翁作《悼国赋》④记之。同年,林景熙作《太学同舍徐应镳誓义沉井后十年众为营墓立碑私谥正节先生诗》⑤《次翁秀峰诗》⑥《宋景元诗集序》⑦。

元世祖元至元二十二至二十三年(1285—1286),王英孙、林景熙、郑朴翁、谢翱等人成立诗社"汐社"⑧。在这一时期,林景熙在会稽云门山游东晋王献之故居,写下"僧闲时与云来往,鹤老不知城是非"⑨"残夜月枝乌未稳,故乡水草雁多饥"⑩之句。林景熙凭吊会稽山的舜庙,作《舜庙诗》⑪。林景熙在酒醉后欲写诗寄友人葛秋岩,写下诗句"吴地繁华半劫灰,故山秋远梦频回"⑫。写诗寄同乡林千之"东鲁有书藏古壁,西湖无树挽春风"⑬,以山东曲阜孔子故居来比喻其藏书,赞扬了林千之珍藏先朝书籍的行为。与好友谢翱、吴思齐、冯桂芳等人拜谒严子陵,写诗"东都节义何为高,七尺之台一竿竹"⑭,赞扬严光不慕名利、高风亮节的品质。可惜的是,这一时期汐社诗人的诗歌流失严重,传世极少,仅有林景熙与谢翱二人有作品集传世。

元世祖至元二十三年(1286),林景熙作《元日即事诗》⑮《灯市感旧诗》⑯《寄七山人诗》⑰。同年,林景熙托胡汲古带诗册请方逢辰评,方逢辰亦为《白石樵唱》作序⑱。

---

① 林景熙:《霁山集·霁山先生白石樵唱卷之三》,明嘉靖十年刊本,第25—26页。
② 林景熙:《霁山集·霁山先生白石樵唱卷之三》,明嘉靖十年刊本,第26页。
③ 林景熙:《霁山集·霁山先生白石樵唱卷之六》,明嘉靖十年刊本,第54页。
④ 陈增杰:《林景熙事迹作品辨疑》,《苏州大学学报》1996年第1期,第74页。
⑤ 齐耀珊修,吴庆坻等纂:(民国)《杭州府志》卷三九,民国十一年本,第941页。
⑥ 林景熙:《霁山集·霁山先生白石樵唱卷之五》,明嘉靖十年刊本,第42页。
⑦ 林景熙:《霁山集·霁山先生文集卷之三》,明嘉靖十年刊本,第70页。
⑧ 周林:《元初南宋遗民诗社"汐社"研究》,暨南大学2011年博士学位论文,第6页。
⑨ 林景熙:《霁山集·霁山先生文集卷之四》,明嘉靖十年刊本,第33页。
⑩ 林景熙:《霁山集·霁山先生文集卷之四》,明嘉靖十年刊本,第33页。
⑪ 林景熙:《霁山集·霁山先生白石樵唱卷之四》,明嘉靖十年刊本,第33页。
⑫ 林景熙:《霁山集·霁山先生文集卷之四》,明嘉靖十年刊本,第33页。
⑬ 林景熙:《霁山集·霁山先生文集卷之四》,明嘉靖十年刊本,第34页。
⑭ 林景熙:《霁山集·霁山先生文集卷之五》,明嘉靖十年刊本,第48页。
⑮ 林景熙:《霁山集·霁山先生白石樵唱卷之四》,明嘉靖十年刊本,第38页。
⑯ 林景熙:《霁山集·霁山先生白石樵唱卷之四》,明嘉靖十年刊本,第38页。
⑰ 林景熙:《霁山集·霁山先生白石樵唱卷之五》,明嘉靖十年刊本,第42页。
⑱ 林景熙:《霁山集·霁山先生白石樵唱卷之六》,明嘉靖十年刊本,第56页。

元世祖至元二十六年（1289），林景熙在越州过寒食节。①

元世祖至元二十七年（1290），林景熙于绍兴还乡，在平阳度过新春。② 三月，因途中遇匪，在仙口暂为躲避，③作《归自越避寇海滨寒食不得祭扫诗》④与杂文《蜃说》⑤。同年，林景熙到仙口神山寺，作《神山寺访僧诗》⑥。归家后，林景熙作《九日会连云楼分得落字》⑦。林景熙出游仙台山、瑞安和葛坛，作《游仙台诗》⑧《飞云渡诗》⑨《葛坛即事诗》⑩；与好友潘景玉、陈振先以诗文相会，作《酬潘景玉诗》⑪《用韵寄陈振先同舍诗》⑫；寄情道教，作《赠玉泉真士诗》⑬《送葛居士住栖碧庵诗》⑭。再次前往绍兴，游秦望山与项羽庙，留下诗歌《秦望山》⑮《项羽庙》⑯。归家后，林景熙又登积谷山，游飞霞洞、谢客岩，观东晋谢安留下的诗歌《白云曲》《春草吟》，写下《登谢客岩》⑰。又在家中写下诗句"岂不自怡悦，良田变茅菅"⑱，为被多日暴晒伤害的庄稼哀叹。再游仙坛山，留下诗歌《游仙坛》⑲与《过风门岭》⑳，游瑞安宝积寺观梅花，作《宝积寺僧舍古梅一树皆荣而顶独枯即席为赋》㉑记之。

元世祖至元二十八年（1291），林景熙作《雨土诗》㉒。李思衍以浙东

---

① 林景熙：《霁山集·霁山先生白石樵唱卷之三》，明嘉靖十年刊本，第27页。
② 林景熙：《霁山集·霁山先生白石樵唱卷之一》，明嘉靖十年刊本，第3页。
③ 林景熙：《霁山集·霁山先生白石樵唱卷之一》，明嘉靖十年刊本，第4页。
④ 林景熙：《霁山集·霁山先生白石樵唱卷之三》，明嘉靖十年刊本，第27页。
⑤ 林景熙：《霁山集·霁山先生文集卷之二》，明嘉靖十年刊本，第68页。
⑥ 林景熙：《霁山集·霁山先生白石樵唱卷之一》，明嘉靖十年刊本，第3页。
⑦ 林景熙：《霁山集·霁山先生白石樵唱卷之二》，明嘉靖十年刊本，第13页。
⑧ 林景熙：《霁山集·霁山先生白石樵唱卷之二》，明嘉靖十年刊本，第13页。
⑨ 林景熙：《霁山集·霁山先生白石樵唱卷之一》，明嘉靖十年刊本，第3页。
⑩ 林景熙：《霁山集·霁山先生白石樵唱卷之四》，明嘉靖十年刊本，第34—35页。
⑪ 林景熙：《霁山集·霁山先生白石樵唱卷之四》，明嘉靖十年刊本，第34页。
⑫ 林景熙：《霁山集·霁山先生白石樵唱卷之四》，明嘉靖十年刊本，第34页。
⑬ 林景熙：《霁山集·霁山先生白石樵唱卷之六》，明嘉靖十年刊本，第55页。
⑭ 林景熙：《霁山集·霁山先生白石樵唱卷之五》，明嘉靖十年刊本，第48—49页。
⑮ 林景熙：《霁山集·霁山先生白石樵唱卷之三》，明嘉靖十年刊本，第27页。
⑯ 林景熙：《霁山集·霁山先生白石樵唱卷之三》，明嘉靖十年刊本，第27—28页。
⑰ 林景熙：《霁山集·霁山先生白石樵唱卷之二》，明嘉靖十年刊本，第15页。
⑱ 林景熙：《霁山集·霁山先生白石樵唱卷之二》，明嘉靖十年刊本，第15页。
⑲ 林景熙：《霁山集·霁山先生白石樵唱卷之二》，明嘉靖十年刊本，第13页。
⑳ 林景熙：《霁山集·霁山先生白石樵唱卷之二》，明嘉靖十年刊本，第16页。
㉑ 林景熙：《霁山集·霁山先生白石樵唱卷之六》，明嘉靖十年刊本，第51—52页。
㉒ 林景熙：《霁山集·霁山先生白石樵唱卷之一》，明嘉靖十年刊本，第10页。

宣尉,巡部至平阳,曾访林景熙。林景熙作《李两山侍郎仲氏儒而医解后会稽索诗识别》①记之。

元世祖至元三十一年(1294),林景熙季弟林德渊去世。同年冬,林景熙长兄林景怡继亡。林景熙写下诗歌《哭德和伯氏六首》②怀念逝去的兄弟。

元成宗元贞元年(1295),好友王英孙的陶山书院落成后,林景熙再次前往绍兴。林景熙途经天台、新昌,作《天台隐者》③《新昌道上》④,为陶山书院作《陶山修竹书院记》⑤,在王英孙家中作《陪王监簿宴游广寒游次韵》⑥《渔舍观梅》⑦《杨妃菊》⑧三首诗歌。在绍兴送吴秀才、徐君寅返乡,作诗《赠吴秀才林东归》⑨《越中送徐君寅归闽》⑩赠之。游项羽里,留诗《项羽里》⑪。

元成宗元贞二年(1296),林景熙作《陶山十咏和邓牧心诗》⑫。

元成宗大德二年(1298),林景熙为丰山陈弥仲作《宋贡士晋斋先生陈公墓志铭》⑬。林景熙开始被他称为"汗漫游"的吴越之行,他取道天台、新昌,至杭州,前往嘉兴,通过水路前往江苏的苏州、镇江府、无锡、丹阳、常州,又返回苏州,取道湖州,过杭州,回温州。这一路留下的诗歌多达四十四首。此后林景熙不曾有"汗漫游"一般跋山涉水的旅行,除了三次应好友王英孙之邀请前往绍兴外,均在家乡平阳安享晚年。

元成宗大德三年(1299),位于永嘉荆溪的寺庙法空院修缮完成,法空院院主请林景熙为之作记,林景熙欣然赞同,写《永嘉县重建法空远记》⑭。

---

① 林景熙:《霁山集·霁山先生白石樵唱卷之二》,明嘉靖十年刊本,第22—23页。
② 林景熙:《霁山集·霁山先生白石樵唱卷之三》,明嘉靖十年刊本,第28页。
③ 林景熙:《霁山集·霁山先生白石樵唱卷之一》,明嘉靖十年刊本,第5页。
④ 林景熙:《霁山集·霁山先生白石樵唱卷之一》,明嘉靖十年刊本,第5页。
⑤ 林景熙:《霁山集·霁山先生文集卷之一》,明嘉靖十年刊本,第61页。
⑥ 林景熙:《霁山集·霁山先生白石樵唱卷之四》,明嘉靖十年刊本,第38—39页。
⑦ 林景熙:《霁山集·霁山先生白石樵唱卷之四》,明嘉靖十年刊本,第39页。
⑧ 林景熙:《霁山集·霁山先生白石樵唱卷之四》,明嘉靖十年刊本,第39页。
⑨ 林景熙:《霁山集·霁山先生白石樵唱卷之一》,明嘉靖十年刊本,第6页。
⑩ 林景熙:《霁山集·霁山先生白石樵唱卷之一》,明嘉靖十年刊本,第6页。
⑪ 林景熙:《霁山集·霁山先生白石樵唱卷之四》,明嘉靖十年刊本,第38页。
⑫ 林景熙:《霁山集·霁山先生白石樵唱卷之三》,明嘉靖十年刊本,第29页。
⑬ 林景熙:《霁山集·霁山先生文集卷之四》,明嘉靖十年刊本,第78页。
⑭ 林景熙著,章祖程、陈增杰注:《林景熙集补注》,浙江古籍出版社2011年版,第366—367页。

同年,林景熙作《故太府少卿钱公(应孙)墓志铭》①《游九锁山诗》②。

元成宗大德四年(1300),平阳县判官王侯秉仁前来询问平阳历代沿革,林景熙作《平阳县治记》③。同年,林景熙还为好友钱定之④、应节严⑤作墓志铭。

元成宗大德五年(1301),知州孙筠更新平阳县明通公簿堂后堂,林景熙作《公簿堂记》⑥记此事。同年,林景熙太学同舍好友蘧德威故去,林景熙为其写墓志铭。⑦

元成宗大德六年(1302),林景熙为好友顾近仁作《顾近仁诗集序》⑧。

元成宗大德七年(1303),林景熙作《故国子正郑公(朴翁)墓志铭》⑨。

元成宗大德八年(1304),林景熙为好友曹秸孙⑩的诗歌集撰写序言,为许山曹君作《龙源普度纪胜诗序》⑪。

元成宗大德十年(1306),阴均斗门修缮完成,林景熙作《重修阴均斗门记》⑫。同年,林景熙为永嘉重建忠烈庙一事,作《永嘉忠烈庙记》⑬一文。

元成宗大德十一年(1307),林景熙在重阳节作《平阳州志序》⑭。

---

① 林景熙:《霁山集·霁山先生文集卷之三》,明嘉靖十年刊本,第74页。
② 林景熙:《霁山集·霁山先生白石樵唱卷之五》,明嘉靖十年刊本,第44页。
③ 林景熙:《霁山集·霁山先生文集卷之二》,明嘉靖十年刊本,第65页。
④ 林景熙著,章祖程、陈增杰注:《林景熙集补注》,浙江古籍出版社2011年版,第448—450页。
⑤ 林景熙著,章祖程、陈增杰注:《林景熙集补注》,浙江古籍出版社2011年版,第453—455页。
⑥ 林景熙:《霁山集·霁山先生文集卷之二》,明嘉靖十年刊本,第65—66页。
⑦ 林景熙著,章祖程、陈增杰注:《林景熙集补注》,浙江古籍出版社2011年版,第457—459页。
⑧ 林景熙著,章祖程、陈增杰注:《林景熙集补注》,浙江古籍出版社2011年版,第426—427页。
⑨ 林景熙:《霁山集·霁山先生文集卷之四》,明嘉靖十年刊本,第76页。
⑩ 林景熙著,章祖程、陈增杰注:《林景熙集补注》,浙江古籍出版社2011年版,第429—430页。
⑪ 林景熙:《霁山集·霁山先生文集卷之三》,明嘉靖十年刊本,第72页。
⑫ 林景熙:《霁山集·霁山先生文集卷之一》,明嘉靖十年刊本,第58—59页。
⑬ 林景熙:《霁山集·霁山先生文集卷之二》,明嘉靖十年刊本,第66—67页。
⑭ 孙诒让:《温州经籍志》卷十,民国十年刻本,第250页。

元武宗至大元年（1308），林景熙为修族谱奔走于杭州、温州之间，"祖述旧谱，旁采诸书，访之故老传闻，验之邑乘实录，成一册"①，最终写成济南林氏族谱，望后世传承不失，继承先人之志。

元武宗至大三年（1310），林景熙在平阳逝去，终年六十九②。其墓在青芝山，清乾隆年间，邑令徐恕重修，题曰："南宋忠义林霁山先生之墓。"

综上可知，林景熙所撰写的《霁山集》，不仅是林景熙的诗歌总集，更是其人生履历。在《霁山集》中我们不难发现林景熙的主要活动范围是在浙江省内，包括杭州、温州、绍兴等地，也能发现林景熙从报效宋朝到守节宋朝的生活轨迹，还能发现林景熙从以儒学为重到以道教为辅的思想转变。在林景熙"不及古稀"的生命历程中，有三十五年的时间是"欣然绽放"在南宋的荣光之下，三十四年的时间是"苟延残喘"在元朝的蹂躏之下，在《霁山集》中也能明显地感受到林景熙对宋庭和元朝的好恶。这也许跟林景熙前半段人生的少年得意、仕途通达，后半段人生故国不存、落寞无助的转化有关。需要指出的是，从林景熙前半生和后半生两者之间的鲜明不同可以看到林景熙的爱国坚守和文化坚持。

二、节点事件：林景熙的三大转折

人的发展需要机遇，这些机遇是人生履历中甚为重要的事件，笔者将这些具有影响人之发展的重要事件，称为节点事件。以笔者观之，林景熙的节点事件有三，其一是入读太学，让林景熙成为南宋朝廷体制内的人，也使其成为宋代遗民的基点；其二是六陵冬青之役，让林景熙成为不忘故国、不忘君恩之人，也使其成为宋代忠臣的典型形象；其三是参与创办"汐社"，让林景熙在中国诗坛占据一席之地，使其成为宋代诗歌的重要代表人物。此外，林景熙的吴越"汗漫游"也是其人生亮点，值得记录。

---

① 林景熙著，章祖程、陈增杰注：《林景熙集补注》，浙江古籍出版社 2011 年版，第 436—438 页。

② 章祖程：《题白石樵唱》："迨庚戌冬，终于家，时年六十有九。"

第一，入读太学。

入读太学对于林景熙而言是人生的一块"敲门砖"。就目前史料来说，无法确切知道林景熙是如何进入太学的。较为幸运的是，林景熙记录了自己的好友——郑朴翁入读太学的情况，据《故国子正郑公墓志铭》中记载：

> （郑朴翁）少颖出，未弱冠，束书游京坂，名暴如雷。癸亥，以类申补太学；戊辰，升内舍；辛未，舍校平。壬申、癸酉，公闱连魁中；甲辰，省闱又中。公以前庑赐太学释褐，授迪功郎、福州教授。[①]

从这则材料可知，关于太学有关的记载是"以类申补太学"，这里其实引申出两个问题，即郑朴翁以类申补太学，那么郑朴翁是以什么类申补的？与此同时，郑朴翁是因为什么条件有资格申补的呢？回答这个问题，其实跟宋代的太学制度有关。对于入读太学的资格，有以下规定，如"选士自今年始，如有孝、悌、睦、姻、任、恤、忠、和，若行能尤异，为乡里所推，县上之州，免试入学"[②]；如"凡诸道住本州，学满一年，三试中选，不犯第三等以上罚，或不住学而曾两预释奠及齿于乡饮酒者，听充弟子员"[③]，若是在本州的学校学满一年，通过三试，不犯第三等以上的惩罚，也可升入太学。再如"令诸州推行三舍法，应尝置教授，州学考选升补悉入太学。许上舍一人，内舍二人，岁贡入京师"[④]，州学、县学可每年推荐一定名额的学生升入太学就读。结合郑朴翁在京城学府就读经历，推测其可能因满足"凡诸道住本州，学满一年，三试中选，不犯第三等以上罚，或不住学而曾两预释奠及齿于乡饮酒者，听充弟子员"一条，从而入读太学。林景熙仅小郑朴翁两岁，太学释褐受官比郑朴翁早三年，且林景熙对郑朴翁在太学考试过程如此熟悉，推测林景熙应是通过同样的方法入读太学的。对于林景熙而言，入读太学更重要的意义是

---

① 林景熙著，章祖程、陈增杰注：《林景熙集补注》，浙江古籍出版社 2011 年版，第 460—462 页。

② 马端临：《文献通考》卷四六《学校考》七，清浙江书局本，第 802 页。

③ 脱脱：《宋史》卷一五七《选举志》第一百一十，清乾隆武英殿刻本，第 1663 页。

④ 马端临：《文献通考》卷四六《学校考》七，清浙江书局本，第 801 页。

他有机会可以免除科举考试而进入官场。"凡内舍,行艺与所试之业俱优,为上舍上等,取旨授官。"①据此,林景熙应在上舍试与舍试两试中均取得优的评价,免去科举考试,直接受官泉州教授。

第二,六陵冬青之役。

元世祖至元二十二年(1285),江南释教总统杨琏真伽带人盗掘宋朝六陵,不仅劫走陪葬珍宝,还暴露六帝尸骨于荒野。杨琏真伽盗掘帝陵的这一行为受到了元朝最高统治者的默许和纵容,地方官员不敢阻拦,任杨琏真伽仗势横行。② 章祖程在《梦中作四首》中注释"其余骸骨叶草莽中人莫敢收"③,可见当时南宋遗民因惧怕杨琏真伽的权势,也多敢怒不敢言。

林景熙此时正在绍兴,听说此事后愤怒不已,与同乡好友郑朴翁、唐珏一道前往收砐帝王尸骨。他们化装为乞丐,后"铸银作两许小牌百十"④,贿赂看守——西番僧,得以收取高宗、孝宗尸骨。又听闻理宗尸骨被杨琏真伽掷于湖水之中,又花钱请渔夫帮忙,从湖中捞取了理宗尸骨。并将尸骨装入两函,密藏于越山,在旁边种植冬青树为标志。⑤ 林景熙等人不敢明言此事,只得作诗暗喻。林景熙作《梦中诗四首》⑥《冬青花》⑦记录此事;除林景熙外,前文提及的郑朴翁所作诗歌《悼国赋》,以及谢翱的《冬青树引别玉潜》⑧,唐珏的《冬青行二首》⑨写的都是六陵冬青之役一事。

第三,参与创办"汐社"。

林景熙是"汐社"的创办者之一,这一点是得到学界认可的。陈小辉在《宋代遗民诗词社团辑论》中提及汐社是由"谢翱组织的先后参与

---

① 脱脱:《宋史》卷一六五《职官志》第一百一十八,清乾隆武英殿刻本,第1786页。

② 陈增杰:《林景熙的生平和诗歌评价》,《杭州大学学报》(哲学社会科学版)1994年第4期,第134页。

③ 林景熙:《霁山集·霁山先生白石樵唱卷之三》,明嘉靖十年刊本,第27页。

④ 郑元祐:《遂昌杂录》不分卷,明稗海本,第5页。

⑤ 笔者注:综合《遂昌杂录》《温州经籍志》卷二三、《宋遗民录》卷一四等内容而成。

⑥ 林景熙:《霁山集·霁山先生白石樵唱卷之三》,明嘉靖十年刊本,第27页。

⑦ 林景熙:《霁山集·霁山先生白石樵唱卷之六》,明嘉靖十年刊本,第54—55页。

⑧ 谢翱:《晞发集》卷三,明万历刻本,第19页。

⑨ 邵景詹:《觅灯因话》卷二,清刊本,第14页。

该社团的还有王英孙、林景熙、唐珏、郑朴翁等人"①,佘德余在《绍兴的文人结社》一文中也认为,"以会稽监簿王修竹延揽流落越中的士大夫知识分子组成的'汐社',林景熙也参与其中"②。从中可知,林景熙是"汐社"的骨干分子,是创办者之一。

需要说明的是,因《汐社文集》与汐社成员作品集的失传,对于汐社成立时间也是众说纷纭。学界对于汐社成立时间的研究,考证重点大多在谢翱行踪上。如欧阳光先生的《汐社简论》中就以元世祖至元二十三年(1286)丙戌,即谢翱到达会稽的时间作为汐社活动年代的上限。因考证得元世祖至元二十三年(1286)谢翱登越王台哭祭文天祥为其到达绍兴确切时间。从吴谦《圹志》可知,汐社与讲经社于1286年合并,下限为1286年是没有异议的。③

但这一研究忽视了对六陵冬青之役时间的考证,采信元人罗有开《唐义士传》帝昺祥兴元年(1278)的记载。虽这一年宋都已被元兵攻占,但南宋朝廷仍在闽广抗争,元朝统治尚未真正巩固,若六陵冬青之役在此年发生,汉蒙矛盾将难以逆转。元朝统治者盗掘宋帝陵墓应是为镇压汉族民族意识,而不是加强汉族反抗,增加其统治难度。

陈增杰依据林景熙诗歌对其踪迹进行考证,据《陶山修竹书院记》中"岁乙酉,予与里人陈用宾同客公第"④一句,可推断宋恭宗德祐元年(1285)林景熙才到达绍兴王英孙家。在1275年到1285年,林景熙应在家乡平阳。⑤又从郑朴翁留存诗歌《悼国赋》"国统正于蒙古兮,金枝霜木其凋残。遗骸于草莽兮,吾则暨同志托佛经于越山"可以看出,在国统更换后才发生"遗骸于草莽"的盗陵事件。由林景熙《鞍山齐记》中"六螭犹在"⑥可知,遗民们并不认为南宋亡于都城被占领,而是亡于祥

① 陈小辉:《宋代遗民诗词社团辑论》,《温州大学学报(社会科学版)》2016年第1期,第60页。

② 佘德余:《绍兴的文人结社》,《绍兴师专学报》1990年第1期,第22页。

③ 欧阳光:《元初遗民诗社汐社考略》,《中山大学学报(社会科学版)》1997年第1期,第103—108页。

④ 林景熙著,章祖程、陈增杰注:《林景熙集补注》,浙江古籍出版社2011年版,第354页。

⑤ 笔者注:依据《宋朝请大夫周公墓志铭》《州内河记》(均作于德祐元年),《鞍山齐记》(作于景炎元年)等内容推定。

⑥ 林景熙著,章祖程、陈增杰注:《林景熙集补注》,浙江古籍出版社2011年版,第341—343页。

兴二年(1279)的陆秀夫负帝蹈海自尽。就此推断宋周密《癸辛杂识》中元世祖至元二十二年(1285)的记载应是正确的。[1] 而汐社成立的直接原因便是诗人们吟咏六陵冬青之役[2]。也就是说,六陵冬青之役应早于汐社成立。由此可将欧阳光先生推论的汐社成立时间更提早一些。汐社成立应在元世祖至元二十二年(1285)六陵冬青之役后,在元世祖至元二十三年(1286)汐社与讲经社合并之前。元世祖至元二十七年(1290),林景熙返回家乡后,归隐平阳,极少参与汐社活动。

元大德二年(1298),林景熙从温州出发,前往杭州,开始了被他称为"汗漫游"的吴越之行。重游杭州钱塘虎林山[3],已然物是人非,故国不再。南宋旧日故宫、太学、礼闱皆非旧日光景。林景熙哀叹南宋王气已尽,昔日辉煌的故宫早已荒凉,以诗歌[4]记之,又怀念旧日太学读书时光,写下诗句"染柳春衣净,看花晓马迟"[5]。后林景熙前往西湖[6],拜谒岳飞陵墓[7]与葛岭[8],前往西湖旁的孤山[9]寻找好友林逋。前往灵隐寺,写诗记录矗立在灵隐、天竺两山之间,高达数十丈的怪石——飞来峰。[10] 再与杭州隐居的好友聚会后告别,留下诗歌《寄别诸公》[11],前往嘉兴。

同年五月,林景熙到达嘉兴秀洲的嘉禾学宫[12],与学宫博士饮酒后归去,留诗以记之。在华亭县拜访陆机故居[13],拜访同乡好友卫山斋[14]、

① 陈增杰:《林景熙事迹作品辨疑》,《苏州大学学报》1996 年第 1 期,第 77 页。
② 欧阳光:《元初遗民诗社汐社考略》,《中山大学学报》(社会科学版)1997 年第 1 期,第103—108 页。
③ 林景熙:《霁山集·霁山先生白石樵唱卷之一》,明嘉靖十年刊本,第 6 页。
④ 林景熙:《霁山集·霁山先生白石樵唱卷之一》,明嘉靖十年刊本,第 6—7 页。
⑤ 林景熙:《霁山集·霁山先生白石樵唱卷之一》,明嘉靖十年刊本,第 7 页。
⑥ 林景熙:《霁山集·霁山先生白石樵唱卷之一》,明嘉靖十年刊本,第 7 页。
⑦ 林景熙:《霁山集·霁山先生白石樵唱卷之一》,明嘉靖十年刊本,第 7 页。
⑧ 林景熙:《霁山集·霁山先生白石樵唱卷之一》,明嘉靖十年刊本,第 7 页。
⑨ 林景熙:《霁山集·霁山先生白石樵唱卷之一》,明嘉靖十年刊本,第 7 页。
⑩ 林景熙:《霁山集·霁山先生白石樵唱卷之一》,明嘉靖十年刊本,第 7 页。
⑪ 林景熙:《霁山集·霁山先生白石樵唱卷之一》,明嘉靖十年刊本,第 8 页。
⑫ 林景熙:《霁山集·霁山先生白石樵唱卷之二》,明嘉靖十年刊本,第 19 页。
⑬ 林景熙:《霁山集·霁山先生白石樵唱卷之二》,明嘉靖十年刊本,第 19 页。
⑭ 林景熙:《霁山集·霁山先生白石樵唱卷之二》,明嘉靖十年刊本,第 20 页。

太学同舍邵德芳①，写诗赠之。到达嘉兴后——拜谒陆贽祠②、刘伶墓③、黄耳冢④与苏小小墓⑤。

林景熙是通过水路由嘉兴前往苏州的。他前往虎丘寺⑥、垂虹桥⑦、馆娃宫⑧、真娘墓⑨与朱买臣前妻之墓⑩进行游览，并写诗记之。林景熙在前往江苏镇江府途中，写诗《京口月夕书怀》⑪抒发思乡之情。游览唐刺史许郢州故宅⑫、多景楼故址⑬、鹤林寺⑭、金山寺⑮、焦山寺⑯、寿邱寺⑰，感叹于昔日名胜今日的荒凉景象。在扬子江感怀陆羽品评天下饮水之功，惜中泠泉亦不可复见，见"第一名泉"题字，疑而问僧，方知刘伯刍品评茶水时，将中泠泉定为第一，此外无锡惠山泉第二、苏州虎丘寺第三、丹阳观音寺第四、扬州大明寺第五、吴淞江水第六、淮水第七。⑱于是林景熙兴而至无锡惠山泉、丹阳观音寺，以诗句"远脉松长润，余香茗欲残"⑲记录品茶之感。过新丰⑳，前往常州太平院，写诗《毗陵太平院壁间画山水熟视之有飞动势殆仙笔也因题》㉑。"汗漫游"的叫法便是出自此诗。

---

① 林景熙：《霁山集·霁山先生白石樵唱卷之三》，明嘉靖十年刊本，第 32 页。
② 林景熙：《霁山集·霁山先生白石樵唱卷之六》，明嘉靖十年刊本，第 55 页。
③ 林景熙：《霁山集·霁山先生白石樵唱卷之三》，明嘉靖十年刊本，第 30 页。
④ 林景熙：《霁山集·霁山先生白石樵唱卷之三》，明嘉靖十年刊本，第 30 页。
⑤ 林景熙：《霁山集·霁山先生白石樵唱卷之三》，明嘉靖十年刊本，第 30 页。
⑥ 林景熙：《霁山集·霁山先生白石樵唱卷之四》，明嘉靖十年刊本，第 40 页。
⑦ 林景熙：《霁山集·霁山先生白石樵唱卷之四》，明嘉靖十年刊本，第 40 页。
⑧ 林景熙：《霁山集·霁山先生白石樵唱卷之三》，明嘉靖十年刊本，第 30 页。
⑨ 林景熙：《霁山集·霁山先生白石樵唱卷之三》，明嘉靖十年刊本，第 30 页。
⑩ 林景熙：《霁山集·霁山先生白石樵唱卷之三》，明嘉靖十年刊本，第 30 页。
⑪ 林景熙：《霁山集·霁山先生白石樵唱卷之一》，明嘉靖十年刊本，第 10 页。
⑫ 林景熙：《霁山集·霁山先生白石樵唱卷之一》，明嘉靖十年刊本，第 10 页。
⑬ 林景熙：《霁山集·霁山先生白石樵唱卷之五》，明嘉靖十年刊本，第 48 页。
⑭ 林景熙：《霁山集·霁山先生白石樵唱卷之四》，明嘉靖十年刊本，第 40 页。
⑮ 林景熙：《霁山集·霁山先生白石樵唱卷之五》，明嘉靖十年刊本，第 41 页。
⑯ 林景熙：《霁山集·霁山先生白石樵唱卷之五》，明嘉靖十年刊本，第 41 页。
⑰ 林景熙：《霁山集·霁山先生白石樵唱卷之三》，明嘉靖十年刊本，第 30 页。
⑱ 高元浚：《茶乘》卷一，明天启刻本，第 4—5 页。
⑲ 林景熙：《霁山集·霁山先生白石樵唱卷之一》，明嘉靖十年刊本，第 8 页。
⑳ 林景熙：《霁山集·霁山先生白石樵唱卷之二》，明嘉靖十年刊本，第 20 页。
㉑ 林景熙：《霁山集·霁山先生白石樵唱卷之六》，明嘉靖十年刊本，第 53 页。

在练湖遇好友胡汲古①，同游丹阳②。返苏州，游刘龙洲墓③，由太湖从苏州④至吴兴⑤。由吴兴前往杭州，写诗《钓台》⑥《宿七里滩》⑦与《方玄英故居》⑧等以做记录。杭州之行后，返回家乡平阳。在此之后，林景熙大部分时间都留在家乡平阳，较少出游了。

三、遗民与基层官吏：林景熙的朋友圈

林景熙是一个喜欢交友的人。他存世诗歌中有不少是寄予友人的，存世的文章更多是为友人诗歌集、文章集写的序言，为友人撰写的墓志铭。林景熙的好友多为南宋遗民，他们在宋亡后大多选择归隐家乡，或为一普通乡绅，或皈依佛道二教，或至学馆担任教授，教授学生。除了这些立志为国守节、不仕元朝的高洁之人外，林景熙也有部分好友选择入仕元朝。从身份来说，林景熙的朋友只有"不仕元朝的遗民"和"入仕元朝的基层官员"两类。

第一类，不仕元朝的遗民。

元朝的暴政，特别是杨琏真伽盗掘南宋帝王陵墓事件，诸如林景熙之类的宋代遗民对元朝心存怨恨，不愿入仕为新朝效力。对于这些遗民来说，他们的选择并不多。

其一是他们之中有人选择返回家乡，做普通乡绅。凭借遗民的名声与威望，一些地方官也会与这些遗民相交好，请他们书写其在任期间的功绩，借此流传后世，以求留名青史。林景熙便曾为平阳判官皮侯元邀请前永嘉教谕章矗德元、前西安教谕陈天佑孝章等人共修《平阳县志》。可惜的是，不管是《平阳县志》还是林景熙所写的《瑞安县志》《永嘉县志》，均已失传。林景熙不仅记载地方官在任期间的功绩，还在为

---

① 林景熙：《霁山集·霁山先生白石樵唱卷之一》，明嘉靖十年刊本，第8页。
② 林景熙：《霁山集·霁山先生白石樵唱卷之二》，明嘉靖十年刊本，第20页。
③ 林景熙：《霁山集·霁山先生白石樵唱卷之三》，明嘉靖十年刊本，第31页。
④ 林景熙：《霁山集·霁山先生白石樵唱卷之一》，明嘉靖十年刊本，第8页。
⑤ 林景熙：《霁山集·霁山先生白石樵唱卷之三》，明嘉靖十年刊本，第31页。
⑥ 林景熙：《霁山集·霁山先生白石樵唱卷之一》，明嘉靖十年刊本，第8页。
⑦ 林景熙：《霁山集·霁山先生白石樵唱卷之一》，明嘉靖十年刊本，第8页。
⑧ 林景熙：《霁山集·霁山先生白石樵唱卷之二》，明嘉靖十年刊本，第21页。

地方官写文作传时，对地方官进行劝谏。如在记述温州太守孙筠修缮公溥堂一事时，对孙筠加以规劝。①

其二是遗民不忘旧日求学时光，在家乡创办书院。如绍兴王英孙在家乡创办了私人书院——陶山修竹书院②，请郑仆翁、邓牧、林景熙等人前来讲学，既传承了儒家文化，使儒家文脉不至于就此断绝，又为遗民提供生活上的支持，接济他们的生活。林景熙太学同舍兼同乡好友郑仆翁，宋亡后"卒弃官，耕隐芛山瀑下"③。郑仆翁往来于绍兴与温州之间，教授学生、传授学问二十余年，直至辛丑十月因病归家，在家中与世长辞。

其三是遗民皈依宗教。佛、道二教在奉行信仰自由政策的元朝颇受尊重，有不少不愿入仕又无以为生的遗民成为道士或和尚，在一定程度上促进了中国宗教的发展。例如：葛秋岩，自称越台洞主，林景熙便有诗歌《送葛居士住栖碧庵》④，称呼葛秋岩为葛居士，推测他应改姓道家。平阳人林任真，又称横舟居士，"宋亡归隐荪水……历湖海，采摭群，书藻绘科典黄篆"⑤，林景熙有诗歌《送横舟真士游茅山》⑥赠之。钱塘人邓牧，大德三年（1299）入隐余杭洞霄宫，林景熙有《陶山十咏和邓牧心》⑦应和邓牧作品。

第二类，入仕元朝的基层官员。

在林景熙的好友中有一些人选择入仕元朝，如林景熙的族弟林松存。在林松存自湖海至温州担任州学学官，再与林景熙相见时，这对兄弟已有二十年未见了。林景熙作《送松存弟序》⑧一文，赞林松存为保留天地间文气而担任学官之举，如此才算没荒废昔日苦读。可见当时有不少士人不满元朝断绝科举，将儒学看作与释、道并立的三教之一的政策。

再如潘景玉，居住于平阳白石，与林景熙为邻居。蒙古人主中原

---

①　林景熙：《霁山集·霁山先生文集卷之二》，明嘉靖十年刊本，第 66 页。
②　林景熙：《霁山集·霁山先生文集卷之一》，明嘉靖十年刊本，第 61 页。
③　林景熙：《霁山集·霁山先生文集卷之四》，明嘉靖十年刊本，第 76 页。
④　林景熙：《霁山集·霁山先生白石樵唱卷之五》，明嘉靖十年刊本，第 48 页。
⑤　王光蕴：(万历)《温州府志》卷一三《人物志》三，明万历刻本，第 355 页。
⑥　孙诒让：《温州经籍志》卷二三《集部》，民国十年刻本，第 621 页。
⑦　林景熙：《霁山集·霁山先生白石樵唱卷之三》，明嘉靖十年刊本，第 29 页。
⑧　林景熙：《霁山集·霁山先生文集卷之三》，明嘉靖十年刊本，第 71 页。

后,担任处州书院山长。① 林景熙有诗歌《潘山长入括》②与《酬潘景玉》③赠之。柴杰,号观齐,瑞安人,入元后担任主簿④一职。林景熙有诗歌《答柴主簿二首》⑤与《怀述次柴主簿》赠之。又如汪鼎新,字镇卿,号桐阳,平阳人,"元贞元年,县升州学设教授"⑥,由此可知 1295 年,汪鼎新担任元朝时期的平阳州学教授。林景熙有诗《杂咏十首酬汪镇卿》⑦赠予汪鼎新。盛象翁,字景则,号圣权,三坑人,"学于车玉峰,又师王鲁斋,而与黄寿云为友,累官昌国州判官,学者称为圣泉先生,所著有《圣泉集补》"⑧,历任平阳路学正、汀州教授、昌国州判官。林景熙有诗《践盛景则教授》⑨赠之。

这些入仕之人担任的多为山长、教授、主簿等基层官职。"吏部挨次保举白身保充学录、教谕,一考升学正,学正一考升府、州教授,府、州教授一考升路教授"⑩,学录、教谕、学正、府州教授、教授这一路的升职需要经历层层的考核,考核优秀者方可升迁。学官任满后,方得以出任县主簿、县吏等县官,从文化类学者型官员转为行政类官员。但因为江南一带读书人众多,这一体系的升迁十分困难,导致大多数学官终身不得升职。元朝统治者虽给江南读书人提供了入仕机会,但他们对江浙一带文人的态度仍然是防备和忌惮的,只愿提供基层官职来维持江南政治稳定,而不愿让江南读书人真正进入核心政治集团。

综上可知,林景熙的朋友圈是由宋朝遗民和入仕元朝的"宋人"组成,其朋友圈的实质还是"宋人"。换言之,林景熙的朋友圈还是秉承了其"爱宋国、忠宋君"的模式建立。虽然笔者将其朋友圈分为两类,即不入仕的遗民和入仕的基层官员,这只是身份和职务上的变化,但林景熙的朋友本质上来说还是"宋人",只是因为时移世易,不能不成为"元

---

① 林景熙著,章祖程、陈增杰注:《林景熙集补注》,浙江古籍出版社 2011 年版,第 32 页。
② 林景熙:《霁山集·霁山先生白石樵唱卷之二》,明嘉靖十年刊本,第 11 页。
③ 林景熙:《霁山集·霁山先生白石樵唱卷之四》,明嘉靖十年刊本,第 36 页。
④ 王光蕴:(万历)《温州府志》卷七《秩官志》,明万历刻本,第 168 页。
⑤ 程敏政:《宋遗民录》卷一四,明嘉靖二年至四年程威等刻本,第 76 页。
⑥ 王光蕴:(万历)《温州府志》卷八《秩官志》,明万历刻本,第 184 页。
⑦ 林景熙:《霁山集·霁山先生白石樵唱卷之二》,明嘉靖十年刊本,第 16 页。
⑧ 黄宗羲:《宋元学案》卷八二,清道光刻本,第 1494 页。
⑨ 林景熙:《霁山集·霁山先生白石樵唱卷之六》,明嘉靖十年刊本,第 52 页。
⑩ 佚名:《庙学典礼》卷二,文渊阁四库全书本,第 18 页。

人",因而不管是宋朝遗民身份,还是元代基层官员身份,其本质都是"精神或思想上的宋人"。

林景熙对其朋友圈的生存状况有所描写,"访旧游半入地,幸而存者,或逃山林,或淹党遂,或老或贫"①。这种描述,以笔者观之,一方面是林景熙朋友圈的真实写照;另一方面,也是林景熙朋友圈的自主选择,在某种程度上来说,是以林景熙为代表的宋代遗民的缩影。

四、余 论

从林景熙的人生履历看,林景熙是宋代传统知识分子的代表,早年在宋代朝廷中贡献自己的力量,虽有因贾似道专权愤而辞官的举动,但其骨子里仍然是忠君爱国的。宋朝灭亡之后,他不仕元朝和埋葬陵骨的行为还是将他和宋朝紧密连接在一起。他一生所交往的朋友都为宋朝遗民,即便是在元朝当官的好友,其底色仍然是宋朝遗民。以笔者观之,林景熙践行了"生为宋朝人,死为宋朝鬼",不改其志的人生原则。当我们把握这一原则之后,对于林景熙的种种行为,诸如一生都在漫游,一生都在幻想等,有了颇为合理的解释。于今而言,我们无法真正去理解林景熙的人生选择和其诗歌展示出来的意境,毕竟我们无法到达林景熙的"历史现场",但是我们能够做到的是展示其人生履历,正如本文所做的努力;我们能够挖掘林景熙的爱国精神,并且将这种爱国精神在古今"共情"的基础上,移植到现代社会,移植到当今时代,这也许就是林景熙,或者林景熙研究给予我们的真正意义。

---

① 林景熙:《霁山集·霁山先生文集卷之三》,明嘉靖十年刊本,第73页。

值得景仰的峻熙之士

——浅论林景熙对宋诗文化精神的传承

浙江省社会科学院历史研究所　吴　晶

霁山先生林景熙,是宋末文化逸民诗人、"隐君子"的佼佼者。正可谓人如其名,景有日光、光明之意,又有高山之意,峻熙寓意高大光明之意,而熙曜有焕发光华之意,恰可指示林景熙人格光明高尚,值得当时与后世人景仰,值得今人研究,应使之生平和成就拂去历史浮尘,更为焕发光彩。

林景熙诗文学问精粹,咸淳七年(1271)由上舍生释褐成进士,历任泉州教授、礼部架阁,进阶从政郎。宋亡后不再出仕,隐居于平阳白石巷。同时也与当时著名遗民诗人谢翱、遗民词人王沂孙等人交往结社,来往于浙江各地。其著作虽名为《白石樵唱》,但不止遗民隐逸之思,多记录积极文化作为和通达文化思想,并不狭隘封闭,诗文和人品都得到时人一致高度认同。他的主要文化成就、文化影响大致在于三点:(1)以诗文记录宋末历史成就"诗史";(2)对宋文化遗存的倾力保护,对宋诗文化精神的传承;(3)对家乡文化的传承和传扬。

浙江师范大学江南文化研究中心陈彩云在发表于2011年的论文《元初温州的遗民群体》中指出:"宋元易代之际,温州产生以林景熙为代表的遗民群体,严守气节,拒绝与元政权合作。除了杜门诗文著述以怀念故国外,遗民大多选择隐居避世、课子读书,以传承文化为己任,过起了田园诗歌般的悠闲清贫生活。然后遗民'遗世'而不'遗民',以林景熙为领袖的遗民,依旧关心地方福祉,仍然积极参与到地方公益事业和宗族事务中来。关心民生利病,兴除利弊之举;同时,随着时光的流逝,南宋遗民在传承文化的感召下,'多以学官出仕元朝'。"可见,林景熙所代表的南宋温州文化遗民逸民群体并非一个消极避世、狭隘封闭的群体,而是一群在乱世中积极从事文化保护、文化创造、文化传承的"隐君子",也注重地域文化传承建设,境界高远阔大,值得历史记录和后人纪念。

笔者查阅了知网上关于林景熙的论文,数量不算多,可见林景熙的研究还是有较大发展空间的,可以从以下几个方面深入挖掘。浅陋之见,抛砖引玉,望各方作家不吝赐教。

一、熙国之心——林景熙所代表的宋末遗民隐士的诗史书写

南宋末的遗民诗人有很多类型,如孤绝之臣文天祥、乐人学官汪元量,还有隐逸义士林景熙等,他们无不存有熙国即振兴国家、希冀国家能有熙运熙平气象的愿景,这些期望都寄托于他们的诗史记录中。林景熙和文天祥、汪元量一样都是非常有代表性的南宋遗民诗人,诗文对后世影响巨大。

(一)"六陵冬青"事件中的铁血义士林景熙和他的诗史记录《梦中作四首》《冬青花》等

元初杨琏真伽盗挖会稽(今绍兴)宋帝陵墓,南宋遗民群体冒险收集宋帝遗骸并埋葬,由于其事隐秘危险,历史上对这件事的记录杂乱参差。陈增杰先生以为应以周密记载在至元二十二年(1285)为确,林景熙及另一位义士唐珏各有收殓陵骸义举。林景熙事后还有重要诗歌《梦中作四首》《冬青花》等进行记录,和遗民词人王沂孙、唐珏等人的以词记录"六陵"事件的作品如《乐府补题》等共同形成"六陵冬青"事件的可贵诗史记录。

而且,记录"六陵冬青"之事,比起张炎、周密、王沂孙等人更为委婉

含蓄的遗民词,林景熙等人的遗民诗似能记录更多史实内容。此外,林景熙除了在"宋六陵事件"中的作为,还积极参与多个遗民诗社如汐社等。从各个角度看,林景熙都可称得上宋末"诗史"很重要的代言人。还有,林景熙的遗民诗创作坚持了很久,南宋早已灭亡,他的诗中仍回荡着南宋历史时空悠远的回声。南宋历史是在这个温州人的忠实记录中真正落下帷幕的,南宋文化遗韵仍在他的诗篇中流荡不歇。

宋亡后,林景熙曾有《西湖》诗写"风物鏖西子,笙歌醉北人"故国之思,依然学苏轼以浙地佳人西施比拟西湖山水,却倾吐了眼见优雅文化被侵占更改的慨叹,还曲折表达了对南宋灭亡、"笙歌"误国的深切思索,和南宋初年南渡之初另一个温州人林昇《题临安壁》的诗意相通,道出了宋人不暇自哀而后人哀之的诗史见解。

林景熙的很多诗里都显示了这样深刻而无奈的历史沧桑感,如他的《山窗新糊有故朝封事稿阅之有感》诗说:"何人一纸防秋疏,却与山窗障北风!"说他隐居山中,一日忽然发现新换窗纸竟是自己当年写的《防秋疏》即抗元对策,彼时的宏大抱负,今日只能做挡风的窗纸。巨大的落差,回天无力的痛楚,酝酿出浓烈的历史苍凉感。"北风"暗喻元代统治者,说自己即使不得舒展政治理想,闲居民间,仍时刻想着如何"障北风",为国为民之念始终未改。坚定的熙国之心、传承弘扬文化信念一直贯穿林景熙的诗文,构成他的诗歌类似杜甫诗篇的沉郁厚重历史底色。

(二)陆游名句"家祭无忘告乃翁"的沉痛历史回声——林景熙"家祭如何告乃翁?"的宋末史诗绝唱

1276年(南宋德祐二年、景炎元年),南宋在临安的政权覆灭后,各地南宋旧臣、民间遗民义士拥戴宋少帝继续抗元。1279年(元至元十六年,南宋祥兴二年),当林景熙知道南宋末代宰相、文天祥的继任者、"宋末三杰"之一的陆秀夫在战败后背着宋少帝和国玺跳海自杀的消息时,悲愤难言,写了悼念陆和殉国英灵的"南海英魂叫不醒"诗哭祭。林景熙此时还有怀念文天祥的《读文山集》诗,末两句说"世间泪洒儿女别,大丈夫心一寸铁",说天下谁没有私心柔情,谁不会在生离死别前流泪,只有真正的英雄才能"寸心如铁",为天下人利益毅然斩断个人感情,是文天祥绝唱"留取丹心照汗青"最恰切的解读,也是南宋遗民们最真的心声。

上海大学文学院渠嵩烽的论文《〈陆秀夫抱王入海图诗〉作者辨疑》指出,"《陆秀夫抱王入海图诗》是挽陆秀夫诗歌名篇。自明代始,载录《陆秀夫抱王入海图诗》的相关文献已就其作者归属问题产生歧义。一诗三见于姚燧、盛彪、林景熙名下,迄今学界尚无定论"。文章虽认为此诗系南宋遗民诗人盛彪所作,但林景熙被认为是诗歌作者也是与他的遗民诗人佼佼者地位分不开的。

前人有说南渡之后的浙江爱国诗人,可与陆游媲美的,只有林景熙。陆游写过很多渴望北伐成功、收复失地的诗,临终前还不能释怀,有著名的《示儿》诗说"死去元知万事空,但悲不见九州同。王师北定中原日,家祭无忘告乃翁"。在陆游去世六十六年之后,中原、江南终于再次"同",林景熙感慨万千地写了《书陆放翁诗卷后》诗"来孙已见九州同,家祭如何告乃翁?"来回应陆游当年的遗愿。这是宋末遗民诗人最深刻的历史悲歌了,元朝一统天下,却不是他们要的"九州同"。

陆游的孙子、曾孙、玄孙都在这关系南宋命运的背水一战中英勇不屈而死,他最终没能等到"王师北定中原日,家祭无忘告乃翁"的一天。而同为浙江人的林景熙以诗史之笔侧面记录了这一幕历史,成为南宋历史最后的见证。也有赖于林景熙的忠实记录,宋人、宋诗文化里的气节精神闪耀千古,成为宋代历史文化里最坚定闪耀的部分。

二、林景熙诗中的冬青花和岁寒友诗意意象
——象征传承保护复兴文化之念

正如陈彩云在《元初温州的遗民群体》一文中所说,林景熙作为遗民并不褊狭。元代蒙古族文人章祖程曾说林景熙和晋朝的陶渊明、安史之乱中的杜甫一样,都是文化遗民,在乱世中执着坚韧地守护宋代文化,他的文化信念都表达在诗歌中。林景熙有咏物诗《枯树》说"倘留心不死,嘘拂待春工",用比兴寄托的手法,以"树心"比拟"人心",说只要文化不死,春天微风一吹即历史机遇一来就会枯木逢春,体现了百折不

挠、不灭的文化信念,这和陆游、文天祥的诗歌追求是一脉相承的。林景熙收拾宋帝遗骨葬于文化圣地兰亭并植冬青树为标志,作《冬青花》诗以记录抒意,他此后的遗民诗中"冬青树"的意象也无处不在,却不止于纪念追思故朝故国,更体现了对宋代文化遗存和宋代文化精神的保护传承复兴之念,对后代影响很深。河北大学宋史研究中心廖寅先生的《忠义之魂长存:宋六陵冬青树文化意义之演进》一文对此有深入解读,说冬青树以其"冬夏常青""寒凉守节"自古成为节操象征,"但自至元二十二年(1285)宋六陵冬青之役后,冬青树被赋予了新的、更重要的文化意义,即忠义之象征。这种新的象征意义最初主要指代六陵冬青义役本身及其参与者之精神,随后此种意义逐渐上延下伸,扩展到文天祥、张世杰、岳飞和史可法等忠义之士"。由此可见,林景熙诗对中国传统文化精神的承上启下作用。

林景熙还积极参与了宋代遗民在元初时所结的诗社词社如汐社等。当时浙江一地遗民诗社很多。"汐社"是南宋遗民谢翱、王英孙、林景熙、方凤等人为主体成员的诗社,他们以咏物诗为主,善于用隐喻寄托的表现手法,继承发扬宋代文化、诗歌文化精神的严正雅正人文气质,是宋代文化、诗词的重要一部分,也开启了后世遗民结社传统,具有一定的历史影响。

一般认为"岁寒友"这个诗文重要意象也是在林景熙诗文中最早定型的,也很能体现林景熙对宋诗文化精神雅正风范的继承弘扬。林景熙在散文《王云梅舍记》里说"……即其居累土为山,种梅百本,与乔松修篁为岁寒友",第一次正式说梅、松、竹是岁寒三友。这个意象和"冬青"一样,日后都成为诗人表现高洁气节的重要诗意意象,成为传统文化中的重要一部分。

三、熙育家乡文化之功:温州灵秀文化的传承传扬者

林景熙在南宋亡后隐居家乡不出仕,他非常关注家乡文化,教授弟子,专注著述,都意在传承地域文化。此时的他名重一时,学者称其为"霁山先生"。著作有《白石稿》《白石樵唱》等,后人编为《霁山集》。他

对在家乡熙育化育文化、熙洽即兴盛普及文化非常热心,因为这也是他传承宋代文化的一种体现。他对家乡文化的传承传扬也深刻体现在他的诗文里。林景熙虽然和宋代大多数文人一样,主导思想仍是儒家的入世思想,但受温州地域历史文化影响,也深受道家影响;尤其他身为隐逸遗民诗人,诗文里对禅道之趣多有表现,如他的散文《蜃说》和诗歌如《简卫山斋》"何当蹑飞佩,跨鹤青云端"等,都体现了温州灵秀超逸地域文化、山水隐逸诗歌传统的影响,体现了他超脱的情怀。当然这与他执着于文化传承并不矛盾,反而使他的诗文和人生生平都更丰满立体。

林景熙作为宋末及后世人们景从云集的被景仰之人,其文化功业和诗歌成就都值得被熙载弘扬,今天和今后的研究也大有可为。

关于打造"南宋传奇诗雄故里藻溪" 品牌的建议

杭州市社会科学院　周　膺

　　藻溪镇位于苍南县中部。藻溪原名"燥溪",最早见载于南宋绍兴十二年(1142)吏部侍郎林季仲《宋故孺人柳氏墓志铭》:"葬于邑之燥溪瑞应山下。"明弘治《温州府志》卷四《水》载:"燥溪,去城(平阳县城)南五十里,在亲仁乡。又为村名,下枕阳岩山趾。其水自宋兰洋分源,有东、西二溪,其流悉注于江。"藻溪是藻溪平原唯一的河流,分东、西两支。西溪源头在南宋镇、矾山镇等地,至矾山镇昌禅社区三条溪村三溪汇合;东溪源头在藻溪镇青山村,经富山村汇合于平水宫村,流至矴步头与西溪汇合。至藻溪老街附近的鱼嘴口,再分为东、西两支。东支进入廿七都,西支纳盛陶溪,至流石与东支汇合,通过流石水闸注入横阳支江。藻溪镇以上为山区,溪床坡度陡峻;藻溪镇以下为平原,河道狭隘迁曲。因地势等原因溪水不易储蓄,故原称"燥溪"。清代中期以后,始在滩下筑坝,溪水渐蓄。因水质好,藻类丛生,至乾隆年间(1736—1795)改称"藻溪"。乾隆二十二年(1757年刊)乾隆《平阳县志》已见"藻溪"之名。明弘治《温州府志》卷一六《祠庙、寺观》又载,藻溪还有寺庙:"瑞应寺,在亲仁乡燥溪。"民国《平阳县志》引旧志,乾隆年间藻溪已设"市"。嘉庆年间(1796—1820)鱼嘴口至滩下埭前喇叭口间形成小街市。民国初期因茶叶、烟叶贸易兴隆形成直街、横街、新街等多条街道,并有二十七都、二十八都两个埠头。民国中期设乡,民国后期设镇。中华人民共和国成立后政区屡变更,今藻溪镇区域面积 78.2 平方千米。

近年来藻溪镇依托山水和人文资源,以"雁过藻溪、原色山水"为主题建设"水美乡镇",同时打造"藻溪十景"(挑矾古道、碧银湖光、滨水溪星、雁过藻溪、老街风情、天韵奇石、鲤跃龙门、公婆兀立、龙凤揽胜、流石栈道)。但地域旅游品牌辨识度还不高,文化信息较分散,缺乏唯一性特色亮点,需要进一步提炼和聚焦关键要素,高水平打造具有普遍关注度的文化旅游品牌。

一、地域旅游品牌选择的基本原理

打造地域旅游品牌应当遵循如下基本原则:特殊性(个性)上升到普遍性(共性),地方性上升到区域性、国家性、国际性。笔者在近几年策划过以下一些案例,可供参考:

(1)杭州市拱墅区、临平区:中国大运河南源首城杭州,中国大运河南源首镇塘栖。

(2)杭州市临平区:古都副城,宋韵临平。

(3)杭州市余杭区:中国科技文化古都,中国沈括科技文化馆。

(4)杭州市余杭区中泰街道:中国道教名山大涤山,江南道教祖庭洞霄宫,东方魔笛之乡。

(5)杭州市上城区清波街道:书籍之路发源地杭州,千年书城杭州。

(6)泰顺县:东南秘境泰顺。

(7)兰溪市:水韵商都,传奇兰溪。

(8)衢州市衢江区:神秘古国姑蔑。

(9)常山县"宋诗之河":常山中国宋诗园(宋画百景园)。

上述这些案例都在突出特殊性(个性)基础上强调普遍性,使地方资源上升为能满足普遍好奇心的价值性资源。

建议藻溪镇选择的地域旅游品牌:南宋传奇诗雄故里藻溪(以"南宋""传奇""诗雄"吸引眼球,增强特殊性和普遍性特征)。

二、藻溪镇旅游品牌资源的筛选

藻溪镇山清水秀,有吴家园水库(南朝墓)、公婆石、蔗岙山、流石、下应洞、乌龙瀑、飞丝潭等自然景观,还有盛陶窑址、洞桥、瑞应寺、杨府宫、挑矾古道、楼石渡、藻溪老街等文化遗产,宋代有武状元林管、林时中。本籍作家张翎著有《雁过藻溪》。相对而言,林景熙普遍性价值特征较强。可重点标识"南宋传奇诗雄故里藻溪"品牌的两层内涵:

(1)"诗雄"。中国古代有诗仙(李白)、诗圣(杜甫)、诗杰(王勃)、诗佛(王维)、王昌龄(诗家天子)、诗狂(贺知章)、刘禹锡(诗豪)、诗鬼(李贺)等,也有称诗雄(岑参)的。

印度国父尊称圣雄甘地(Mahatma Gandhi)。"圣雄"指品格高尚、富有智慧、无私无畏而受人尊敬的人。

佛教以"大雄"尊称佛祖释迦牟尼。

林景熙也有"诗雄"之称,其人其诗雄迈。元章祖程《注白石樵唱》云:"善乎先生之为诗也,本义理以为元气,假景物以为形质,濯冰雪以为精神,剪云烟以为态度,朱弦疏越而有遗音,太羹玄酒而有遗味,其真诗家之雄杰欤!"

(2)"传奇"。林景熙的传奇人生。

三、林景熙的传奇人生与"冬青之役"

林景熙二十岁即诗名在外。因入太学,师从婺学中坚金履祥。南宋咸淳七年(1271)年三十岁太学上舍释褐,先后任泉州教授、礼部架阁(掌储藏账籍文案)、从政郎(从八品)。

咸淳十年七月度宗赵禥死,贾似道立四岁的恭帝赵㬎。林景熙弃官隐居平阳县城白石巷,潜心探研经史,教授生徒。德祐二年(1276)二月元军入侵临安,掳宋帝及太后等北行。而益王赵昰、广王赵昺逃往福州,张世杰、陆秀夫、文天祥等拥立赵昰为帝,是为端宗。林景熙欲往辅佐,终因联系不及和道路梗阻等原因未果。

元末明初陶宗仪《南村辍耕录》卷四《发宋陵寝》转录元罗有开《唐义士传》、郑元祐《遂昌山樵杂录·书林义士事》,明瞿佑《剪灯新话·唐义士传》等记载了林景熙收殓南宋帝骸的义举。《民国平阳县志》卷三十五《林景熙传》载:"景熙痛愤不已,与英孙及客唐珏等谋往收瘗。珏遣里中年少昏夜掩窃,得光、宁、理、度四宗遗骸。景熙与(郑)朴翁饰为采药者或丐者,踵拾其遗;又以白金制小牌数十,纳之监守诸僧,僧徒右之,续得高宗、孝宗骸骨,合为六函,窆葬兰亭,植冬青树表之。是时,禁网森严,景熙秘而不敢泄。作诗四绝,托之梦中,又为《冬青行》以纪其事。"

元至元二十二年(1285),应王英孙延聘往越州(绍兴)。是年八月,江南释教总统杨琏真伽以修复旧寺为名盗掘南宋六陵(葬七帝七后)。林景熙与同乡好友郑朴翁扮作乞丐,冒着生命危险收殓暴露的陵骨。他们将银子铸成百十个小牌贿赂监守番僧,捡得遗骸秘密移葬于兰亭山中,并在土坟上种冬青树作为标记。林景熙还作《冬青花》《梦中作》《酬谢皋父见寄》等诗加以记述。越州人唐珏等也乘夜收殡陵骸。此事被称作"冬青之役"。明洪武五年(1372),朝廷根据林景熙诗寻得宋帝遗骸,修复南宋六陵,并于陵旁建林、唐双义祠。文徵明为作《双义祠记》,称他们为"千古之大义士""高义卓行""前无古人"。

元大德元年(1297),林景熙出游两浙十城,开阔视野和境界,写下大量诗作。晚年隐居平阳马鞍山麓赵奥别墅,除教授生徒之外,还关心地方公益和地方文献。殁葬平阳县腾蛟镇青芝山南麓。

历史上林、唐两人家乡温州和绍兴百姓曾先后为他们建造祠堂,明代在平阳县城白石巷立"南渡孤忠"牌坊,清代又在南门吊桥头立"文谢齐芳,程朱绍美"牌坊。

《四库全书简明目录》卷一六《霁山文集(五卷)》云:"景熙收宋陵遗骨,忠义之风震耀百世。其诗文风骨高秀,亦宋末所稀。"

明代卜世臣《冬青记》,清代蒋士铨《冬青树》、周昂《西江瑞》,民国薛钟斗《泣冬青》等剧作皆以他们的事迹为题材。其中卜世臣《冬青记》对宋陵毁护事件进行了完整的艺术表现,还涉及林、唐的爱情故事,主要情节内容有史载和稗记依据,颇具传奇色彩。《冬青记》原作二卷三十六出,现仅存第一至八出、第三十至三十六出,第九出《女课》仅存一支曲文和少数几句宾白。《冬青树》是蒋士铨的代表作,分两卷三十八出,以文天祥、谢枋得以身殉国的经历为主线,以林、唐事迹为副线。周昂《西江瑞》涉及林、唐事迹较少。瑞安薛钟斗《泣冬青》作于民国五年(1916),凡十出,以林、唐事迹为主题。

四、林景熙是温州宋代诗人的代表

林景熙著有诗《白石樵唱》六卷、文《白石稿》十卷,后人编为《霁山集》。清鲍正言《霁山集跋》有"屈子《离骚》,杜陵诗史"之誉。林景熙又被称为最懂陆游的爱国诗人。其《书陆放翁诗卷后》诗云:"来孙已见九州同,家祭如何告乃翁?"

宋元易代之际出现一批遗民诗人,如林景熙、谢翱、汪元量、谢枋得、刘辰翁、郑思肖。其中,林、谢齐名,并称翘楚。而从实际成就来看,林景熙又超过谢翱。其境界也被认为超过南宋永嘉四灵。清贺裳《载酒园诗话·林景熙》云:"尝叹诗法坏而宋衰。宋垂亡诗道反振,真咄咄怪事! 读林景熙诗,真令心眼一开。"

林景熙《胡汲古乐府序》云:"辞语浑雄,而发之以华藻;气骨苍劲,而节之以声律。"这也是林诗风格。章祖程《题白石樵唱》云:"至于造语之妙,用字之精,法度之整而严,格力之清而健,又未易以名言。"明胡应麟《诗薮杂编》卷六云:"宋末盛传谢翱歌行,虽奇邃精工,备极人力,大概李长吉锦囊中物耳。林德旸七古不多见,而合处劲逸雄迈,视谢不啻过之。"

当代有人评价林景熙为温州成就最高的诗人,是"温州第一诗人",或可谓"东瓯第一诗人"。

五、"南宋传奇诗雄故里藻溪"品牌的打造与运用

(1)利用镇治现有合适场地建"南宋传奇诗雄林景熙文化馆"(中国宋代遗民诗史馆),主要展示陈列"诗雄"传奇(林景熙)、温州宋代遗民

诗史、中国宋代遗民诗史三部分内容。与温州大学等合作,打造中国遗民诗史研学基地。

（2）在南宋传奇"诗雄"林景熙文化馆周边建宋韵遗民诗史公园（简称霁山公园）,以雕塑、碑刻、花园等展示宋韵遗民精神特质、遗民生活场景,如文天祥、林景熙、谢翱、汪元量、谢枋得、郑思肖等遗民代表人物的诗文作品、书画作品、文具、乐器、家具、衣着、食物、劳动工具等,绘制大型壁画《中国宋代遗民诗史》《中国宋代遗民诗人登科录》（文天祥是状元,林景熙、谢翱、汪元量、谢枋得等是进士,藻溪还有宋代武状元）,表现遗民的人文精神和爱国精神。周边社区可建为"林景熙诗坊"。

（3）根据卜世臣《冬青记》、蒋士铨《冬青树》、薛钟斗《泣冬青》等创编表现林景熙传奇故事的动漫、手游、舞台剧等,系统开发文化创意产品。

（4）以南宋传奇"诗雄"林景熙纪念馆统筹全镇旅游业,规划组织藻溪旅游线。其他自然和文化景点可作宋韵遗民生活场景解释。将宋韵遗民生活与现代乡居、养生生活相结合,开发宋韵遗民养生和美食文化,如打造一批"宋韵遗民民宿",在有条件的地方打造"宋韵遗民文化村"（有可能在建筑模式上表现最好,在墙上绘制宋代隐逸画也可以）,系统开发南宋林洪《山家清供》一书记载的美食。

（5）以"诗雄故里"作为整体性文化标识,将藻溪规模化构建为宋韵遗民文化景区。入镇口立林景熙雕像或精神堡垒,新设道路以林景熙元素命名,以林景熙诗文作为各种建筑物名称、匾额、对联等的首选。新建文化设施表现主题以宋韵遗民文化为优先。

（6）举办"南宋传奇诗雄林景熙暨宋韵遗民文化论坛",出版相关论著和旅游宣传资料。

读林景熙诗文四篇

苍南县传统文化促进会　姜春雷

一、读《赠吴秀才林东归》

诗曰："几夜高堂梦,不知山水长。西风归雁荡,落日过乌伤。断影云空白,孤心草欲黄。终怜负甘旨,泪洒《蓼莪》章。"

这首诗大约写于林景熙第一次出游浙东北期间。南宋灭亡于1276年,之后,文天祥抗元,南宋小朝廷延续的时间大约四年,至陆秀夫负帝昺投海死。之后三年,元世祖在大都杀了文天祥,时间已经是1282年。据萧耘春先生考据,作者此年已经四十三岁。林景熙三十岁太学释褐,三十四岁辞官归里,一直住平阳白石巷。

作者一生两次出游浙东北,这第一次出游一待就是将近十年。这十年有《宋景元诗集序》为证。林景熙在这篇序里说:"陵谷后,十年复见,翁两鬓萧飕,道旧事如梦。问弦诵之地,则葵麦离离矣。或谓翁熏铄忧患,必且卑貌孙言,求与时偶,而翁固不然。暇日出诗示仆曰:'此十年间感慨之作也,意所欲宣,伸纸纵笔,不复有所拣避,子为我评之。'仆端读尽卷,毛骨起立,而知翁方寸耿耿者亡恙。然则诗中有史,固不使《石壕吏》《芦子关》等作得以独雄千古也。"宋景元系林景熙舅父辈,是一个很有骨气的南宋遗民。

　　林景熙的舅父宋景元写了一本诗集，等林景熙回来作序，结果一等就等了十年。这就非常翔实地记载了林景熙离家十年未曾归来的史实。

　　林景熙回乡之时，是四十八岁，以此推测，他第一次离家时不到四十岁。而林景熙若是三十八九岁时就出游浙东北，那么，文天祥正在押往大都的路上或刚到大都。这个时候林景熙来到杭州、绍兴，并且广泛联络同道，一定是有所图谋的。所以，这个时候的同道一定是至交、深交。当时，南宋遗民中的另一重要人物谢翱已经到了杭州。本诗中这个秀才吴林，正是这个时期认识的，而且是莫逆之交。

　　作者第二次出游已经六十七岁了，而且由于身体关系，当年就回到平阳，过了一年多，就离开人世，享年六十九岁。这个时候，作者不太可能结识吴林秀才，并且有那么深的感情。

　　更重要的是，从诗本身来看，这是一首游子思念母亲的诗。

　　"几夜高堂梦，不知山水长。"作者夜夜梦见母亲，山高水长，无法服侍在母亲身边，内心充满哀伤。这是不能尽孝的哀伤，而不是母亲死后的怀想。

　　"西风归雁荡，落日过乌伤。"这两句是最有意味的。吴林是浙江义乌人。义乌人吴林回乡，为什么会勾起作者的思亲之痛呢？作者深厚的文化功底就在于这里。义乌这个地名是有典故的，义乌就是义鸟，就是重情重义的乌鸦。章祖程在《霁山集》注中注明："《十道志》：婺州东阳颜乌（人名），以纯孝称。亲没，负土为坟，有群乌助之衔土，乌吻皆伤。汉立乌伤县，今为义乌。"义乌就是因颜乌与乌鸦的故事而得名的。林景熙于典故无所不通，看到义乌人吴林，自然想起这个典故；想起这个典故，就自然想起年迈居家的母亲；想起母亲，就想起自己长期流浪他乡，无法服侍母亲起居，作为孝子，他没有办法不在心里隐隐作痛。所以，每当日落的时候，看到乌鸦飞过，他不能不伤感：西风都能回到雁荡（指南雁荡），我什么时候才能回到母亲身旁？

　　"断影云空白，孤心草欲黄。终怜负甘旨，泪洒《蓼莪》章。"搞清楚了前四句，后四句就很好理解了。我是断影，我是孤心，思亲之情，直让云空白、草欲黄。我有负母亲的生育之恩啊，如今我只能把思念的泪水，洒落在《诗经》《蓼莪》的章句上。蓼莪这种植物，是抱宿根而生的。

这不能不让作者想起了童年,想起母亲的恩情,禁不住泪水涟涟。

所以,作者写这首诗的时候,至少他的母亲还健在。一个义乌的地名,就勾起作者如此深切的情感,足见作者的孝心。如此仁孝的林景熙,为什么又不立即回到母亲身旁呢?可见作者此时正在"忠孝"二字上,做着十分艰难的两难选择。

由此可见,作者第一次出游浙东北,不是仅仅出游以排遣故国之思这么简单,可以肯定地说,一定是大有图谋,所以才能舍得下思念母亲的心灵剧痛。正是这个图谋,成就了林景熙千古大义士的美名。

二、读《磷说》

文章开篇便极简洁地点明了那个时代的大致情况:"柔兆困敦之岁,朔骑压境,所过杀掠,数十里无人烟。"

据陈增杰先生补注,该文写于1277年,即宋端宗景炎二年。景炎元年,就是元军攻克临安的那年。文天祥在被押往大都的路上从京口(今镇江)脱逃。张世杰与陆秀夫在福州尊年仅七岁的益王赵昰为皇帝,改元景炎。同年,文天祥从温州江心屿登陆,在温州拜过宋高宗赵构在江心屿坐过的椅子(御座)后,时任温州知府(当时温州尚未陷落)送文天祥一行南下福州。

文天祥到福州之后不过数日,便到南剑州开府,仪同三司(与朝廷一样,可任命官员)。这些事都发生在景炎元年,可见当时文天祥抗元的决心与当时的形势之紧迫。

文天祥从温州到福州,是比较曲折的。据文献记载,文天祥在温州逗留三个月,后从温州回其老家赣州,又从赣州到福州。因文天祥在温州有三个月的驻足期,所以,苍南境内还遗存文天祥路过的痕迹(此事另文再叙)。

早在德祐元年或之前,林景熙便因战乱离开临安回乡。他对南宋朝廷的抗元不抱希望,但对文天祥却充满敬佩之情。文天祥路过家乡,对他触动极大,当即联络乡人同道,决定跟从文天祥抗元。这件事,在林景熙的诗文中有几次提及,是很确切的。

文天祥到福州后,曾决定开府于温州。因为元军占领了金华,丽水成为宋元对峙的缓冲地带。如果文天祥开府于温州,北上收复临安,就有了地利之便;即使不能收复临安,也可以阻滞元军南下攻打福州。但温州人陈宜中在福州朝廷中担任右丞相兼枢密使,温州是陈宜中的老家,陈宜中也有开府温州的打算,正犹疑中。

应该说,陈宜中也有抗元的精神,但远不如文天祥坚决。在陈宜中犹疑的时候,文天祥等不及了,只好到福建的南剑去,因南剑离文天祥的家乡吉安较近,群众基础较好。

如果文天祥开府于温州成功,林坳一地一定会出现更多名垂史册的战士。

林景熙要随文天祥南下福州,正准备中,不料文天祥返回赣州,导致林景熙一行人错过了行期。文天祥到福州之后,林景熙的一个好朋友谢翱便投入文天祥的军中,担任幕僚。谢翱的经历,便是林景熙的前景。只可惜林景熙的人生,没有与文天祥的遇合之缘。尽管林景熙与文天祥失之交臂,但林家还是有人投入文天祥的军中,这个人便是史上有名的大将林起鳌。

南宋末年,林起鳌担任临安府仁和县县令。仁和县就在西湖边。宋亡后,林起鳌举家南下,坚持抗元。德祐元年三月,文天祥开大元帅府于南剑,林起鳌投奔于文天祥帐下,任先锋大将。

林起鳌并非出生于林坳,但他是林坳搬到盖竹的一支,与林景熙、林灵真都是同宗同门。

现在,我们回到林景熙的文章中。"柔兆困敦之岁",文章开篇是以岁星纪年法来交代时间的。陈增杰先生注释说,《尔雅·释天》:"在丙曰柔兆……在子曰困敦。"由此推断这一年为丙子年,正是宋恭帝德祐二年。德祐二年与景炎元年是同一年,即1276年。

林景熙在文章当中纪年的写法,很少采用岁星法纪年,而本文却采用了岁星法纪年,这是很值得研究的。岁星法,给文章极大地增加了神秘的色彩。

宋恭帝八岁登基,改元德祐。第二年,元军便攻克临安。恭帝九岁被掳,此后便在屈辱中度日。文天祥被关押在大都的时候,恭帝曾在元人的逼迫下,到牢房中劝说文天祥投降。文天祥跪送恭帝,求他不要开口。恭帝是个很聪慧的孩子,文天祥一跪,他就没有开口说一句话,默默地走出牢房。君臣间的这种默契,最是亡国之痛。那一年,恭帝十三到十四岁,还是个孩子。恭帝四十多岁的时候,到西藏为僧,以求自免,但最后还是死于蒙古贵族之手。

1276年,正是元军大杀戮的一年。由于文天祥没有开府于温州,陈宜中又以到越南考察朝廷搬迁为名离开福州,温州便没有人组织起有规模的抗战。但温州人抗元没有停止,元军经温州杀向福州的路上,是在抵抗与杀戮中进行的。徐俨夫的状元府,林灵真的丹元观,正是在这样的背景下被元军焚毁的,同时被焚毁的还有整个林坳。

第二年,也就是1277年秋天,林景熙乘船"夜过北塘",看到的,正是上一年度,元军大杀戮后留下的人间地狱。

北塘在哪,陈增杰先生没有注,今天也很难考证确切,因为平阳苍南一带是水乡,叫北塘的地方太多了。但有一点可以肯定,一定是老平阳范围内。因为林景熙从临安回乡后,景炎年间,没有离开过家乡。

现在,我们一起来看一看林景熙在这个秋日的夜晚到底看到了什么:"予瞪目视,有火青青,什什伍伍;已而散漫阡陌,弥千亘万,直际林麓。"

他看到鬼火,无数的鬼火,田野里到处都是,星星点点,从田间一直延伸到树林。那儿正是元军大屠杀的现场。无数的尸体没有人收埋,过了一年之后,剩下骨头,发出磷光。

那磷火很神,招之近舟,挥之渐稀。这些描写,好像鬼神在向林景熙述说冤情。林景熙不禁哀叹道:太阳西下了,一万只眼睛呀,黑漆漆的,做出这般很吓人的样子来干什么呢,是来吓我的吗。不是的,不是的,因为他们呀,只能凭着地狱的幽光,述说着他们的经历罢了。这样的世道,难道只有死去的人这样吗,活着的人,也不正是跟他们一样,发着绝望的感叹吗?

我读了林景熙这篇《燐说》后,才深切地感受到,林灵真为什么那么认真地写《济度金书》,又为什么做一场又一场济度道场了。年轻的林景熙还没有完全理解林灵真,林景熙的心智被复仇的火焰迷失了。到了晚年,林景熙充分理解了林灵真,他说,既然济生做不到了,渡死也是好的。这一点,在拙文《读林景熙〈庚申玉枢会规约序〉》中,已经写得很明白,此处不再赘述。其实,林灵真的渡死,未尝不是济生,只是林景熙晚年，经历得多了，才领悟到而已。

附林景熙《粦说》：

柔兆困敦之岁，朔骑压境，所过杀掠，数十里无人烟。明年秋，予舟夜过北塘，半醒睡。一奴坐舟尾，曰："何怪也?"予瞪目视，有火青青，什什伍伍；已而散漫阡陌，弥千亘万，直际林麓。予曰："异哉！此粦火也。《释文》谓'人马之血，积而有光'，其信然欤?"奴熟视浸玩，脱草履招之，冉冉近舟次；复麾使去，渐远渐稀。

予抚舷叹曰："阳乌西徂，万目如漆，彼冯托幽昏，以恣弄光怪，何独粦也。"然粦不能近远人，而近远之者人也。晋温峤然犀牛渚，海族百怪，不能遁其形。若有呼者曰："于君纲明道远，何意相照?"世未为怪也。孔氏不语怪，道其常而已矣。故人失人之常，鬼行其怪；中国失中国之常，夷行其怪。怪且不可信，而况乎招之以自近也哉！

三、读《过桃湖徐俨夫状元坊》

陈增杰《林景熙集补注》第一百六十一页载此诗，与林氏谱所载文字上有些出入（图1），现录此诗如下：

过徐礼郎状元坊

名坊临野渡，曾此产魁豪。
湖带诗书润，山增科第高。
劫灰遗断础，鬼火出深蒿。
东海扬尘久，无人钓六鳌。

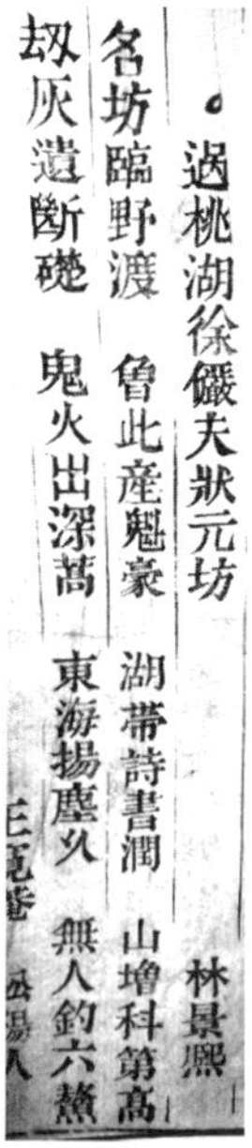
過桃湖徐儼夫狀元坊　林景熙
名坊臨野渡　曾此產魁豪　湖帶詩書潤　山增科第高
刼灰遺斷礎　鬼火出深蒿　東海揚塵久　無人釣六鰲

图1　《百丈林氏乾隆谱》所录诗

两诗不同之处比较如下：（1）标题。"过徐礼郎状元坊"突出徐俨夫最高任职，礼部侍郎；宗谱突出状元,即功名。(2)宗谱"鲁此"显然不通,以"曾此"为顺。余同。

此诗写作的具体时间已经无法考证,但大致的时间是可以推理得之的。

徐俨夫中状元的时间为 1241 年。按惯例,南宋平阳县令奉旨建造状元府,因此,状元府的建造落成,应在 1242 年或更迟。到 1260 年,徐俨夫就死于礼部侍郎任上。这时候,离南宋的灭亡,只有十五年的时间。

元军大规模南下,经苍南入福州,在苍南境内大肆屠杀镇压的时间,是宋恭帝德祐二年,即 1276 年。这一年,就是在福州即皇帝位的宋益王景炎元年,这时候,林景熙三十七岁,而徐俨夫的外甥林灵真刚好四十岁。根据林景熙的诗里所述,在林景熙写这首诗的时候,这座建造完成才十六年就被焚毁的状元府已经坍塌了,而且,旧基上蒿草已经长得很高了。由此可以推断,这首诗写于林景熙晚年。

而最有可能的写作时间是哪一年呢?

根据林景熙的生平,宋亡后,林景熙再次北上临安绍兴一带,参加抗元斗争。文天祥死于 1282 年。这一年,宋末诗人、抗元斗士谢翱等人在严子陵钓台哭祭,林景熙没有参加。可见,这个时候,林景熙还没有北上。宋亡后,林景熙两次北游,第一次待了十年,第二次只待了数月,因身体不适返回平阳,返回后只一年就病逝了。

第一次北游时,诗人内心充满着抗元复国的斗志,不可能写出心态如此沉郁的诗。因此,最有可能的写作时间是林景熙第二次北游前夕。这一年,林景熙已经六十六岁。这次北游的目的,不再是与元朝抗争,而是故国凭吊而已。而北上凭吊故国之前,先周游故园,凭吊故乡故人。本着这个目的,林景熙首先要游走的地方,肯定是故乡林坳以及故侍郎徐俨夫故里。所以,这首诗便是诗人晚年情感大整理的产物。

徐俨夫的状元府,坐落在桃湖与横阳江的连接处,那时,这个地方叫桃花渡。今天,虽然横阳江还在,但桃湖变成了田野和村庄,桃花渡也就不存在了。六十六岁的老人林景熙到这儿的时候,徐俨夫的后人已经逃难一空,为保护徐俨夫墓不遭破坏,临走前还把徐俨夫墓埋到地下。林景熙晚年到这儿的时候,尽管桃湖依旧,沿湖的桃树仍然,尽管林景熙对这一带十分熟悉,但也只能找到状元府的遗址与满眼的空山了。面对此情此景,老人感慨万千。

这儿曾经功名显赫、书声琅琅,如今只剩下断壁残垣在深蒿里掩埋。入元以后,科举制度完全被毁,还有什么读书人可以通过科举独占鳌头呢?

林景熙对故宋的怀恋与对元朝文化灭绝政策的控诉,仍然是深沉有力的。

笔者写这篇文章,希望有画师能画出林景熙桃花渡凭吊的画面。这是一个极好的画题。

四、读《庚申玉枢会规约序》

庚申会,崇老氏教也。经灰尚寒,士如六日蟾蜍,无所于用,往往游心冲素,以康济其身,乃或逸出于异教。然教虽异也,而有不异者焉。老氏谓"泊兮其未兆,若婴儿之未孩",即吾儒"不失赤子之心"是也。

道书载,庚申日,三彭每乘人睡而奏过帝庭,遂有守庚申之说。会实仿是。予谓不然。使吾扫除物欲,夜气湛如,天地神祇,临之在上,虽三彭无所施其仇。若未能寡过,彼得藉以为辞而告,吾方惕然惊惧,如盘盂几杖之在侧。三彭非仇予,实忠余矣。

夫子云:"获罪于天,无所祷也。"天即理也。由理而动,渊默雷声,方寸地即玉枢也,周三百六十日皆庚申也。穷理尽性,以至于命,诸君尚勉之哉!

林景熙这篇《序》,应写于元大德八年(1304)之后。陈增杰先生把这篇文章放在《龙源普度纪胜诗序》一文之后,但未注具体写作时间,大约暗示此二文写作时间相差不大。《龙源普度纪胜诗序》写于1304年,即元大德八年。林灵真羽化于1302年,即元大德六年。由此可见,这两篇文章皆写于林灵真羽化之后。

元大德八年(1304),林景熙六十三岁了。古代中国人在这个年龄,已经进入晚年了。林景熙的思想,进入了自儒而道的过渡期。他说,"经灰尚寒,士如六日蟾蜍,无所于用"。"经灰尚寒"四字,字面看十分费解,其实不难理解:经已经成灰,无可用的了,整个世道趋向于冷,读书人就像六日的蟾蜍一样,一点用处都没有了。林景熙一生崇尚的儒教,在社会上已经毫无用武之地了。那么,他怎么办?

年轻时以身许国的林景熙,敢于冒杀头的危险毅然前往宋帝六陵捡拾宋帝遗骸,坚决反抗元朝对南方汉人残酷镇压,绍兴人把他与唐珏齐名。被称为"双义士"的林景熙,随着年岁的增加和整个社会的麻木,也颇感无奈了。这个时候,他重新认真审视中国道教,发现在那样一个痛苦的时代,还是道教无为中有所作为。

林景熙在《龙源普度纪胜诗序》中写道:"岂以异教同源,吾儒抱济川之具,不及拯人于生,而翻羡师之拯人于死欤?"他说,拯救活着的人,我们这些儒生是做不到了,倒不如那些道士,去拯救死去了的人吧。"普度之所以有功,而吾道之不行于世,其亦可慨也!"

作为儒者,林景熙的济世思想,在他那个时代,应该是最为激进的了,但最终还是发出如此的悲鸣,这是中国历史上所有有良心的士大夫都要走的人生悲途,林灵真之于林景熙,不过是早悟与迟悟罢了。

道是所有好男儿终归要进去的,是所有读书报国者最后的归宿。尽管这个时候,林景熙仍心有不甘,称道教为"异教"。当然,林景熙的"异教"一词,完全不同于今天基督徒所谓的"异教",他完全没有把道教作为攻击对象的意思,只是表明儒道的不同而已。他明确地说:"然教虽异也,而有不异者焉。"这个不异者就是赤子之心。

正因为林景熙与道教之间的这份异教而同心,才发生这样的事:当时,一个道教的小团体"庚申玉枢会"成立,立了一个玉枢会的规约,规约写成了,请林景熙作序。如果林景熙与道教不同心,"玉枢会"怎么可能请林景熙作序呢?

这个庚申玉枢会是个怎样的团体呢,这里,做稍事解释。

道教有这样一种说法,说是每两个月,会有一个日子,这个日子按干支纪,正好是庚申日。人体内有三尸神,即"三彭":上尸彭倨,伐人眼,叫青姑;中尸彭质,伐人五脏,叫白姑;下尸彭矫,伐人血,叫血姑。人体内有这三尸神作祟,常闹得人不得安宁。这三尸神其实也没有什么大的法力,就会到天庭告密。而他告密的时间是固定的,就是这个庚申日。每两个月的庚申这一天,趁人睡觉的时候,三尸神便溜出你的体内,到天庭告状去了。为了阻止三尸神去天庭告密,道士们会在庚申这一天彻夜不眠,以防止三尸神离开身体。

庚申玉枢会大致就是这么一个团体,他们组团守庚申日,一起念经守夜,以求平安。但是,林景熙的想法显然跟他们不一样,他说,不能把三尸神看作我们的仇敌,反倒是我们所有人的朋友,是忠心的朋友。如果你能够扫除物欲,夜气湛如,做得正行得端,没做什么亏心的事,三尸神纵然到得天庭,又有什么可以告的呢?

孔子说:"获罪于天,无所祷也。"只要你得罪于天,祷告也是没有用的;相反,你品德端正,天庭怎么会怪罪你惩罚你呢?

我们今天已经无法看到当年的玉枢会的规约是怎么写的,估计跟林景熙的告诫没有太大的出入。中国的儒与道,在情理上的合流,于林景熙的诗文中看得特别清楚。

年轻时,林景熙与林灵真也许不同道,但到了人生的暮年,他们又走到了一起。

苍南文史研究

南宋苍南商人概述

河南财经政法大学　刘亚轩

南宋以商业立国,统治者比较重视商业。在重商环境下,苍南商业文化得到了大发展。苍南的地理环境和气候条件有利于商业的发展。早期的苍南商人来源于农村集市的小商人。小商人通过做生意积累了第一桶金,开始向大商人转化。受大商人成功事迹的影响,在南宋时期的苍南,经商一度成为一种潮流。苍南商人不但在精神世界上丰富多彩,而且还在海上丝绸之路中扮演了重要角色。

一、南宋商业的兴盛

南宋统治者比较重视商业,在他们看来,农业是国家长治久安的根本,手工业制造各种工具供人们日常之用,而商业则使各地互通有无,沟通了农业和手工业。农业、手工业、商业三足鼎立,都是立国的必要条件。在南宋,商业并没有得到统治者的抑制,相反,却得到了他们的大力支持,他们从各个层面为商业创造宽松的环境。

南宋统治者为了在激烈的国际竞争之中拥有一席之地,大力发展商业,他们清楚地知道,商业可以把本国没有的东西交换进来,可以为国家的发展积累雄厚的资金。南宋皇帝多次表扬奖励对国家有贡献的商人。这在一定程度上改变了社会对于经商的成见,提高了商人的社会地位,鼓励更多的人从事商业。农业生产本身比较辛苦,再加上南宋农产品商业化程度较高,利润丰厚,很多百姓纷纷弃农经商,投身商海,这就进一步扩大了商人队伍。

南宋统治者对于商业的重视和扶植力度在中国商业史上一直为后人所津津乐道。可以说,在南宋,"商人们经济上有实力,社会上有地位,政治上亦不受歧视,度过了他们最美好、最辉煌的时代"[①]。

"南宋以来,衣冠南渡,隐居瓯越,使温州又有大量人员移入。这些都使中原文化与地域文化在温州碰撞交融形成了文化杂糅的特殊文化。"[②]在这种特殊文化中,重商是其中的主要内容。苍南的商业文化如沐春风,得到了大发展。

二、苍南商人的起源与发展

早期的苍南商人来源于农村集市的小商人。苍南的地理环境和气候条件有利于商业的发展。在苍南,星罗棋布地分布着很多村庄。在这些村庄之间,分布着众多的农村集市。在集市上出售的一般都是蔬菜、水果、粮食、鱼虾、肉类、布帛、刀叉等与百姓日常生活息息相关的物品。这些物品的出售者大都是小商小贩,他们是在产品有剩余的情况下才到市场上售卖的。有些人卖出自己的物品是为了获得其他自己所必需的物品,既是生产者又是购买者。农村集市有一些靠手工艺谋生的小商人,比如说剃头匠、铁匠、木匠、棺材匠、修脚师。当然,在农村集市也有一些靠贩卖为生的小商小贩。他们辛苦奔波,所获得的不过是蝇头小利。他们谋生艰难,风里来雨里去,吃了上顿不知是否有下顿。他们起早贪黑,奔走于各个集市。他们推着手推车,车上放着他们精心挑选好的物品,遇到刮风下雨,道路泥泞不堪,他们需要费力地前行。到达集市之后,他们没有固定的摊位,随便找个地方把手推车上的物品放下来就开始了一天的买卖。这一天,他们要和形形色色的人打交道,不时地讨价还价。日落西山,众人散尽,他们在夜幕中踏上回家的路

---

① 王兆祥、刘文智:《中国古代的商人》,商务印书馆 1995 年版,第 12 页。
② 陈方丽:《温商之道:温州商人的文化传承故事》,科学出版社 2016 年版,第 6 页。

途。到家之后,他们要对着清单,计算所获利润。有的小贩,"以诸种之箱,投若干之引火,携之以行售,而每箱可得毫厘之利润"①。在农村集市里,还存在着一种供应百姓日常所需的杂货铺。杂货铺里有柴米油盐,有婚礼葬礼所需要的红纸和白纸,有祭祀用的纸钱。"除了这些东西,还有其他多种货物。可以说,几乎没有什么日常需求是不能满足的。"②古代苍南农业发达,农具的损耗率高。在农村集市,都有铁匠炉。铁匠炉里有三五个铁匠,在熊熊的烈火之下,煅烧锤打着村民损坏的农具。围绕着农村,还存在另外两种类型的小商人:一种小商人在各个村落里游荡,修锅磨刀,收购农副产品及药材;另外一种小商人被称为"打帐"商人,他们是出售鸡鸭鹅的商人,在春季把鸡鸭鹅按照雌雄赊卖给村民,秋季时按照当时的雌雄数来收钱。

农村集市的日期按照农耕社会的习俗是固定的,比方说甲村是每月的一号、十一号、二十一号、三十一号,乙村是每月的二号、十号、二十号、三十号,丙村是每月的三号、十二号、二十二号、二十九号。农村集市"定期而不是逐日开市,集镇就可以分布得更为紧密,以使最大量的条件差的村民能够在一段合适的时间之内赶集"③。集市日期的固定把交易限制在某些特定的日子里,这对经营者来说是有利的。无论是商店主人还是家庭手工业者,他们在开集时售卖物品,在罢集时从事农耕。流动的小贩可以根据各个集市的日期从容地周转巡回。集市日期的固定对消费者来说也有好处,"从消费者的观点出发,市场的周期性等于一种使他不必为得到所需的商品和劳务而长途跋涉的方法"④。

混迹于农村集市的一些小商小贩,会把从农村收购的物品运送到中心城镇,然后把中心城镇的物品批发到农村。"运到中心集镇的外来品和镇上生产的其他商品,部分在中心市场就地出售,部分由在中间市场和基层市场间巡回的行商带入整个中心市场体系。"⑤这些小商小贩起着沟通农村集市和中心城镇的桥梁作用,他们比纯粹在农村集市做

① 明恩溥:《中国人的气质》,中华书局 2006 年版,第 7 页。
② 明恩溥:《中国乡村生活》,中华书局 2006 年版,第 31—32 页。
③ 施坚雅:《中国农村的市场和社会结构》,中国社会科学出版社 1998 年版,第 12 页。
④ 施坚雅:《中国农村的市场和社会结构》,中国社会科学出版社 1998 年版,第 12 页。
⑤ 施坚雅:《中国农村的市场和社会结构》,中国社会科学出版社 1998 年版,第 37 页。

生意的小商小贩境况要好得多。这些人通过做生意积累了第一桶金，开始向大商人转化。大商人一般都从事长途贩运贸易。中国地域辽阔，不同地区之间经济条件迥异。大商人从物产丰富的地方贩运商品，运送到不出产此物品的地方，获取产品差价。通常，这样的差价是惊人的可观的。大商人的经济实力很强，他们可以和国君坐地论道，可以影响国家的经济决策，甚至可以用经济手段影响一国的政治。

大商人大都从事长途贩运。这种情况的出现，与中国的自然地理有关。中国地大物博、人口众多。中国北方是蒙古高原，南方与南亚的热带国家接壤，东方濒临海洋，西方是成为交通阻塞天然屏障的高山和大漠。中国南北气候迥异，东西地貌差异极大。广袤的国土造成了不同的经济区，比如，河南的大枣、广东的荔枝、浙江的枇杷、海南的椰子、西藏的牦牛、东北的人参。不同经济区需要交流货物，大商人就应运而生承担了这一重任。他们披星戴月，历尽艰辛，把一地的物产运送到另外一地。两地之间的空间距离越远，则货物的价格就越贵，而苍南商人就赚得更多。巨额利润引诱苍南商人别妻离子，克服重重困难，踏上商旅之途。长城内外、大江南北，到处都可以见到从事贩运的苍南商人。

受大商人成功事迹的影响，在南宋时期的苍南，经商一度成为一种潮流。很多人弃学、弃农，甚至弃官从商。这在以农业为本、以跻身仕途为荣的中国古代社会是不可思议的。

三、苍南商人的精神世界

（一）苍南商人与戏剧

苍南商人精神世界的一个重要组成部分是戏剧。一些苍南商人积累了大量财富，物质生活充实，精神生活空虚，他们需要追求更高层次的享受。这就为南戏的产生与发展提供了机遇。在中国古代，娱乐方式比较单调，没有电视、电脑、手机、网络、舞厅等现代娱乐方式，观赏戏剧是为数不多的娱乐方式之一。苍南商人经常邀请戏班到自己家中唱戏。他们不但看南戏，而且还出资创办南戏演员培训班，帮忙撰写出版南戏剧本。苍南商人的行为客观上促进了南戏的发展,使得南戏跨出浙江,衍变为海盐腔、余姚腔、昆山腔、弋阳腔四大声腔。一些苍南商人对南戏着迷,最后成了南戏评论家。一些实力雄厚的苍南商人,家里整天笙歌曼舞。这些苍南商人不但自己看戏,而且还邀请文人学士赏戏。文人的加入加速了南戏的传播,提升了剧本的质量。南戏的时间跨度比较大,经常需要连续演出几天。南戏的这一特性是与中国农业社会的慢节奏生活相联系的。随着南戏的流行,在苍南的农村,每到农闲季节,经常会看到有戏班在演出。在城市,则有专门的戏馆,酒楼茶肆也不时请人唱戏以招揽顾客。苍南商人在家人过大寿或者其他重要的场合,都会重金聘请好的戏班子唱南戏。南戏"雅俗共赏,无论其他什么样的娱乐方式,没有一种能像戏曲那样,在闲暇时给人们带来如此大的欢娱。戏曲是消遣的理想方式……在那里,人们的精神得以放松和调剂"[1]。

(二)苍南商人与教育

在封建社会,科举制度使得读书人有着崇高的社会地位。很多政府官员"本是布衣,通过教育的手段,一步一步从大众阶层爬上权力和地位的顶峰"[2]。尽管苍南商人财力雄厚,但是其社会地位还是不如官员和读书人。为了培养后代有文化,提高宗族人的社会地位,苍南商人在家乡兴办学校。这些学校一切费用全免,苍南商人的族人可以上,其他非同族的小孩也可以上。苍南商人在日常的家教中就教育后代要努力读书。苍南商人兴办学校促进了家乡教育文化水平的提高。苍南商人所在的村落,通往学校的道路通常是用砖石铺地,中间高两边低,这样的路形可以在下雨时使得雨水流向道路两旁,避免弄湿学童的鞋子。苍南商人对学童的关爱从此细节之中可以得到印证。苍南商人对家乡学业的大力支持取得了良好的效果。在苍南商人的家乡,出了众多考取功名之人。这些人中相当一部分是寒家子弟,他们通过苍南商人的资助才有了出头之日。苍南商人助人考取功名,这些人做官时经常会在方便之际对苍南商人施以援手。

---

① 麦高温:《中国人生活的明与暗》,中华书局 2006 年版,第 184 页。
② 何天爵:《中国人本色》,中国言实出版社 2006 年版,第 151 页。

（三）苍南商人与宗祠

中国古代是一个宗法社会,很多村庄都是聚族而居形成的,一个村庄就是一个大家族。这从村庄的名字就可以看出来,如王庄、连村、丁寨、史庄、张集、宋营、万屯等。早期的苍南商人来源于农村集市的小商小贩,他们积累了一定的经商经验之后,力图扩大经商规模。他们自身资金有限,所需的资本都是向宗族内的人借的。正是在宗族人的帮助下,苍南商人才一步步发展壮大。在扩大经营初期,为了节省成本和放心,苍南商人手下的伙计都是自己宗族的人。苍南商人功成名就、发家致富的事迹对宗族人有着极强的影响力。如果宗族有贫困之家,族长就会鼓励这家的男子去经商来摆脱窘迫的生活。苍南商人发财之后都会反哺自己的宗族。可以说,经商对维护本宗族的繁衍生存及壮大本宗族的财势作用甚大,因而,族长对于族人外出经商是大力支持的。商业利润自身也吸引着宗族人竞相经商,以致出现了田地抛荒的现象。

苍南商人明白,只有保持宗族的凝聚力,经商才可以无后顾之忧。宗祠就是增加宗族向心力和强化族人联系的一个有效手段。苍南商人对于修建宗祠,往往不遗余力。他们修建了诸多宗祠,每次经商归来,都在宗祠召集族人,嘘寒问暖,帮助鳏寡孤独。

苍南商人通过宗祠以宗法的力量来维系族人的感情和战斗力。在苍南商人看来,宗祠是祖先居住的地方,通过宗祠,一脉相通的同族人可以更好地结合在一起。新年是苍南商人增加族人凝聚力的一个重要时机。新年,在族长的带领下,苍南商人一族在宗祠集合,举行隆重的祭祖仪式。"中国人向来提倡以孝为本,孝被认为是最大的善行,是国家与社会的基础。"[1]"孝行美德的真实基础是出于对先人的感激。"[2]在宗祠祭祖是苍南商人族人展示孝心的最好的场所。祭祖之后,苍南商人宗族开始进行团拜,再后,按照辈分坐好,喝三杯利市酒。在一般人的祭祖仪式中,没有喝利市酒这道程序,"利市"二字充分体现了苍南商人祭祖的鲜明商业特色。

---

[1] 桑原隲藏:《东洋史说苑》,中华书局 2005 年版,第 67 页。
[2] 亚瑟·史密斯:《中国人德行》,新世界出版社 2005 年版,第 105 页。

(四)苍南商人的宗教信仰

苍南商人在经商过程中,过着与一般人不同的生活。他们背井离乡、抛妻离子,为的就是发财致富、荣归故里。与其他社会阶层一样,苍南商人也有自己的宗教信仰,佛教、道教、儒教、伊斯兰教等都是苍南商人信仰的对象。苍南商人作为商人,赚钱是其根本目的,所以,除了一般人信奉的宗教之外,苍南商人还有自己独特的崇拜对象——财神。苍南商人崇拜的财神有文财神比干、范蠡,武财神关羽、赵公明,以及白圭、子贡、管仲等财神。

苍南商人把财神作为自己宗教信仰的对象。在重大的节日之中,苍南商人都会去拜财神。中国最大的传统节日是春节。除夕是中国人除旧迎新的日子,在除夕之夜,苍南商人有一项对他们来说至关重要的活动——迎财神。除夕的晚饭是饺子,饺子就是财神爷送的金元宝。苍南商人一家人围成一桌吃饺子,意味着把金元宝吃进肚中,来年生意兴隆。吃罢饺子之后,苍南商人和其他中国人一样,开始守岁。守岁对于苍南商人来说还有另外一层含义:迎财神。苍南商人在与瞌睡的争斗之中耐心等待着财神的到来。午夜时分,爆竹声声,此起彼伏。在这喜庆的鞭炮声中,财神驾到。财神是由一些小贩送来的。这些小贩家境贫寒,他们送的财神实际上是财神的画像。财神画像用中国传统的木版年画工艺制作,由红纸印制而成,画像两边通常会写着"招财进宝""年年有余"等大吉大利的词语。送财神的小贩低价买来画像,在凛冽的寒风中,走街串巷叫卖,其生活之艰辛不言而喻。苍南商人从小贩手中买来财神画像,意味着财神已经正式光临。苍南商人把财神像悬挂于正厅当中,等待着清晨的祭拜。大年初一的早上,苍南商人一家穿上新衣服,在主人的带领下,来到正厅,集体祭拜财神。财神前面是燃烧的大红蜡烛和高粗的香棒。正厅中烟雾缭绕,一派寺庙的气氛。财神的供品非常丰盛,一般分为三桌。第一桌是面食,有馒头、锅贴、米饼、年糕等。馒头和年糕上插着松枝,暗示财运如松树一样常青;馒头是圆形的,寓意招财进宝;年糕与"年高"谐音,寓意苍南商人的生活一年比一年好。第二桌是水果,有苹果、橘子、橙子、石榴、柚子等。多样的水果预示来年五谷丰登,商品来源有充足的保障。第三桌是肉食,这被视为正席。在古代的中国,肉类比较欠缺,能够吃上肉是富裕的象征。正席的肉类包括猪头、全鱼、全鸡、全鸭、羊肉、牛肉等。向财神供奉这么多肉食,表明苍南商人对财神的虔诚之心,同时也蕴含了苍南商人盼求新的一年生意兴隆的美好愿望。在祭拜财神时,苍南商人先放鞭炮。鞭炮响数过万,震耳欲聋。炮毕,主人点香,带领一家人向财神叩头,祈祷财神保佑新的一年富贵如意、健康平安。蒲松龄在其作品中就留下了过新年拜财神的记载:"大年初一,烧炷名香,三盏清茶,磕了一万个响头,就把财神爷爷来祝赞祝赞。忙祝赞,忙磕头,财神在上听缘由。"①正月初五是财神的生日,这一天,苍南商人开店营业,敲锣打鼓,燃放爆竹,为财神祝寿。农历七月二十二日及八月十五日是财神节,苍南商人照例举行隆重的庆祝活动。

在苍南商人的思想深处,如果一个神仙能够给他们带来财运,他们都会信奉。他们不会计较此神仙属于何门何派。因而,苍南商人实际上也是多神崇拜者。与一般人相比,苍南商人崇拜财神特别突出,根本原因就在于从宗教信仰上来说,财神在他们经商时能够给予他们更多的帮助。苍南商人建立财神庙可以吸引更多的商人来崇拜财神,这样就在无形之中形成了一个以财神庙为中心的消费市场。苍南商人可以借此多结交同行,推销自己的商品。香火旺盛的财神庙给苍南商人提供了新的商机,他们在财神庙附近摆摊开店,出售纸钱、蜡烛、鞭炮、香条等祭拜财神之物,时间久了,就形成了庙会。"在与寺庙供奉的主要神灵有关的节日举办的一年一度的庙会,是件十分重大的事情,不能只靠虔诚。"②而此时的庙会已经摆脱早期纯粹偶像崇拜的痕迹,变成了一个热闹的商业区。苍南的一些城镇,其前身即为财神庙。这些财神庙地处交通要道,香火四季不绝,在财神庙四周聚集了大量人口,久而久之就发展成了城镇。

---

① 蒲松龄:《聊斋俚曲集》,国际文化出版公司 1999 年版,第 56 页。
② 施坚雅:《中国农村的市场和社会结构》,中国社会科学出版社 1998 年版,第 48 页。

四、苍南商人与海上丝绸之路

　　南宋在中国历史上是一个比较特别的朝代。当时,中国的北方先后有金、蒙古崛起,西北有西夏,地中海与黑海一带有奥斯曼土耳其帝国。这些国家阻碍了南宋经由陆路与欧亚国家交往的通道,陆上丝绸之路变得凶险莫测。苍南商人和亚非商人的交往大都经由海上丝绸之路。

　　南宋苍南商人从温州、澉浦、宁波等地扬帆出海,踏上海上丝绸之路,叱咤风云于南中国海、阿拉伯海、暹罗湾、波斯湾、亚丁湾、红海,沟通了中国与东南亚、印度、阿拉伯半岛、非洲乃至欧洲的商业关系,谱写了海上丝绸之路辉煌的篇章。

　　苍南商人输出的商品,有缗钱、金、银、铜、铅、锡、茶叶、漆、凉伞、皮鼓、酒、糖、白芷、朱砂、绿矾、白帆、硼砂、砒霜、五色琉璃、丝绸、瓷器等。丝绸与瓷器占据了苍南商人输出商品的主要位置。

　　苍南商人把丝绸运送到日本、朝鲜、印度、东南亚及阿拉伯世界。有些丝绸经由阿拉伯世界销往更为遥远的欧洲。苍南商人从丝绸贸易中赚取了巨额利润。因为丝绸是从浙江沿海港口外销的,故此,有阿拉伯人认为丝绸仅仅产于中国沿海,如果能够攻占中国沿海,阿拉伯人将会享受天堂般的生活。

　　丝绸在新罗、占城、真腊、单马令、凌牙斯加、三佛齐、苏丹吉、勃泥、西龙宫、什庙、日丽、葫芦蔓投、苏勿里、马胆逾、马喏居、故临、南毗、拂菻、吕宋、马鲁谷、班达、帝汶、科泽科特、信德、巴士拉、麦加、杜米亚特、丹吉尔、摩加迪沙、基尔瓦等地有着良好的声誉,供不应求。正因为丝绸精致美丽、声誉良好,所以在国际交往中也充当了货币的角色。

　　南宋是瓷器外销的鼎盛时期,苍南商人在其中贡献甚大。当时,瓷器不但外销苍南商人常去的亚洲沿海诸国及非洲沿海诸国,而且还越过地中海销往了欧洲。现代考古在意大利发现的南宋瓷器明白无误地表明了这一点。南宋时,瓷器已经深入海上丝绸之路诸国百姓的日常生活,成为百姓必不可少的日用品。苍南商人在当地极受优待。《宋史》记载："中国贾人至者,待以宾馆,饮食丰洁。"

萨拉丁是埃及苏丹,他拥有大量漂亮精美的青瓷。在当时的埃及,萨拉丁就是青瓷的代名词。"十字军"东征,与伊斯兰教世界作战。这些参加东征的欧洲人正是通过萨拉丁知道了中国的瓷器。为青瓷的魅力所吸引,欧洲人开始千方百计搜寻中国瓷器,从而打开中国瓷器风靡欧洲之门。欧洲人把青瓷称为萨拉丁瓷。

瓷器出口受海上丝绸之路诸国的欢迎,而且还比较重,适合压舱。所以,在南宋,瓷器往往是压舱物的首选。宋人朱彧的《萍洲可谈》对此有记载："船舶深阔各数十丈,商人分占贮货。人得数尺许,下以贮物,夜卧其上。货多陶器,大小相套,无少隙地。"

南宋的瓷器,无论是黑瓷、白瓷、青瓷,还是青白瓷、青花瓷、彩瓷,都在海上丝绸之路诸国广受欢迎。现在,在日本、朝鲜、菲律宾、泰国、越南、马来西亚、新加坡、印度尼西亚、印度、斯里兰卡、伊朗、叙利亚、沙特阿拉伯、埃及、苏丹、南非、坦桑尼亚、埃塞俄比亚等国都出土了数量不等的南宋时代的瓷器。近年来,马来西亚的考古学家在沙捞越发掘出土了两百多万片南宋瓷片。

南宋瓷器的出土更新了人们对非洲的认识。非洲在人们的印象中是文化的沙漠,极其贫穷落后。近年来,在非洲出土的南宋瓷器使得世人不得不以新的眼光审视非洲。英国考古学家韦勒断言:在坦桑尼亚出土的中国瓷器就可以帮助坦桑尼亚把古代史连缀起来。非洲的一些城市、岛屿和港口在历史上曾经显赫一时,但后来被湮没了。出土的南宋瓷器再现了这些地方曾经有过的辉煌,如蒙巴萨、格迪、桑给巴尔岛。

古代平阳文化概说

温州市文史研究馆　洪振宁

本文试对古代平阳文化的整体做一个解读。温州建郡之后,有四个属县,平阳是其中之一。古代的平阳县,现在已被划分为三个县还多,即平阳县、苍南县、龙港市,以及泰顺县的一部分。文化区域是长期形成的,行政区的划分在短期内并不影响对区域文化的认识。这里想描述的,是作为温州郡(府)四个属县之一的平阳,说说这个县邑的区域文化。

一、多样与共生,在平阳相当突出

古代平阳的地理位置,在浙江省的最南端。平阳,最突出的存在,是南麂列岛自然保护区,这里的生物多样性,堪称温州之最,是我国最早加入联合国教科文组织世界生物圈保护区网络的海洋类型自然保护区。已知的区内海洋生物 2155 种,贝藻类资源十分丰富,约占浙江省贝藻类种数的 80%,南北贝类在这里集聚,热带、亚热带和温带三种不同温度性质的贝类同时并存,在国内是独一无二的,在世界上也是罕见的。这里本来是南北文化的混杂地带,文化多样性在古代平阳的表现也很突出。域内有着多种方言,如瓯语、闽语、蛮话和蛮讲、畲客话和金乡话,这里的民间信仰各有差异又互相包容,当然不止这两方面,均可视为闽、瓯文化在这里交汇融合的见证。

温州文化的复合性在平阳得到具体的体现。生活在这里的人们,往往见怪不怪、鼓励试错、宽容创造。每年的台风多,人的应变能力也比较强,又由于常年的手工艺锻炼,人们善于学习与模仿,往往是"螺蛳壳里做道场"。这里是中国典型的共生之区。朴素的互惠共生,是人们生活在这里的基本法则。他们以协作而互利,以互助求共生,"抱团取暖"的现象较为普遍。近代温州较早成为开放港口城市,古鳌头接受近代新文化,发展成为海边的鳌江城镇,外来文化在这里传播,近代商业渐染洋风。区域原有的文化与外来新的文明碰撞融合,洋的与土的,时髦的与古老的,开新的与守旧的,多元聚集,多重杂交。

二、民众的迁徙,与文脉最有关联

民众迁徙并在互动中融合,这是平阳县最具特色的社会历史发展的主线。现代人说的"人在旅途",可以用来描绘历史上的平阳人,他们似乎总是在流动中求生存。

总体上说,大多平阳人是从福建移居而来的。北移南,南走北,迁徙移民似乎从未间断过。

南宋乾道二年(1166),浙南沿海遭遇特大海溢,数万人死亡,温州郡守传檄要求福建移民补籍,此后几年中大批的福建沿海居民奉命陆续迁移居住到温州。比如永昌堡英桥王氏,就是从福建迁徙来温的其中的一个家族,经过明、清时期的繁衍与发达,其中的第十三世又从府城东郊迁居平阳,后裔中著名的有王理孚,1876 年出生在平阳江南陈营里(今属苍南),1896 年移居在古鳌头(鳌江),1941 年避居老家永嘉场,第二年移居温州城区龙泉巷,1951 年病逝,归葬平阳万石山。

迁入居住在平阳的福建人,往往是聚集而居,讲闽南话的为数甚多。"走"出去的平阳人,较早并留有见证物的是宋代著名画家陈居中。陈居中是平阳凤林乡人,南宋时期,在杭州任职或做事的凤林乡人为数不少。嘉泰年间,陈居中在画院绘画,开禧三年(1207),奉命随同官员出使金国,这一年林拱辰担任金国通谢使,林拱辰也是平阳凤林乡人。

陈居中画有不少北方少数民族生活情态和鞍马的作品。绍定五年(1232)他才得了个武科进士出身。陈居中传世绘画作品有《文姬归汉图》(台北"故宫博物院"藏)、《四羊图》(北京故宫博物院藏)等。南宋出使金国的平阳人,还有宋之才(国子司业,绍兴十四年)、陈岘(礼部尚书,淳熙六年)、陈大昌(吉州教授,淳熙年间)、蔡必胜(福州观察使,绍熙元年)、陈有功(福州观察使,嘉泰元年)、黄中(起居郎兼侍讲,嘉定三年)。南宋后期,大批平阳人移居苏南。如俞德邻,撰有《佩韦斋文集》二十卷。宋末,一个常熟儿童,本姓陆,出继给寓居在当地的温州平阳人为义子,平阳人姓黄,年已九十,"黄公望子久矣"。那儿童就是后来的著名画家黄公望。

人多地少,在人口压力下,清代中期,大批平阳人外出种植番薯,足迹遍布浙北、皖南、苏南山区。长兴县太傅乡十三个行政村中,就有十个村,是平阳移民的聚居地。在外平阳人住在草棚,垦荒,种植,生活方面仍保持着平阳甚至闽南的风俗。后来,平阳人又生产并外出推销番薯铇、油纸伞。

晚清时期,面对内忧外患,知识人开眼看世界,平阳(今苍南)黄庆澄于1893年东渡日本,写作并在温州刊行《东游日记》。1903年,宋恕赴日本考察,后来学日本语,自造《宋平子新字》。1904年,又有平阳刘绍宽、陈振椒,前往日本考察学堂校务,刘撰《东瀛观学记》。1906年,黄光考察日本,有记游诗百首。晚清留学潮中,温州留学生约有二百八十五人,其中平阳籍留日学生有一百零三人,占百分之三十六,多于其他县。留学生中,平阳(苍南)金乡殷家有殷汝威、殷汝熊、殷汝骊、殷汝耕、殷汝劼。著名的,前有陈嵘、周锡经、黄群,后有张鋆、张镕、苏步青,留美的姜立夫,是温州最早的洋博士。地方上,对赴日留学则给予支持,如黄庆澄的儿子黄骥留日,就得到江南小文成会资金的资助。后来,平阳人结群下南洋,经商在新加坡。民国期间上大学的有在北京的宋启宏、吴景荣,在南京的李锐夫、马星野。改革开放前后,有平阳人组成的开山队,支援三线建设,后设立井巷公司,活跃在全国各地。

民众迁徙不断,这一互动的过程,也促成人们练就吃苦精神、开拓性格和抱团作风。

三、布衣上书、著述并延续为传统

浙江省各县中,平阳县最早兴办学官。宋代温州人与福建人都重视教育,南宋时期,这两个区域读书人考中进士的数量,在全国为数最多。其中平阳一县,书院学塾众多,考中文科、武科进士的人数,名列前茅。

南宋时期,温州地区的进士名额特少,四百七十名考生才能考一个,大量的未仕之士即没到外地当官的读书人,被称为布衣,更多的是留在家乡。他们以国事为重,具有天下意识和责任担当。众多布衣上书朝廷,就事关国计民生的诸多方面建言献策,平阳布衣,向朝廷上书,参政议政,据弘治《温州府志》记载,突出的就有孔履常、章绘、陈尧英、林葵、林翚、陈正夫。

众多布衣著书立说,坚持进行学术研究,以此济世,在自身生活与地方社会事务的经营中,体现了一种乐道安贫、为改善民生积极作为、以天下为己任的布衣情怀。布衣著书,有朱黼撰《三国六朝五代纪年总辨》一百卷存二十八卷,朱元升父子撰成《三易备遗》十卷,薛据辑《孔子集语》二卷。宋遗民裴庚,增注《唐贤三体诗法》。此书刊本,中土失传,赖朝鲜、日本翻刻本,知其原貌。此书成为古代日本国人作诗的入门书,已见日、韩写本、刻本十八种,其中三种为日本国贵重图书。

咸淳七年(1271),林景熙以优异成绩获得上舍释褐,大概在德祐元年(1275)归回家乡,任职时间大约不到五年。德祐二年(1276)四月,文天祥逃到温州。祥兴二年(1279)二月,崖山战败,陆秀夫负帝蹈海自尽。林景熙、陈则翁、裴庚、林正、曹豳孙私相痛悼,平阳知识人群体共同参加哭祭活动。以林景熙为首的宋末平瑞知识人群体,有十多位,大多是布衣。相互之间友好往来的,大概还有郑朴翁、林千之、裴庚、林正、曹豳孙、曹積孙、马静山、曹告春、宋景元,陈则翁和他的五个儿子,以及林任真、潘景玉、周以农、周埏等。林景熙、郑朴翁等人的哭祭与后来掩埋宋帝陵骨,都是宋代知识人"天下己任"情怀的表现。

宋末以后,永嘉学派渐渐式微,而温州区域文化中的布衣现象依然延续下来,平民知识人身上所显现的布衣精神依然延续下来。元代平阳布衣传世的著作,也可作为见证。如俞德邻(1232—1293),撰有《佩韦斋文集》;章嚞(约1249—1320),因上《风潮赋》而得荐,他工诗善文,博学多才,是当时著名的方志学者;陈刚,隐居授徒;布衣时的郑禧,他撰单篇传奇小说《春梦录》,是早期市民文学中难得的上乘之作;有史伯璇,他撰写《四书管窥》《管窥外编》,对一些天文学理论问题做有趣的讨论,所做出的地体暗虚大于日三四倍的推论是很有见地的,是中国古代科学月食论的精彩论说之一。还有郑昂(1289—1358),以及郑东、郑采(1309—1365)兄弟,弃举业,寓居昆山,授徒。布衣著书的地域性传统延续了下来。笔者《永嘉学派的学术品格及其在温州的延续》(载《温州职业技术学院学报》2022年第3期)有论及,可参阅。

明代的平阳布衣,创办的乡村学校特别多。至清代,平阳有史学家叶嘉榆,诗文作家华文漪、鲍台、郑衡、陈乙、董沄、黄青霄等结成诗社,篆刻艺人苏璠、侯绍裘、刘庆祥,女诗人有周秀眉、钱蕙纕、谢香塘、郑蕙。有诗文集传世的,如吕弘诰《葛溪诗文集》并编纂康熙《平阳县志》,黄云岫《静观楼诗集》,赵沅《卖饼集》,吴乃伊《少有园文稿》,王书升《苏湖山房诗草》,苏椿《马鞍山人诗草》,杨诗《杨葩园文存》辑有《瓯海还珠集》,谢青扬《愈愚斋诗文集》,余思诚《心农遗稿》,蔡英《焦桐山馆诗抄》等。

由黄庆澄提议,平阳布衣杨镜澄、吴筬与瑞安孙诒让、金鸣昌等人集资千金,在温州城创办了瑞平化学学堂,这是近代中国最早的化学专门学校。晚清时期,吴承志定居平阳,杨镜澄、金鸣昌将晚清瑞安诒善祠塾的学风传播到了平阳鳌江以南一带,培养了刘绍宽、项廷骐、黄庆澄、王理孚等人,从而推动了这一地区的知识转型。

新文化运动以来,以科学与民主为主题的思潮深入人心。在外平阳人与时俱进,编写新式著作或译介新知,从内容上看,有教育学、史学、法学、新闻学、土地经济学等,最多的是科学技术方面的著作,涉及介绍电影电视,探讨城市建设、民生改善等,著作人有陈功甫、孔德、殷公武、夏诒彬、张树森、林竞、郭心崧、黄通、方悌、苏步青、梁其林、朱维之、俞爽迷、陈黄光、苏渊雷、殷作桢、章涛、马星野、殷体扬、金宸枢、吴襄、王栻、宋慕法、温太辉等,他们活跃在各地,传播新文化,体现了走在时代前列的近代知识人的一种精神。

"平阳文库"整理出版刍议

温州市图书馆　卢礼阳

平阳历史底蕴深厚,名家辈出,历代积累的地方文献资源丰富。近代以来温州五次较大规模的乡邦文献整理活动,有两次由平阳乡贤主持其事,垂范于前:饮誉学界的"敬乡楼丛书"四辑三十八种二百八十九卷,由黄溯初提供底本、出赀刊行,刘绍宽经手编校其中第三辑;深孚众望的浙江省第三特区(永嘉区)征辑乡先哲遗著委员会,更是由刘绍宽主持日常工作,督促发动,抄缮地方文献四百零二种一千二百五十九卷,厥功甚伟。新中国成立之后,"中国近代人物文集丛书""中国近代人物日记丛书""两浙作家文丛""浙江文丛""温州文献丛书""温州市图书馆藏日记稿钞本丛刊"等先后收录林景熙、陈高、王朝佐、郑思恭、宋恕、刘绍宽、徐润之、黄梅生、王理孚、黄群等名贤著述多部,加上"平阳地方文献丛书"两辑,民国《平阳县志》等方志标点本,成绩可圈可点。

"平阳文库"编辑工程新近启动,着手开展系统的地方文献整理出版工作,令人振奋(图1)。就此提出几点意见,谨供参考。

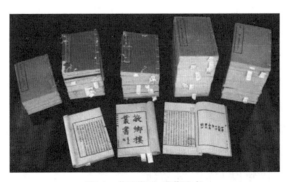

图1　"平阳文库"图书

一、讲规范，进度服从质量

目前《平阳文库》工作方案初稿已经拿出，笔者有幸先睹为快。建议在广泛摸底的基础上，审慎考虑取舍和严格甄别筛选，最后确定选题，并邀约相当的专家学者承担任务，分阶段施行。有时候决定不做什么，与决定做什么同样重要。历史文献的整理，不是轻而易举之事，既需要甘于奉献的情怀，更需要过硬的功底，还离不开优良的学风。讲求古籍文献整理的专业规范，按学术规律办事，尤其重要。这项工程列入当地党委、政府的工作目标，势必有考核任务，但应牢固树立"进度服从质量"的意识，注意平衡与衔接，妥善处理质量与进度两者关系，精心打磨，庶几对古人负责、对读者负责、对社会负责。

二、出精品，注重图书品位

就历史文献整理而言，平阳前阶段起步稍晚，然而工作基础良好。建议平阳方面借鉴乐清等兄弟县（市）的成功经验，树立精品意识，注重图书品位，争取后来居上。当务之急是物色一位既能胜任又自律的"许宗斌式"的主编，组成精干的编辑班子，优化工作方案。其次是确定恰当的整理方式。目前方案主张"以编年校注为主，辅以少量点校、影印，具体方式视文献情况而定"，我以为结合平阳实际，主体以标点整理本最为合适。注释与校记力求简明扼要，底本原注均予保留，新增注释则以乡土人物、事件为主，凡涉及名物训诂与音读的内容，除非普通辞书、字典未收入，或虽已收入而存在误释，一般不注。有条件的，再考虑编年。标点本虽然难度较大，出版周期稍长，只要工作到位，稳扎稳打，其质量、品位有足够保障。

三、有特色，侧重晚近著述

平阳作为千年古县，理所当然要重视宋、元、明三代及清前期文献的整合工作，查漏补缺，修订提升。相比之下，晚近人士著述更为丰富，更有分量，已刊《宋恕集》《刘绍宽日记》《黄光集》《王理孚集》《黄群集》等之外，还大有文章可做。如横海楼主人陈蔚、棋王谢侠逊、医学家张鋆、历史学家王栻诸家，就值得多方搜罗，仔细整理，推出新编。这是"重头戏"。新闻学家马星野、辜祖文夫妇长年记日记，即使暂时未能出版，如设法取得日记稿复制件或电子文本，也是了不起的成绩。此外，民国时期平阳矾矿建设（当时归口省里直管）、鳌江开埠、议会活动、畲民生活等专题档案，也应列入整理工作日程。这批档案文献价值高，能多角度反映平阳曲折而生动的近代化历程，给予我们有益的启迪。

为避免重复，宋恕、王理孚等家诗文集，刘绍宽日记不再收入，但宋恕研究资料、刘绍宽研究资料、王理孚研究资料等，完全可以单独成书，纳入出版计划，或许可以成为《平阳文库》的亮点。

至于下限，建议以1981年平阳、苍南分县为界。个别选题酌情下延，如永嘉学派研究专家周梦江先生，其文集可考虑收入。

四、不畏难，做好发行工作

温州各地出版物的发行工作，一直是软肋。不少读者感叹，温州地区出的历史文献，很多品种在书店看不到，平阳也不例外。为书找读者，为读者找书，是文献工作者义不容辞的责任。在这方面，敬乡楼主人为我们树立了榜样，如今条件更好，岂可让黄群专美于前？委托出版社配合发行、争取新华书店协作代销、沟通财政支持自办发行等，都是行之有效的途径。希望平阳方面开动脑筋，多管齐下，千方百计做好发行工作，既对得起原著者与整理者的心血结晶，也促成更多平阳学术成果走出温州,走向全国,进一步提升平阳的文化形象。

  总之,经过五年甚至更长一点时间的精耕细作,为文化学术界提供一整套比较完备而又有新意的平阳地方文献,经得起读者挑剔,经得起时间淘洗,达到既出书又出人的目的,那就皆大欢喜了。

温州武状元文化开发现状与建议

浙江安防职业技术学院高职教育研究所　伍红军

温州武状元文化是浙江宋韵文化的重要构件。温州武状元不仅数量庞大,且呈现出集聚于南宋时期、集聚于平阳县域(今苍南、平阳两地)、集聚于世家大族等显著特征,为武状元文化的整体开发提供了有利条件。目前温州以状元公园、纪念馆、博物馆等形式的文旅开发有了初步布局,形成了几个文物保护单位(点),在编纂武状元研究著作上有了突破,但重视程度和开发力度还远远不够。建议温州重视武状元文化的开发潜力和品牌地位,进一步完善武状元文化研究,通过筹建"温州武状元文化博物馆"、规划武状元"文旅地图"、打造"宋韵精品研学品牌"等策略,对温州武状元文化实施完整而系统的文旅开发,尽快形成温州"武状元文化"文旅金名片。

浙江省第十五次党代会报告提出,要"打造新时代文化艺术标识","实施宋韵文化传世工程"。浙江的"宋韵文化"基本以南宋时期为主,温州则以"武状元文化"最为光彩夺目。武状元在南宋时期层见叠出,武举人、武进士更是数不胜数,"温州武状元文化"既构成了浙江宋韵文化的一个重要组成部分,更在中国武举史上占据着极为重要的地位。尽管温州平阳有"武状元之乡"美誉,但武状元文化开发却长期得不到应有的重视,可谓温州文化图谱中的"遗珠之憾"。

一、温州武状元概况

科举制源自隋唐,隋文帝开进士科为文举肇始,武则天设武进士科为武举开端。武举自武则天长安二年(702)始至清光绪帝二十七年(1901)终,历经唐、宋、明、清四朝(元未设武举),绵延一千二百余年,产生了共约二百八十位有据可查的武状元。[①] 温州在科举时代,也涌现出许多文武状元。据统计,历代有据可查的文状元六百七十五人,浙江六十五人,温州则有八人,占整个浙江的八分之一;武状元二百八十四人,浙江四十一人,温州则出现了十九人之多,占到了全省将近一半,已是当之无愧的全省乃至全国的武状元重镇。[②] 温州武状元之分布,也体现出典型的集聚性特征。

(一)集聚于南宋

温州十九个武状元(图 1),其中十七个集中在南宋时期,另有一个为北宋(潘文虎)、一个在明朝(王名世)。南宋时期,温州武状元竟是比肩接踵而出,如绍兴八年(1138)、十二年(1142)携手而出的兄弟武状元陈鳌、陈鹗,绍定五年(1232)、端平二年(1235)蝉联两科的武状元林梦新和朱熠,淳祐元年(1241)、淳祐四年(1244)联袂而来的武状元赵国华

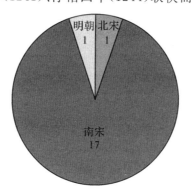

图 1　温州武状元朝代分布

① 王鸿鹏等:《中国历代武状元》(第 2 版),解放军出版社 2004 年版,第 14 页。
② 温州市政协文史资料委员会:《温州状元》,中国文史出版社 2016 年版,第 13 页。

和项桂发,宝祐四年(1256)、开庆元年(1259)连获两科的武状元张宗德、朱应举等。南宋武魁榜上,温州状元群体蔚为大观。

(二)集聚于平阳

按十九位武状元籍贯原属地,计有平阳人十七位、永嘉人两位。根据乾隆时期的《平阳县志》所载,仅在南宋时期,平阳不仅武状元频现,还出了武榜眼五人、武探花五人、武进士二百七十六人,因而古平阳有"状元窝"之称。① 后平阳县分出苍南县和泰顺县一部,按今日行政区划计,为平阳县九人、苍南县七人、泰顺县一人、永嘉县一人、龙湾区一人,仍以平阳县为最。同时这些武状元在乡、村两级进一步集聚,与当时平阳"男壮皆练武、村村有拳坛"的"拳窝"之誉相映照。② 如金乡镇、藻溪镇、水头镇、灵溪镇都有两位以上武状元分布,也形成了一些状元村,如平阳泾口有朱嗣宗、朱熠、朱应举三位武状元,平阳林坳有林管、章梦飞、林时中三位武状元(表 1)。

表 1　温州武状元籍贯分布

姓　名	朝代	原籍贯地	现所在地
潘文虎	北宋	浙江永嘉楠溪河合溪人	祖居永嘉县岩坦镇,后迁至瓯海区潘桥街道
陈　鳌	南宋	浙江平阳金舟乡坊下村人	苍南县金乡镇
陈　鹗	南宋	浙江平阳金舟乡坊下村人	苍南县金乡镇
蔡必胜	南宋	浙江平阳万全乡步廊里人	平阳县昆阳镇
黄褒然	南宋	浙江平阳归仁乡松山人	苍南县桥墩镇
林　管	南宋	浙江平阳亲仁乡林坳人	苍南县藻溪镇
薛　赟	南宋	浙江平阳南湖人	平阳县水头镇
朱嗣宗	南宋	浙江平阳泾口人	平阳县水头镇
林梦新	南宋	浙江平阳凤林人	祖居平阳县鳌江镇,后迁至平阳县萧江镇
朱　熠	南宋	浙江平阳泾口杉桥人	平阳县水头镇
赵国华	南宋	浙江平阳人	平阳县

---

① 温州市政协文史资料委员会:《温州状元》,中国文史出版社 2016 年版,第 231 页。
② 郑贤清:《"武状元之乡"与"平阳南拳"》,《武当》2012 年第 1 期。

姓　　名	朝代	原籍贯地	现所在地
项桂发	南宋	浙江平阳金舟乡咸通里瀛桥西堡人	苍南县钱库镇
章梦飞	南宋	浙江平阳百丈人	苍南县灵溪镇
张宗德	南宋	浙江平阳人	平阳县
朱应举	南宋	浙江平阳宰清乡四十四都泾口里人	原居平阳县水头镇,后迁至龙港朱家尖
蔡起辛	南宋	浙江平阳归仁乡四十都章峰里人	泰顺县雪溪乡
林时中	南宋	浙江平阳亲仁乡林坳人	苍南县藻溪镇
翁木咢	南宋	浙江平阳人	平阳县
王名世	明朝	浙江永嘉场二都英桥里人	龙湾区永中街道

(三)集聚于世家

温州武状元之出身,或是当时的世家大族,或是世代习武的武术世家,因而会有兄弟武状元、叔侄武状元等奇观。如兄弟武状元陈鳌、陈鹗,出自坊下望族,其父陈文"从韩世忠战。有功,补为水军将"(乾隆《平阳县志》卷十六《人物》),后辈人才也是层出不穷。蔡必胜之父是万全著名武师,所生四子也都入仕为官。平阳泾口的朱家更是显赫一时,朱嗣宗在状元及第之前,已有六位文科进士和四位武科进士,而朱嗣宗又受同里朱伯飏的影响极大。朱伯飏史载为武术天才,因征辽有功被封为"武德靖南将军",而朱伯飏的儿子就是宋代武状元中最为有名的朱熠,朱嗣宗也就是朱熠的堂兄,这对堂兄弟武状元无疑影响了十余年后朱家再次状元及第的朱应举。林梦新家族也是满门进士,其太爷林待聘为宋徽宗政和五年文进士,爷爷林信厚为宋高宗绍兴十五年进士,其父林洁己为神童科进士,其子林则组为南宋景定三年进士,其孙辈林景怡、林景熙也为进士出身,数代进士,竟从未断代,叹为观止。① 出自仕宦世家的明朝武三元王名世更不待言,祖父王德为嘉

---

① 黄明光、黄博:《南宋平阳县武科概况、特点、成因及现实意义》,《教育与考试》2018年第2期。

靖十七年进士,其父王如珪历任锦衣卫副千户、江西都司、锦衣卫指挥等职,永昌堡王氏族人中更是涌现出武举人二十人、武秀才一千多人,是为"簪缨世家"①。

二、温州武状元文化开发现状

温州对武状元文化的开发,大致做了三件事:一是在学术研究方面形成武状元研究专著;二是将已确证的武状元遗址列为文物保护单位(点);三是围绕武状元主题在文化旅游方面做出了初步的布局。

(一)编纂武状元研究专著

2013年开始,由温州市政协文史资料委员会组织力量编写并于2016年出版了《温州状元》一书,该书系统梳理了温州历代文武状元共二十七位,其中文状元八人,成文十篇;武状元十九人,成文十八篇。文状元的文章系统而丰满,且对其状元身份、归属地基本没有存疑之处,状元的生平、贡献、历史地位也比较清晰。但武状元各篇的不确定性奇多,有些武状元是否应归属于温州都有较大疑问,遑论其生平事迹、历史贡献等,且《温州状元》虽为温州政协文史委召集各地方文史部门合力编写的著作,文状元有高校学者的参与,带有浓厚的学院派色彩;武状元各篇却多出自各区县文史部门之手,是典型的地方派风格。可见对于温州武状元的研究还没有引起温州学术界足够的关注,尚停留在各地的摸索性整理层面。

(二)形成文物保护点

温州十九位武状元中,正史列传的唯有朱熠一人(《宋史》列传第一百七十九),史书留名的仅有王名世(因卷入"妖书案"),其他武状元的事迹只能从地方志中得其大概,或在科考录中见其名、知其籍,要还原这批状元的生平只能勉强从笔记、宗谱,甚至民间传说中寻其蛛丝马

---

① 温州市政协文史资料委员会:《温州状元》,中国文史出版社2016年版,第231页。

迹,得到一鳞半爪,且因温州武状元多出自南宋,历史久远,今日能够保存下来的遗址、遗迹已难以考究,因而尚存的一些与武状元相关的文物能够被纳入保护名录的实在不多(表2)。

表2 温州武状元文物保护情况

武状元姓名	状元遗址	文物保护点
潘文虎	瓯海区潘桥街道潘桥村潘桥	瓯海区文物保护单位
陈鳌、陈鹗	苍南县金乡镇龙蟠基村陈鳌与陈鹗的状元墓	苍南县文物保护单位
朱　熠	平阳县水头镇外岙口朱熠状元墓	平阳县文物保护单位
项桂发	苍南县钱库镇望里社区雅儒村儒家岙项桂发墓	苍南县文物保护单位
章梦飞	苍南县灵溪镇渎浦社区横阳支江北岸状元祠	苍南县文物保护点
王名世	龙湾区永昌堡王名世故居(状元府第)	全国重点文物保护单位

(三)初步的文旅开发

目前温州各区县关于历代武状元的文化和旅游开发,永昌堡是开发得最为系统的武状元遗迹。永昌堡现已是国家3A级景区,被列为全国重点文物保护单位。但永昌堡的文旅开发主要围绕抗倭英雄王沛、王德叔侄,以及建堡的王叔果、王叔杲兄弟来做文章,而温州唯一"武三元"王名世因史料欠缺,只是永昌堡文旅开发的一个点缀和说头而已。在苍南县灵溪镇萧江塘边,当地政府以武状元章梦飞的历史文化资源(章梦飞祠)为基础,建立起一座以"苍南状元文化"为主题的"状元公园",公园用地面积4.37万平方米,总建筑面积2260平方米,总投资达1400万元,目前已建成投入使用。平阳县水头镇三桥里村(杉桥里)则因出了朱嗣宗、朱熠、朱应举三个武状元,另有十一个武科进士,自2018年开始朱姓族人举办"水头镇三桥里状元文化节",目前已成功举办三届,并且以每年的三月初一为"朱熠公祭拜典礼",则是真正围绕武状元朱熠在做文化开发。而列入国家3A级景区的平阳鸣山村,以"千年古村、诗画鸣山"为主题,也将武状元蔡必胜纳入其中,村里建有"蔡必胜纪念馆"(2014年翻新)。另一处国家3A级景区泰顺雪溪乡,留有蔡起辛故里旧址,2018年蔡氏族人自行修缮蔡氏状元祠,当地政府也随之启动围绕文武状元徐奭、蔡起辛的"溪山状元文化小镇"项目,规划占地将达300余亩(1亩≈666.67平方米)。苍南县金乡镇坊下村建有"苍南县鳌鹗兄弟状元博物馆",但尚未做系统的旅游开发。另有零散的一些武状元遗迹分居各处,如潘文虎的潘桥、林管的墓址碑、项桂发的圣旨碑,都还处于未开发状态;以及诸多有些线索但尚存疑的状元府、状元墓、状元井等,仍有待考古证实。

三、温州武状元文化开发建议

作为宋韵文化不可或缺的一角,温州武状元文化蕴藏着极大的开发潜力,当前之努力,仍需从正视武状元文化地位、完善武状元文化研究、加快武状元文旅开发等方面发力,以尽快形成温州武状元的文旅开发体系。

(一)正视武状元开发潜力,打造温州"武状元之乡"金名片

温州武状元文化是浙江宋韵文化的重要构件,也是瓯越文化图谱中的关键影像,更是温州地域文化的一张独特的金名片。浙江全境,即便是全国也很难找出一个地方能够在一个朝代集聚这么多的武状元和武进士、武举人,这既是温州大地崇文尚武传统的辉煌果实,也是永嘉事功学派的生动诠释。其足以构成温州地区的核心文化品牌,即思想史上的永嘉学派、文学史上的四灵诗派、科举史上的武状元群像、经济史上的温商群体。目前四个文化品牌中,永嘉学、山水诗、温州人三个文化品牌都得到了足够的重视,在文旅开发上也取得了丰硕的成果,唯有武状元文化的巨大潜力没有被挖掘出来,理应引起温州市政府及其各状元所在地的区县政府的高度重视。而温州武状元,无一不是儒家"修身齐家治国平天下"理念的优秀践行者,如潘文虎、陈鳌、林管、朱嗣宗、章梦飞等人都是精忠报国的爱国人士,项桂发、蔡必胜等人是为官清廉的典范,林梦新、朱熠、王名世等人是正气凛然的君子。温州武状元的群体形象从来不是粗鄙的"一介武夫",而是足以垂范后世的世之

楷模,因而附着在温州武状元身份上的就不仅是文化遗址、历史文物,而是具有极大旅游开发潜力的文化和教育资源。建议温州市政府承袭历史上"武状元之乡"的美誉,加快开发武状元文化资源,着力打造温州"武状元之乡"金名片。

(二)完善武状元学术研究,建设"温州武状元文化博物馆"

当前温州武状元学术研究成果不丰富,已成为武状元文化开发的最大瓶颈。古代崇文抑武,以致武状元事迹传世极少;沙场奉行"猛将必发于卒伍",武举一途远不如文举,人才出得极少,能够青史留名者凤毛麟角。因而地方没有充分开发武状元资源,实在是巧妇难为无米之炊。要做武状元文化开发,研究这一关必须先行。当务之急,是要抓紧做好史料搜集和遗址考古,还原和丰满温州武状元的生平事迹。建议温州各区县集聚专家和作家,以研究和演绎为切入口,通过正史、地方志、野史笔记、宗族家谱、民谣与民间传说等丰富武状元史料,做好武状元年谱编纂、人物还原工作。然后充分利用研究成果,做好武状元事迹的二次开发,通过人物传记、小说戏剧创作、影视剧拍摄等现代手段,以创作手段讲好武状元故事,重塑武状元形象,作为武状元文化开发的素材。如此,汇集一、二次文化研究和开发成果,在现平阳、苍南两县择一地筹建"温州武状元文化博物馆",形成一座研究、收藏、展示温州武举发展历史、武状元生平展播、武状元文物收藏、武举文化教育的专题性博物馆。或为避免平阳、苍南两县争抢,亦可提级在温州市内辟地建设"温州武状元文化博物馆",与"温州武术博物馆"交相辉映,形成温州武学文化之双璧。

(三)强化武状元文化顶层设计,形成武状元文化"文旅地图"

温州武状元文化开发,目前急需做的是强化武状元文化发展的顶层设计,将散在各处的武状元文物遗址等连成一个整体。一是"保护点"。对于目前已经确证,或者已发现的存疑遗址,如状元府基石、状元墓、状元井、状元碑等,要尽快保护起来,形成先保护后论证,要有"宁可错认一千,不可放过一个"的态度,成熟一个立项一个,逐步将武状元文物遗址保护点丰富起来,为武状元文化开发提供足够的素材。二是"连成线"。即将状元出生地、生活地、功业地、墓葬地、纪念地等散点,以单一武状元名义连成一线,形成每一个武状元完整的"叙事线"。三是"形成片"。温州武状元的集聚特征明显,往往一个家族、一个村落中都有数个武状元,在做文化开发时要采取"抱团叙事"的方式,在一些状元集聚的区域,如坊下村、百丈村、三桥里村等形成武状元文化"中心村"。四是"绘成图"。最终点线面片融合一起,形成整个温州武状元文化完整的"文旅地图"。以平阳、苍南两县为中心,立起"武状元之乡"牌坊,科学规划武状元文化精品旅游线路,让游客能够留宿驻足,带动武状元集聚地的旅游消费,形成温州文化旅游新的增长点。

(四)实施武状元文化综合开发,主打"宋韵精品研学品牌"

在开发策略上,可以在现有文旅开发基础上,采取综合开发形式让武状元文化立体化。一是以武状元为龙头,带动武举人物整体开发。南宋武举同科,往往有一串平阳人,如 1256 年张宗德榜有八位武进士是平阳人;1259 年朱应举榜三十余名武进士,有平阳籍十人;又如在南宋最后一次科举会考中,居然状元、榜眼、探花皆为平阳人,垄断了武举三鼎甲。苍南历史上曾经有武状元七人(陈鳌、陈鹗、黄褒然、林管、项桂发、章梦飞、林时中),武榜眼一人(戴应发),武探花两人(陈元普、孔元圭),武科进士一百五十七人,绝大多数出自南宋时期。对于平阳和苍南来说,这是一笔无与伦比的巨大文旅财富。在武状元文化开发时,往往一个武状元背后可以带出一批可待开发的武举文旅资源来。二是以文带武,以宗族为单位进行整体开发。温州武状元,本身多为文武兼备的奇才,且多出自世家大族,这些世家都是文举、武举皆盛的大家族。文举人物往往容易被历史记住,而武举多数隐没无闻。在武状元文化开发前期,采取以文带武的开发形式是比较容易实现的路径。如坊下陈家、泾口朱家、林坳林家都可以采取这种开发模式。三是以老带新,依托成型的古村落做武状元的新文章。目前多数武状元因资料欠缺、文物稀少、遗址未定,实施独立开发形成一个完整的旅游点是比较难的,但可以与美丽乡村建设、千年古村落实施共同开发。如平阳水头镇三桥里村、昆阳镇鸣山村、灵溪百丈村都有相对成熟的古村落保护和旅游基础建设,可以在这些古村落放大武状元文化符号,让武状元成为古村落的核心文化景点。从目前来看,这些能够开发出来的武状元文化资源,最适合打造研学游品牌,可以将文举与武举相结合,将武状元文化与温州的武术传统相结合,将弘扬优秀传统文化教育与推进爱国主义教育相结合,通过串联武状元之乡、武学古村落、武举宗族等景点,让学生在游览中了解和感受南宋赢弱朝堂之下宋人的骨气与血性,形成浙江除杭州外另一条以"精忠报国"为主题的"宋韵精品研学路线"。

宋代书院教育思想的研究

——以苍南鹅峰书院为例

杭州职业技术学院　潘承恩

　　宋代的诗词和各种文学形式在我国古代都有着极高的成就,对后世的文化发展也产生了重要影响。作为重要的人才培养渠道,一大批书院在宋代成长起来,承载了教书育人的重担,苍南鹅峰书院就是其中之一。鹅峰书院自宋代建立为当地培育出大量的人才,至今还在为当地教育事业贡献力量。鹅峰书院作为宋代书院的典型代表,其教育思想具有一定的先进性。因此,对宋代书院教育思想的特征、内容和方式加以研究,有利于现代教育发展得更好,为苍南县培育出更多品学兼优、德才兼备的优秀人才。

一、苍南鹅峰书院的基本情况

　　宋代书院教育对当时的教育、经济、政治都产生了重要影响,甚至对现当代教育的发展仍然具有一定的借鉴意义。学术界虽然对书院没有统一的界定,但是书院所担负的教育意义和学术价值是十分明确的。宋代书院里,老师和学生之间持有不同的学术观点,书院和书院之间的办学风格与教育方针也不尽相同。不同思想和学派的碰撞产生了更多有价值的思想。

（一）宋代书院的发展历程

宋代书院的前身最早可追溯至唐代时期，数量为我国所有朝代中最多的，鼎盛时期可达七百多所。① 作为古代书院文化的典型代表时期，宋代书院的创办条件、机构设置以及教育思想都极具代表性。

早在汉代，我国就有聚众讨论学术，一起学习的形式，被称为"精舍"。聚众在一起讲学研究，不仅能够彼此交流思想，还能形成良好的学风。因此在唐代便出现了"书院"。唐玄宗时期，书院有国家机构和民间机构两种类型。国家设立"丽正书院""集贤书院"等书院作为职能机构，负责图书编撰出版、重要礼仪等。民间的私立书院则主要沿袭汉代精舍的学风，招收学员讲书学习。据史料记载，唐代时期的书院数量在五十九所左右。唐代书院的出现为宋代书院的蓬勃发展奠定了借鉴的基础，五代十国的战乱又为宋朝建国初期发展学术提供了历史条件。宋代政府为了协调教育和科举制度之间的矛盾，外加由于连年征战，建国初期的宋朝中央没有财力去支持更多官方教学机构发展，民间书院因为容易普及、接受度强的特点获得了宋代政府的大力支持。随着宋代各行业的发展和进步，书院的收入也逐渐理想，更多的书院得以建立并推广。其中，白鹿洞书院、应天府书院、岳麓书院和嵩阳书院被称为"宋代四大书院"。自宋代书院起，后朝历代书院的模式都是在宋代书院的体制框架上进行演变和发展的。虽然作为民间办学机构遭遇了官学的打压，但是在历史上宋代书院所培育出的人才却是数不胜数，为古代教育贡献了力量。

（二）苍南鹅峰书院的产生和沿袭

温州市在宋朝时期也曾出现过大大小小的书院几十座。其中，较为出名的书院有苍南县桥墩松山的鹅峰书院、温州华盖山的东山书院、瑞安仙岩的仙岩书院等。温州书院的风格和白鹿洞书院的做法相仿，往往都隐居于山林之间，远离闹市。鹅峰书院作为宋代书院教育的产物，是苍南县一所拥有近千年历史却依旧能在今天发挥余热

---

① 康聪聪：《宋代书院教学方法之讲授法探析》，《文学教育》（上）2021年第7期。

的历史名校。

关于苍南鹅峰书院起源的详细记载史料较少,可考证的资料目前有《平阳县志》《温州府志》。据《平阳县志》记载,鹅峰书院创立于宋代咸平年间,最早也被称为"松山学堂"。清朝时期(1906),李心亭、钟莲溪以及爱心人士捐款建立新校舍,取名为"松山初级小学",获得当时教育署的关注。随着时代的发展,1940年,学校规模不断扩大又增设高小,更名为"桥墩镇国民学校"。1960年,学校遭遇洪水袭击,校舍几乎全毁。后期学校重建,但又因当地县区改革多次改名。2003年,鹅峰书院历经几百年历史最终迁址于现所在地仙堂村并被冠名为"苍南县桥墩小学"。现在的桥墩小学建筑面积达到八千平方米,设有三十八个教学班级,共有二千余名学生,并多次获得"温州市文明学校"等荣誉称号。学校以"上善若水"为思想精髓,不断提升教育发展质量,贯彻实施德育理念的教学模式和方法,开发多门精品课程,形成有地方特色的办学模式。

虽然鹅峰书院的知名程度不比宋代四大书院,但是从创立至今,鹅峰书院一路走来经历了风雨和辉煌,不管是天灾还是人祸都没能阻挡其发展的脚步。鹅峰书院在办学过程中,运用开明的办学方式鼓励学生之间、学生和教师之间互相交流。在开明的学风和浓重的爱国主义情怀中,鹅峰书院沿袭着儒家文化优秀的精神,又融合了当代教育观念,为当地社会发展培养了不少知名学者、企业家、公务员和专家,可谓是苍南县文化发展和人才培育的宝贵财富。

二、苍南鹅峰书院的教育思想

宋代鹅峰书院在时代的影响下,教学方式具有明显的时代特征,并且因受到传统儒家以及苍南地域文化的影响,鹅峰书院的教育思想也具有独特性。了解宋代书院和鹅峰书院的教学特征、教学内容和教学管理,不仅有助于完善对宋代书院教学管理模式的研究工作,也有利于汲取宋代书院优秀的教学理念和成功经验。

(一)教学特征

1.德育教育的层层递进

包括鹅峰书院在内的宋代书院最重要的功能就是教学。在教学的过程中,宋代书院以儒家经典为教学核心,因材施教,用"仁"作为道德行为的标准和人才培养的规范,实行德育。鹅峰书院作为苍南地区宋代书院的典型代表,同样也有德育教育的思想。

德育教育的基本内容有以下几个方面:首先,德育思想的理论学习。朱熹曾在《白鹿洞书院揭示》中说到追求知识的本质在于学习基本的伦理道德和道义,然后才能追求更高的真理。而《岳麓书院记》中也曾记载研学儒家经典的重要性。因此,儒家作为当时德育的典范,包括鹅峰书院在内的宋代书院都需要先研学儒家经典,做到"学者须先识仁"。在了解到理论知识后,就可以进行德育思想行为规范的学习。行为规范从忠和信的角度给予约束,对待朋友、家人、老师都要尊敬友爱,以诚相待。最后,政治道德的学习也是书院教育不可分割的一部分。书院除了教书讲学以人才培养为目标以外,在书院中学习的名人雅士立志于奉献国家,也有着为家国奉献的爱国主义思想。通过德育教育,书院希望培养出有良好个人品行,能够自觉遵守和践行儒家道德要求,具有社会素养和政治能力的全方位人才。沿着明事理、成道德、入仕途和弘扬道义的培养路径,培育出的人才一方面可以投身于国家的建设,另一方面可以促进知识的传播和发展。可以说,书院的教学并不只是简单的以知识教育为目的,更多的是以国家发展为己任。

2.多元化的德育教育方式

首先,书院会采取因材施教的方式有针对性地进行教学。自春秋时期,孔子就已经提出了因材施教的方法,对学习过程中学生展露出的不同特点采取有针对性的指导教学方式,以帮助其更快速成长。宋代的教育家们更是主张孔子因材施教的方式,在教学实践中提出了更符合宋代发展实际的"教亦多术"。其次,划分不同的学习阶段。在书院的学习过程被分为"小学"和"大学"。"小学"是指简单的礼仪、礼节和知识,比如八岁的时候会教授《三字经》,十一岁的时候会学习《尚书》,十五岁的时候会学习《易经》《春秋》。在基本完成理解的学习,培养成良好的学习习惯和品行后就可以进入"大学"学习。大学阶段的学生不论是知识储备还是道德修养都有了一定的基础,因此"大学"阶段的重点在于培养道德和品行。如果说因材施教是针对不同个体开展的教育方式,那么"小学"和"大学"的划分就是针对同一个体的不同阶段展开的教育方式。最后,贯穿于整个学习之中的是教师的讲学和学生之间的互相交流。通过多元化的德育教育方式,书院基于不同学生的天赋秉性和自身发展阶段的特点,给予了充分的引导,使得学生都能够在学习的过程中不断提升自我学习的能力和水平。

(二)教学内容

教学内容作为教育思想的体现,对实现书院教学目标有着重要的影响。

首先,宋代书院学习的课程都以"四书五经"作为主要的课程内容。根据书院明事理、成道德、入仕途和弘扬道义的培养路径与分阶段施教的观念,书院对"四书五经"教学的顺序也有着规定。比如:首先需要学习《大学》来学习明德的要领,其次学习《论语》《孟子》《中庸》①。一方面,"四书五经"本身也有着不同的侧重;另一方面,对教材有着学习的先后顺序是一个从简单到困难的递进过程,符合教学规律。其次,书院的主讲教师还会根据自己的研究领域讲述一些特色课程。除了"四书五经"等必要的学习内容外,由于宋代书院的学风较为自由,提倡自由讲学,教师会讲学自己的著作和自己的学术见解。同时,诗词歌赋往往是文人墨客最爱评鉴的文学表现形式,书院的师生也会在诗会等活动上对《诗经》《楚辞》等经典作品进行研讨。以史为鉴可以知兴替,《左传》《史记》等史学也是书院学习的重点内容。

从以上情况可以看出,书院的教学内容本质上还是为宋代政治服务的,为了培养出修身养性的高素质政治人才,课程十分多样化,呈现出一种开放的学习氛围。并且,不管是教学内容还是具体安排,都体现出对人性的关注和尊重,也是儒家文化的具体体现。

---

① 张天明、赵海红:《宋代书院的历史教学思想与方法——以朱熹的教学理念为中心》,《历史教学》(下半月刊)2019 年第 10 期。

（三）教学管理

教学管理也是宋代书院得以取得发展的重要原因，体现着书院教育思想的先进性。

首先，从书院的组织架构来看，基本是以山长负责制为主要的管理模式，设置明确的岗位和组织架构有利于书院教学管理工作的开展。山长就是书院的管理者，每个书院都设有山长，类似于现代教育机构中校长的职务。[①] 除了山长对书院事务进行管理外，还有堂长、讲书、助教、斋长、学录、直学等职务，每个职务都有不同的职能，每家书院也会根据自身的情况增加或减少岗位设置。

其次，从教学环境来看，山清水秀、风景优美的环境对人的学习和生活有一种调节作用，不仅能够放松心情，还能够陶冶情操。因此，书院十分重视周围环境对书院氛围的营造。为了营造清新雅致的学习氛围，很多书院将地址选在景色优美相对安静的区域内。比如，四大书院之一的白鹿洞书院就依山而建，五老峰下风景优美，山水环绕。而鹅峰书院的所在地苍南县桥墩镇松山自古以来就是依山傍水、松林茂密的胜地。宋代诗人林仰更是用一首《松山》来称赞松山的景色[②]："梯尽瓯闽万叠山，山中喜见浙中天。好抛灵运崎岖屐，直上林宗散诞船。旷野夜收桑柘雨，平湖晓浸芰荷烟。宦游惯作东吴客，相望何人立水边。"不仅如此，鹅峰书院所在地更是当时山路交通的汇合点，便捷的交通带来了商贸的繁荣，也促进了思想的交流和进步。鹅峰书院的选址不仅有利于吸纳更多思想，促进不同思维之间的碰撞，优美的自然环境更有利于学生潜心读书，培养文人墨客对美的追求。

再次，从书院师资力量的选择上来看，坚持严格的教师选拔制度。目前的历史资料对鹅峰书院山长的记载甚少，但是从宋代其他书院的选拔标准来看，教师不仅要拥有极高的才华，还要拥有良好的道德品行。比如，岳麓书院的山长欧阳守道就是一位拥有良好品行和学识的人。欧阳守道家境并不富裕，但却十分热爱学习，对父母的孝顺也是远

---

① 尹凯丰、刘坤雁：《宋代书院德育目标内容和实现途径析论》，《思想政治教育研究》2019 年第 3 期。

② 陈金肃：《宋代书院教学管理制度探微》，《汉江师范学院学报》2018 年第 2 期。

近闻名的。不仅如此,欧阳守道也有着作为山长的责任感和严格的态度。严格的选拔制度不仅体现了书院的教育素质,也为培养高素质学生奠定了基础。

最后,相比书院师资力量的选择,学生的准入门槛则相对宽松。书院更重视的是学生个人的品行和道德,而不看重家庭背景或者出身。但是,因为书院的招生规模有限制,所以招收的学生数量也受到一定的制约。在入院学生数量较多时也会采取考试选拔的方式来择优录用。录取之后,学生进入书院学习同样也要受到学规的约束和管制。一方面,执行严格的规章制度能够保证书院高质量的教学水平;另一方面,也可以维护正常的教学秩序,营造浓厚的学习氛围。

受到我国古代传统思想的影响,鹅峰书院的教学环境、教学内容和教学管理都在一定程度上成为苍南地区的示范性代表,鹅峰书院的成就和其教育思想是密不可分的。严格的教学管理保障了教学工作的稳定开展,丰富的教学内容让学生得以成长为德才兼备的人才,优美的教学环境又陶冶了学生的艺术情操。

三、苍南鹅峰书院教育思想的影响及启示

鹅峰书院对苍南地区的人才培养做出了重要贡献,同时其德育的教育思想、多元化的学习内容和严格的教学管理对今天桥墩小学的教育也有着重要的影响与启示作用。但是,由于古代教学思想带有一些封建主义的色彩,因此也会在教育思想上存在一定的不足。只有取之精华、去其糟粕,才能更好地实现鹅峰书院的历史传承。

(一)鹅峰书院教育思想的贡献和不足

1. 主要贡献

首先,从宋代的宏观政治背景来看,当时的宋政府无力投入更多的经济成本和人力成本在教育体系,因此官学一直没有得到更进一步的发展。民间书院数量和质量的突破,在一定程度上对官学产生了帮扶

的力量。① 不仅如此,书院培育出的人才和力量大多都投身于国家建设,不管身居何处,都尽职尽责地完成本职工作。鹅峰书院培育出的学生具有忧国忧民、品学兼优的能力,在为苍南的建设中贡献了不少的力量,并且还将鹅峰书院的名气发扬光大。其次,各种书院关于儒家文化和德育教育的传播,使得整个社会的文化自觉和素质都有了一定的提高。最后,宋代书院开明的学风和多样的教学方式,为当时的人们打造了一个极其充实的精神载体,才华得以在书院的相互研学中体现,不管是教师还是学生都能在书院中找到志同道合的朋友。

整体上看,宋代书院为当时社会输入了大批的人才,不仅为国家提供了人力资源的保障,也丰富了当时的学术思想,使得一批又一批的儒家学者在社会发展中实现自己的伟大抱负。

2. 存在不足

第一,过于传统的道德要求对学生产生压制。从上述的研究中可以得知,宋代对教师和学生的道德要求与标准都十分严格,道德修养最终是为国家和社会服务的。虽然说,一个人作为社会最小的组成单位需要遵守社会的伦理纲常,作为子女要尊敬父母,作为臣子要恪守君臣之礼,作为长辈要对晚辈友爱,但是,道德标准和政治教育往往融合为一体,道德成为统治阶级意志力的体现。在如此伦理道德之下,学生的思想在一定程度被禁锢,更多的是对道德要求的绝对服从,每个个体的性格要服从社会所规定的伦理纲常,自然思想也会出现一定程度的禁锢。并且,被动地让学生遵守较高的道德准则,也会出现相反的效果。以恪守君臣之礼为例,正因为皇帝高高在上,应当是绝对的权威,因此在出现治理不力时,臣子的建议很难被采纳。所以,作为学生如果一味地顺从教师的意志,也很难实现自我意识的成长。

第二,道德教育存在绝对化的倾向。在很多书院的学规和选拔学生及考核的要求和标准中"德"都是最重要的一条。从社会发展的角度看,人人形成良好的道德确实能够维系社会的稳定。但是,从科学发展的观点来说,也需要学习其他客观规律才能够更好地服务社会,推进生产力的发展。

---

① 陈明华:《宋代书院的德育实践及其启示》,《安阳工学院学报》2018 年第 1 期。

宋代书院从客观上来说,确实对后世的教育产生了很多积极的影响。但是,由于封建社会的腐朽和封闭,自然存在一些"重道德,轻科学"的教育方式,这也是时代所造就的特征。在现代教育中,我们要吸取宋代书院教育思想中优秀的部分,对不足之处加以改进。

(二)苍南鹅峰书院对现代教育的启示

现代教育和宋代书院教育思想相同的是,都十分重视社会的责任感和使命感。习近平总书记明确提出,要实现中华民族伟大复兴的中国梦,所以,宋代书院教育思想中的"家国情怀"与中国梦的情怀不谋而合。少年强则国强,作为培养青少年的重要途径,学校承载了更多的责任和担当。从鹅峰书院等宋代书院的优秀思想中,可以获得人才培养、人才价值和教育方式的重要启示。

从人才培养来看,宋代书院所提倡的明事理、成道德,启示我们要重视德育教育。现代社会学生接触的信息更为复杂和多样,一些不好的信息会让学生对我国优秀的传统文化提出质疑。因此,在人才培养方面要加强爱国主义教育,像宋代书院一样输出具有家国情怀的优秀青年。但是现在很多学校都在学科成绩上下功夫,而忽略了对学生开展德育教育。一些学校虽然有思想品德课程,但是教学实践中却是作为副课,一直被忽略。实际上对学生的道德教育是潜移默化的,要通过长时间的培养才能形成。德育教育不仅有利于培养学生树立正确的世界观、人生观和价值观,也有利于培养学生形成文化自信、理论自信。从人才价值来看,现代教育要综合看待人才价值,不能以单一的学科成绩作为人才评判的唯一标准,仁德和诚信也需要作为人才价值的评价条件。在一些社会新闻中,一些出身贫寒且学历不高的人往往会在他人需要时伸出援助之手,这也是现代社会发展所需要的人才。因此,从人才价值来看,可以参考宋代书院的评判标准,注重对个人品行的重视和考察。从教育方式来看,宋代书院采取的因材施教和分阶段教学是十分符合学习规律的教育方式,因此在现代教育中也应当根据不同学生的特点和擅长的领域开展有针对性教学。

对于现代教育来说,宋代书院的优秀之处虽然可以借鉴,但是因为现代社会的发展瞬息万变,还是应当根据国内国外和学生本身的情况开展教育,使学生成长为社会需要的人才。

四、结论

本文的研究从三个方面进行。一是对宋代书院情况的整体概括,其中包括对宋代书院的简单介绍和鹅峰书院的历史渊源。通过研究鹅峰书院的前世今生可以了解到其深厚的文化底蕴和对苍南人才输出的重要贡献。二是以鹅峰书院为例开展的对宋代书院教育思想的研究,教育思想包括三部分内容:教学特征、教学内容和教学方式;从教学特征来看,德育是宋代书院重要的教学思想,目的是培养品学兼优具有家国情怀的人才以报效祖国。从教学内容来看,除了基本的四书五经外,还需要学习当地特色的课程和教师自我研究领域的思想,总体呈现出多元化。从教学方式来看,因材施教和分阶段教学的方式更有利于针对每个学生的阶段特征展开教育,学生才能得以更快的成长。三是鹅峰书院等宋代书院对现代教育的启示。结合现在实现中华民族伟大复兴中国梦的宏观背景来看,现代教育可以学习宋代书院对品德的重视,加强对学生民族使命感和爱国情怀的培养。

鹅峰书院与松山文化的传承

苍南县诗词学会　林英才

　　鹿洞久追崇,问尘封古迹,何处是僧庐宋院? 文源兹溯远,听日诵弦歌,此中乃化雨春风。挥去岁月的尘埃,寻回历史的雪泥鸿爪,曾经的文明隐约依稀。一千多年前创办的鹅峰书院,为宋韵人文添上了神秘的色彩。地域文化的薪传,正奠定了古松山的千年文脉。

　　《温州市志》载:"鹅峰书院在桥墩松山,创办于北宋咸平年间(约988—1003)。"(笔者注:此志有误,应"约998—1003")地以文显,景因名胜。原平阳(苍南)县古为邹鲁之乡,沿着历史轨迹而来,各地书院应运而兴,文风蔚起。历史上原平阳县所建书院有:

　　宋代八所:鹅峰书院(桥墩松山),会文书院(南雁荡山),朝阳书院(宜山云岩),毓秀书院(南雁山东门),聚奎书院(山门顺溪),聚英书院(南雁西洞),中村书院(泰顺雅阳筱村),侯林书院(泰顺库村)。

　　元代一所,即文川书院(万全三都湖岭)。

　　明代三所:正学书院(平阳岭门),东湖书院(平阳城东门),魁峰书院(平阳西塘荆溪白米岩下)。

　　清代十三所:昆阳书院(平阳岭门),崇正书院(平阳五都),龙湖书院(平阳西门外龙湖旁),逢源书院(六都倪垟),环清书院(四十四都林康山),吾南书院(三十六都石佛旁),文溪书院(十二都西塘),南雁书院(南雁西洞三官堂下),星岩书院(二十五都泥山),狮山书院(金乡狮山),一径堂书院(顺溪新大份),鳌步书院(麻步雕鹰山),鳌江书院(鳌江文昌阁）。

查阅温州地区的东山书院为北宋皇祐年间（1049—1054），平阳南雁会文书院为北宋元符年间（1098—1100），温州浮沚书院约北宋大观年间（1107—1110）。可见建于北宋咸平年间（约998—1003）的松山鹅峰书院是温州地区最早的书院。

（乾隆）《平阳县志》载："西北有九峰山，上有烹茶井，泉水清美，吴越王钱弘俶，常以中书令守永嘉，移镇闽中，与僧愿齐汲此井以瀹茗。又有一山，若马鞍，曰文章峤。昔有吴僧庐此，能文。邑令沈悚呼之为文章师，因此名峤。或师，即文莹也。"《平阳县志·学校志》载："宋代鹅峰书院遗址即松山文章峤是也，文昌峤即旧志文章峤。"可见松山鹅峰书院建在文章峤。峤是四边有水的小岛，在水中。观察古松山境内，九峰山之东，只有孤立平垟中的寨子顶山。该小山分为内外埔（东西埔），形若马鞍，唐宋前，这里为海岙，原为海碛地。据桥墩水库勘测资料录，因沙碛流积、海床升高，原海碛地与沙碛地间，最深有四十多米，较浅的也有二十余米。鹅峰在大溪东北向，其峰南面分脉曰蛇山，山麓连接卅六街，地表向水下延伸，俗称鼻尾，断成孤岛，古称文章峤，与鹅峰隔水相望。该岛与西北方几处小岑尖形成七星形势，人称"七星盘月"。在古代，文章峤属于鹅峰的延伸，为海岙边的小岛，风景十分秀美。据古谱记述：古寨子顶山，碧崖绿树，清流环绕，溪山毓秀，风景如画，是一处聚地气、养人居的天然风水宝地。至明代，曾在这里架造松山八角桥，集成松山市，并设立为平阳县西镇——松山镇。至清代，也在此设立桥墩门新寨（水寨），成险汛隘要。民国时（1913）在山内埔设松山学堂，解放初期（1950）在山外埔设桥墩小学分部。风水聚敛之地，对古堪舆家来说，是颇为重视的。宋代文莹是皈依沙门的文人名僧，其对选勘风水地是十分讲究的。因此从历代志书所载来说，鹅峰书院择址在松山文章峤，遗址即今寨子顶山是史实。现在寨子顶山边的卅七街天灯桥边仍保留着一座文昌阁和魁星阁。至今各种遗存志载中的只言片语是留存的史记，是志书的历史价值，以志存史，非常难得。2013年版《桥墩镇志》也已确认："文章峤即今之寨子顶。"

桥墩地方古来只有两所书院，即宋代的鹅峰书院和清乾隆间的吾南书院，其间的关联也可佐记。清光绪十年（1884），县令汤肇熙在《吾南书院》中记述："昔三十六都,桥墩门石桥长数十丈,上有屋,屋以松木架。乾隆三十年(1765)洪涨桥圮,木汛至水头不散,居民争欲取,适李长春至,亟止之。谓:宋代鹅峰书院成,南港人文遂盛,遗址即松山文昌屿是也。今木远流不散,或天有意斯文乎!于水头之古营基石佛亭旁,构书院,额曰'南和'。"李长春,即南宋垟李士林,是地方名绅,知古事、明事理。他讲从文昌屿地方流下的木料远流不散,是天公赐意,不毁斯文。故用此木料在石佛亭旁建造南和书院,后更名为吾南书院。可见桥墩门石桥在文昌屿边,即寨子顶山边。从鹅峰书院地方流下的桥木不散,是上天有意给吾南书院续缘的。清代著名诗人张綦毋《船屯渔唱》诗咏平阳百景,其中一首专写文章屿鹅峰书院的诗,云:"僧庐雅爱文章屿,曾住湘山老宿来。参取寺丞公案了,携琴还向月明回。"(乾隆)《平阳县志》载:"昔有吴僧庐此,能文。邑令沈悚呼之文章师,固此名屿。"文章师指的是文莹,钱塘人,字道温,尝居西湖之菩提寺,自称"余杭沙门"。诗中"湘山",指文莹所著的《湘山野录三卷》,此代指文莹。《冷斋夜话》:"靓禅师,有道老宿也。"老宿,即谓资历高深的长寿文人。"公案""参取"引自陈师道诗句:"世间公器毋多取,句里宗风却饱参。""携琴""月明"引自释惠崇诗句。"露馆涛惊枕,空庭月伴琴"之意。诗的大意是:文莹老宿看到文章屿非常清雅宁静,特别喜爱在此结庐授学。他参悟前人很多案牍知识和经验,授教于人,颇感满意了,人生在适意,携琴向何方?向清风明月,向空庭水天,这里多么平静怡然啊!其完成授业后俱无所求,仍然回去静心修禅,其心境始终回归在豁达随缘之中。文莹文学造诣极高,博学多能,又是一位讲学行家,其在松山创办鹅峰书院,是最理想的。故在宋哲宗元祐七年(1092)邑令沈悚称其谓文章师。从资料看,文莹与钱王后代钱惟演父子交好,惟演在朝为官,曾把文莹推荐给晋公,而文莹也在《湘山野录》中记载了钱家好多秘闻逸事,可见他们的关系很不错。文莹的好友郑獬也知此事。郑獬于1069年出任杭州知府,与文莹是同游,其诗《五松山》云:"天上仙人谪世间,醉中偏爱五松山。锦袍已跨鲸鱼去,惟有山僧自往还。"诗意:钱俶是天上下凡来做钱王的,他曾入闽,五子从行,尝宴于五松山。现在他升天西去为神,只留下文僧自己往返于此间。据《王壶清话序》载:"至熙宁间(1077)得文集二百余家,仅数千卷,一书成于元丰戊午岁(1078)

八月十日。"可见文莹自编文集成于 1078 年,文莹老宿亦是百龄之人了。

遗憾的是,尚无史料记载,文莹何时离开松山?鹅峰书院何时停办?俱不得而知。然从松山历史文化来看,理学南熏,文风历为盛焉,道德文章,学识素亦类然。尤其两宋,鼎盛的人文现象释放外溢,可谓宋韵遗风,十分风靡。故这与书院的开办关系不可谓不大矣。应该说鹅峰书院或许以其他形式,跨越两宋,仍有延续。据黄氏宗谱《龟山黄氏历代行实》载:"黄璋,号碧湖,官奉议大夫,才情卓异,历政有声。四十五岁时,就未老乞骸骨归,创办松山书院。"其时正是鹅峰书院创办期间,据《赤岸林氏族谱》载:"宋时林湜父子北上松山授学,并晚居于此。"大文人叶嘉榆后到松山拜访林湜安居宅时,有诗云:"更羡晚成盘隐日,闽中问字数追陪。"说羡慕其晚岁闲隐乡里教书,问字为敬仰师长,是谦卑之意。清乾隆平阳知县何子祥说:"尔时间巷间弦歌遍焉,何乎其盛也。而究其原,则宋时陈经邦兄弟,与林湜、蔡誉等数先生,亲受学于程朱,得其传,以教于乡。其学遂于瓯大行。"而同治平阳知县余丽元说:"追维旧学,效法前贤,求陈经正。蔡元康、宋之才、林湜、蔡誉、朱黼、史伯璇诸先儒之薪传,而私淑不遑,则犹后知后觉也。"可见宋时很多宿儒学识高深,授学专擅,颇讲效应。他们持之以恒地把这作为优良传统予以薪传光大。

书院是历史上一种特殊的教育形式,其思想文化教育融合各个时期哲学流派的学说学术进行传授。宋代鹅峰书院主要是传播程朱理学,或称道学,属于学统文化。其时的松山文化也是义利并举,事功实用的永嘉学派的组成部分,可以讲中国的文明德行,即人文精神,作为优良传统予以教育和薪传。因此鹅峰书院的创办对地方的文化形态、人文培养、人才造就以及乡俗民风的提振有着深远的影响,才有两宋以来,松山地方地势厚重,钟灵毓秀,人才荟萃,乡贤辈出,颇有奇特的人文现象。历史上曾有黄氏九官九进士,林家四官三进士,桃湖三徐三进士,莒溪三柳三进士。先后有文状元、武状元、探花、龙图阁学士的出现,相继有黄蕴、黄机、黄石、林湜、黄褒然、黄中、林孟嘉、黄渊然、徐昕、柳梦周、黄千秋、林孟治、徐俨夫、韩寅翁、柳昱、徐壮猷、黄禹锡、柳培文、黄系翁、许权以及明代许松岗,清代谢春兆等二十二位进士。明清先后有张超英、温德恭、朱存诚、洪国灿、杨培芳、董蔚文、张天行、瓯阳成国、林堂、朱凤辉、林芳、陈观墀、谢传玉、朱珩、朱琯、朱景新、李学政、吴光珍等十八位举人和贡生。

书院始萌于唐,兴盛于宋,普及于明清。书院初为藏书和诵习之所,后以私家聚徒授学、官府助办的形式,延续发展。至清末(1901),清政府颁布教育章程,改书院为学堂。延续千年的书院,自此退出历史舞台,继而在社会上出现许多私家、宗族、延师兴办私塾或义塾,尤在清代至民国时期较为普遍。桥墩地方以宗族或大户人家,延师在本族本村设置学馆较多,一般大都借用民宅、厅堂、宗祠、庙宇设馆,称蒙馆。也有的宗族或大户人家,家数殷实,经济条件较丰厚的,则自建馆堂、塾舍,称大书房或书堂。古松山有塾舍的不多,较闻名的大书房有:清康熙二十六年(1687),庠生朱兆参在仙堂创建的"环竹居"大书房。至清嘉庆三年(1798),朱氏拆环竹居大书房改建朱氏宗祠,嘉庆十四年(1809),朱玉园在五训朱新构"毓秀书塾",以继环竹居。清嘉庆十五年(1810),巨商吴熙天自资创建"竹溪精舍",俗称吴氏大书房。其时另有新村书堂和三十六后街庵内大书房,现仍保存大书房碑石。清代至民国时期古松山谓塾舍蒙馆的,还有桥墩范氏醉六山房(同治)、岩尾中堂(雍正)、观美双仕门塾舍(乾隆)、五岱山私塾(同治)、观美蔚文山房(光绪)等三十余所。名声较大的塾师名儒有:王心斋、陈雪畴、王秀峰、张天培、朱玉园、丁佩珍、黄紫崖、戴朴香、林舒锦、范英、温处道、魏檄、王宝山、王子文、董蔚文、唐勋甫、颜文碧、杨志文、林志范、兰润玉等五十余名。

翻阅松山文化的历史,感知到书院文化的价值,承接传统教育的根脉,得益于书院文化的奥秘,不仅历史很辉煌,更有现实意义。物之所在,道则在焉;物有止,而道无止也。虽现在鹅峰书院无法存续,但人文精神则深深融入浙闽边界的这片神奇土地上。古贤的文化基因更渗透到历代学子的灵性中,其学无穷,其用不尽。一方水土养育一方文化,一方文化影响一方经济,一方经济优化一方人文社会。古松山居民大都来自闽地,这一地缘关系,把其物质财富和精神财富所形成的文化形态,包括环境生态、人才意识、传统习惯、民俗信仰、建筑方格、古道诗风、属地方言以及生活生产方式,构成颇有特色的浙闽地域文化,这一文化不断延续发展,并继续发挥重大的作用。

文脉长存,遗风千载。旧的不在,新的重来,而今鹅峰书院即将落成,这是桥墩地方文化生活中的一件喜事,值得庆贺。兹将古鹅峰书院的历史人文和新建书院的自然景观,撰成一副长联,以资纪念。联云:

鹅髻耸冠,龟蛇伏迹,问孤屿何时独立?溯咸平悠远,梓桑占梦思僧舍;承鹿洞清芬,灵境洗心茁俊华。廿位榜名点萃,真才及第;四朝儒彦开明,饱学传薪。遥响依稀书韵,漫闻隐约弦诵,此中恰辟杏坛,原化雨春风。沈尊师宿,张征诗咏。芳躅嗣荣,泽丽道南,蕴千载斯文之盛。

峰冈回脉,关隘分疆,望松山自古巍峨!探西塈崇深,驿路观梅听陆吟;傍龙湖澹润,玉牛卧势眠殊态。万重胜概淋漓,蓬岛凝图;百顷横阳流畅,辋川览景。几寻泥燕空梁,更恋郊外新村,兹处长居仁里,乃甘棠蔽芾。虹染溪云,月引笛声。祥光蔚朗,天成瑞象,续九乡庠序而蓄。

宋朝科举鼎盛的"温州模式"原因分析

苍南县总工会　黄正瑞

(弘治)《温州府志》载:"吾瓯登科者,始于唐吴畦、薛正明,而莫盛于宋。"特别是南宋时期,温州文进士 1267 人(其中:文状元 5 人,文榜眼 7 人,文探花 1 人),温州武进士 372 人(其中:武状元 15 人,武榜眼 3 人,武探花 6 人),处于鼎盛状况。本文试对宋朝科举鼎盛的"温州模式"原因进行分析。

一、唐朝取进士 6692 人,温州只 7 人,说明温州文化处于落后状态

科举制度,草创于隋朝,唐代(前 138—907)科举取士始于高祖武德五年(622),终于昭帝天祐四年(907),前后 282 年共开科 273 次,总取士 8455 人。其中:进士 6692 人,诸科(明经、明法、明书、明算)1569 人,另有 21 榜秀才 29 人(贞观以后取消),其他 165 人。进士约占总数的 80%。唐朝平均每年取士约 23 人。开元十八年(730),全国共有 327 个州,4 万户以上大州 109 个,2.5 万户中州 29 个,不满 2 万户小州 189 个。每年推荐到京城洛阳参加科举考试的大州 3 人,中州 2 人,小州 1 人。每年全国推荐人数在 574 人左右。

汉武帝建元三年(前 138)东瓯国君被迫率领其民部属 4 万多人北

上庐江郡(今安徽巢湖周围),东瓯地处人烟稀少的荒芜状态。311年永嘉之乱,衣冠南渡,不少难民进入温州。323年(东晋太宁元年)建立永嘉郡时,有户6250,口36680(宋书·州郡志),并建立郡城与郡学。唐朝(618—907)前期奖婚嫁、兴水利、推均田,生齿日旺。675年析括州之永嘉、安固两县置温州。唐后期温州城内有百贾坊,造船业、造纸业和盐业比较发达。

742—756年(唐天宝年间)温州有户42814,口241690(据《旧唐书·地理志》)。温州是大州,每年可推荐3人。

由于推荐人数的限制,因此有的人修改籍贯,得到推荐名额。李钧、李锷就是通过这个途径最早考上进士的温州人。

据北宋史书《册府元龟》记载:"代宗永泰元年(765),殿中侍御史、内供奉李钧,钧弟京兆府法曹参军锷并不守名教。配钧于施州,锷于辰州,纵会非常之赦,不在免限。钧、锷,温州人也。天宝中,州举,道举,咸赴京师。"文字的大意是说,温州有李钧、李锷两兄弟,由于在天宝年间(742—756)在州举、道举中,将籍贯由温州改为"长安"而考中进士,并在朝廷当官,现在被发现,贬流放,而且,即使以后全国大赦,也不能够赦免。

(弘治)《温州府志·科第志》载:"吾瓯登科者,始于唐吴畦、薛正明,而莫盛于宋。"由于推荐名额限制,中举非常困难。温州从武德五年(622)科考开始,到唐大中十三年(859),经过237年才出现第一个温州推举的进士吴畦。吴畦(840—923),原籍会稽山阴(今绍兴),十七岁入广文馆,唐大中十三年(859)中举,终官谏议大夫、润州刺史,退休后居安固库村(今泰顺)。薛正明唐天祐三年(906)中举,成为(弘治)《温州府志·科第志》记载的温州第二个进士。

据1998年版《温州市志》,唐代温州只有7位进士,除吴畦外,其余6位都是薛氏家族之人:薛元长(806年中举)、薛宪(827—835年中举)、薛归(854年中举)、薛正明(906年中举),还有中举时间不明的薛君实、薛待聘。

按唐朝每次全国推荐人数在574人左右,温州大州每次3人,一共273次,总取士8455人,其中进士6692人。温州进士7人只占全国6692人的1‰。温州人中举的概率人数应是6692×(3÷574)=35

(人),温州实际中举只有 7 人,只有全国平均水平的 1/5,同时只有薛氏家族中举,说明唐朝温州文化总体上处于落后状态。

二、南宋温州中举人数占全国 59.3‰,属鼎盛状态

907 年温州为吴越国所属。由于吴越国稳定,福建内乱,大批闽北居民流入温州。978 年吴越王钱俶献所辖 13 州 86 县 1 军归宋。温州辖永嘉、乐清、瑞安、平阳 4 县。

北宋初期(约 978 年)温州(有土地纳税的)主户 16082,(无土地佣耕的)客户 24658,户合计 40740(据《太平寰宇记》)。到了北宋崇宁年间(1102—1106)发展到户 119640(据《宋史》地理志,按每户 5 人计算约 60 万人),约为宋初的 3 倍。

南宋建炎四年(1130),宋高宗赵构避金兵难泛海抵温,温州人口猛增。乾道二年(1166),温州大海啸死了 2 万多人。1174—1189 年(淳熙年间)温州户增至 170035,口增至 910657(明万历《温州府志》),人口是崇宁年间(1102—1106)325420 人的 2.8 倍。

由于温州的地理三面环山,一面临海,七山二水一分田,南宋时总体上就形成人多田少的局面。嘉定(1208—1224)初期,知州吴咏说温州农业:"总一岁之收,不敌浙西一邑之赋,举全州尽熟,不如苏、湖一顿之粥。"意思是说:温州一年的收成,还赶不上苏州、湖州一个县交纳给国家的税粮;即使全温州各地都大丰收,收的粮食还不够苏、湖两州所有人家烧一顿稀饭的。因此,温州人因地制宜发展农业,多种经营和工商业。蚕桑、果树、甘蔗、蔬菜等农副产业不断发展,水利、造船、造纸、制瓷、纺织等手工业也蓬勃发展。盐、茶叶、瓯柑、陶瓷、漆器等成为温州特色产品流向国内外市场。据《宋会要辑稿·食货志》记载,永嘉县的商业税高达 25000 多贯,是全国各县平均商税的 7 倍。宋代方志说温州习俗,是"其货纤靡,其人多贾","土俗颇沦于奢侈,民生多务于贸迁"。如果用现代的语言表述,意思是说,温州人大多经商,往来于各地,温州货细巧精致美观,温州人喜欢过奢侈的生活。物质的富有推动了文化的迅速发展。

988—1003 年（宋咸平年间）在松山（苍南桥墩）最早创办"鹅峰书院"（汤肇熙《出山草谱》卷六），这时全国书院只有 10 多所。

温州皇祐三先生。北宋皇祐年间（1049—1054）温州三位学者王开祖（约 1035—1068，先世避南唐兵乱，自闽迁瑞安，后迁永嘉城内，1053 年中进士，在温州东山书院讲学，倡导修己治人，从者数百人，为永嘉道学首倡者）、林石（1004—1101，瑞安人，以《春秋》授徒）和丁昌期（约 1040 年生，1088 年举明经行修科不获用，归隐永嘉东郊，建醉经堂讲学授徒）率先在家乡传播中原文化。

据《中国科举制度通史（宋代卷）》《温州市志》等资料记载：

宋代文科科举：最初是每年举行一次，有时一两年不定。宋英宗治平三年（1066）科举正式定为三年一次。路州府解试一般在秋天，9 月放榜，得解举人要在 11 月 25 日前到礼部报到。贡举省试在第二年春天 1 月 9 日锁院。省试当年进行殿试。宋代进士分三等：一等进士及第；二等进士出身；三等赐同进士出身。

北宋考试文科 81 榜取正奏名进士约 17000 人。南宋文科 49 榜取正奏名进士约 26000 人。

宋代武科武举：北宋天圣七年（1029）始置，皇祐元年（1049）废罢。英宗治平元年（1064）重置，直至南宋末年。

北宋武科 28 榜约 868 人。南宋武科 49 榜约 1648 人。两宋武科共 77 榜，每榜约平均取士 33 名，正奏名合计约取士 2516 人。

宋朝温州有文武进士 1745 人，其中：文科进士 1371 人（北宋 104 人，南宋 1267 人）；武科进士 374 人（北宋 2 人、南宋 372 人）。

表 1　温州历代进士统计

| 县市 | 文进士 | | | | | | | 武进士 | | | | | | 文武总计 |
	唐	北宋	南宋	元	明	清	小计	五代	北宋	南宋	明	清	小计	
永嘉	6	51	479	4	82	14	636		2	30	1	1	34	670
乐清			152		23	2	177			4		4	8	185
瑞安		25	242	3	10	18	298			19		5	24	322
平阳		7	104	1	9	3	124			136	1	1	138	262
苍南		7	241	3		17	268			154		2	156	424
泰顺	1	12	40			4	58	1		29			30	88

续　表

县市	文进士							武进士						文武
	唐	北宋	南宋	元	明	清	小计	五代	北宋	南宋	明	清	小计	总计
文成		2	6	1	3	3	15					3	3	18
玉环			3		3	1	7							7
总计	7	104	1267	12	148	45	1583	1	2	372	2	16	393	1976

资料来源:1998 年版《温州市志》第 783 页。

表 2　宋朝温州科举进士在全国科举中的地位

文武科举	榜	全国	温州	占比重	备　注
单位		人	人	‰	
北宋文科	81	17000	104	6.1	文状元 1 人,文探花 1 人
北宋武科	28	868	2	2.3	
小　计		17868	106	5.9	
南宋文科	49	26000	1267	48.7	文状元 5 人,文榜眼 7 人,文探花 1 人
南宋武科	49	1648	372	225.7	武状元 15 人,武榜眼 3 人,武探花 6 人
小　计		27648	1639	59.3	

从表 1 和表 2 可以看出,在北宋温州科举录取人数占全国的比重是 5.9‰,已经达到正常水平。南宋温州科举录取人数达到 59.3‰,属鼎盛状态。

南宋时期,温州异才辈出,文状元 5 人,文榜眼 7 人,文探花 1 人,文进士 1267 人;武状元 15 人,武榜眼 3 人,武探花 6 人,武进士 372 人。《宋史》立传的 36 人绝大部分是南宋时期人物。如许景衡、陈桷虽于北宋末年登科出仕,但主要活动仍在南宋初期。名列《宋史·儒林传》的有 6 人,分别为薛季宣、陈傅良、叶适、戴溪、蔡幼学和叶味道。《温州经籍志》著录的宋代温州学者共有 241 人,著作经史子集 616 部,大部分是南宋人。南宋温州出身的试官数在全国各府州军中排位第二,达到 80 人,仅次于福州(122 人)。从南宋高宗朝(1127—1162)开始,温州士大夫群体逐渐形成,孝宗(在位 1163—1189)初年,温州官僚已经相当有力量了。他们依靠地域性这一"惯习",在激烈的党争当中相互奥援,保证温州士子在政治和科举上的优势。永嘉学派的形成与传播是推动宋代温州科举发展的重要力量，而科举也扩大了永嘉学派的影响，两者存在着良性的互动关系，成为在朝廷和民间有影响的区域力量。

三、通过太学、漕运、武科等增解额，是南宋温州科举鼎盛的重要原因

宋初 960—1008 年 48 年。987 年进士、诸科 8000 多举人，最后录取 490 人。992 年贡举人 17300 人。因人数太多，1009 年规定举人基数为最多的 1001 年 14562 人的一半 7281 人。

1009—1098 年 89 年。1009—1057 年基本 4 年 1 贡举，每举解额约 7000 人。1066 年（治平三年）科举由 4 年 1 次改 3 年 1 次，解额 7000 人改为约 5000 人。

1086—1093 年（元祐年间）废王安石新法。1088 年解额约 5100 人，一是进士科 4732 人，录取 508 人；二是诸科约 365 人，录取 73 人。

地方科举发展的前提是要有参加京城科举省试的"解额"。北宋温州科举录取人数 106 人，占全国的比重是 5.9‰，已经达到正常水平。南宋温州科举录取人数 1639 人，达到 59.3‰，属鼎盛状态。温州人"八仙过海，各显神通"，创造出宋代科举的"温州模式"。他们主要采取以下办法增加温州"解额"。

（一）争取增加本地的"解额"

温州解额宋初为 2 人，后增加到 12 人。1156 年温州因参考人数已达 3400 人，当时规定终场 200 人以上始解 1 人，添解额 5 人，解额总额达 17 人。据刘宰的《上钱丞相论罢漕试太学补试札子》：宁宗开禧三年（1207）文科"温州终场 8000 人，合解 40 名，旧额 17 名，与增加 23 名"，就是说温州参加考试的有 8000 人，按 200 人推荐 1 人应该推荐 40 名，过去的名额只有 17 个，应该增加 23 个（实际无法增加，温州是 470 人才有 1 个解额）。1234 年按终场 100 人取 1 人，全国 10 多州增 170 人（《宋史》卷 156《选举志》3），温州可能从 17 人增 29 人至 46 人。南宋末

期咸淳四年(1268)因温州升为瑞安府,增解额4名。南宋末期1273年改革,按每200人取1人,温州参试人数达1万人,解数为50名(引自日本京都棘庵所藏约南宋1274年《舆地图》附载解额表)。

(二)用外地的"解额"

如徐奭(985—1030),瑞安县木棉(今泰顺司前墩头)人。少年随父游学于福建瓯宁(今福建省建瓯市),1012年(北宋大中祥符五年)以瓯宁籍中状元,是温州历史上第一位状元。

(三)用太学的"解额"

北宋熙宁四年(1071)王安石变法,基本以进士一科取士,太学实行三舍法。1077年,太学达2400人(其中:外舍生2000人,内舍生300人,上舍生100人),温州作为僻远下州,去京师开封太远,居太学只有9人,然而其学行修明都得到老师称赞,太学生很佩服,被称为"温州元丰九先生"。

温州元丰九先生。北宋元丰年间(1078—1085)永嘉郡有周行己(1067—1125,1083年十七岁补太学,1091年进士,1102年任太学博士,授温州教授,1109年在谢池坊筑浮沚书院招徒讲学)、蒋元中(早死)、沈躬行(早死)、刘安节(1100年进士,历任监察御史,知饶州、宣州)、刘安上(1069—1128,1097年进士,1107年提举两浙学事,1108年任侍御史,面奏蔡京罪状数十,京始罢相)、许景衡(1072—1128,1093年二十一岁进士,1124年任监察御史,后又升殿中侍御史等,刚直不阿,疾恶如仇,忧国忧民,是一代名臣和杰出的政治家,《宋史》有传)、戴述(1100年进士,临江军教授)、赵霄(1103年进士,济州州学教授)和张辉(任南昌州学教授)九人去中原汴京(开封)太学学习,世称"温州元丰九先生",其中周行己、戴述、沈躬行、许景衡等还亲赴洛阳、关中分别接受程颐(洛学)、吕大临(关学)的学术。他们还兼收蜀学(苏轼)、湖学(胡瑗)、新学(王安石)诸派学术,回到温州加以传播发扬。

1093年9月,哲宗亲政以后恢复太学三舍法,并推至州学。1094年上舍生百人上等2人推恩注官,中等5人免省,下等20人免解。如黄友十三岁(1092)到东京开封读书,到十五岁(1094)下半年终于补内舍,二十一岁(1100)经过内舍生、上舍生学习毕业,1106 年因功免省试登进士第。

1102 年太学 3800 人(其中:外舍生 3000 人,内舍生 600 人,上舍生 200 人)。三舍生皆由州学升贡。1108 年规定实行科举取士与学校贡士相结合的发解举人办法。原来的解额 30% 约 2100 人由州郡解试发解,70% 约 4900 人由学校升贡,省试人数达 7000 人。此举促进了学校教育,1109 年 24 路学生 167622 人。

隆兴元年(1163)宋孝宗登基,取进士 826 人(正奏名 541,特奏名 285),太学免解达 1304 人。(见《宋会要辑稿·选举》)绍兴三十二年(1162)六月二十九日,寿皇圣帝即位,未改元。殿中侍御史张震言:太学免解已非旧典,今当免者千二百余人,其间固有已得解者。1172 年温州进士登科 20 人,但通过乡贡登科的却只有 1 人。如武状元黄褎然(约 1145—1217,今苍南县桥墩镇人),1186 年上舍释褐,1187 年丁未科廷对第一武状元,即被朝廷任命为武学谕。绍熙中(约 1193)除武学谕迁博士。

(四)用漕运的"解额"

南宋有 23 路 65 府 200 州 52 军 3 监 1 关。宋朝为了防止科举考试作弊,于景祐四年(1037)命各路转运司类试现任官员亲戚,包括"亲戚守任在本贯、远地官僚子孙在任处,发解官亲戚三等举人"试法同州、府解试。漕试合格,即赴省试。1037 年每 10 人取 3 人,录取率 30%。1058 年录取率降到 15%。崇宁年间(1102—1106)录取率降到 10%。南宋中期录取率降到 5%。南宋温州超 200 人取 1 人,录取率不到 0.5%,漕试录取率是州试的 10 倍以上。1142 年温州文进士 26 人,武进士 1 人,参加省试的温州士人通过漕试获得解额的达 42 人,是当时温州解额 12 人的 3 倍多,其中既有真正寄居温州的官员子弟,也有伪托寄居官员子弟的温州土著。

(五)用武科的"解额"

北宋天圣七年(1029)始置武举以后,武艺考步射、马射;程文考策问、兵书大义。普通的武举称"平等";对于武艺高强、不善于程文的,宋武举特设绝伦科,放低程文要求。参加武举考试人员要求有人担保。武试过程:(1)比试:资格考试。(2)解试:一般 5 月在京城举行,兵部主持,约取 70 人参加省试。1171 年正解 50 人,太学免解 29 人,武艺偏好绝伦 11 人,共 90 人。(3)省试:一般 8 月举行,兵部主持。1175 年取 30 人,太学免省试 9 人,共 39 人。(4)殿试:一般 9 月举行,皇帝主持。1169 年 33 人,第一赐"武举及第",其他"武举出身"。

从以上武举制度可以看出,武举解额与文举解额无关,也没有地域限制。比试开始没有淘汰制,只要试中就可参加解试。后来随着参加人员的增加,录取比例不断提高。1174 年参加比试超 500 人,1180 年参加比试 700 多人,均取 110 人参加解试,约 7 人取 1 人,远小于文科 200 人取 1 人的比例。因此,温州很多人走武举的道路。例如,南宋宁宗赵扩嘉定十三年(1220)庚辰科陈正大榜(武科),该科共录取武进士 44 人。平阳黄氏武进士 11 人(现苍南 8 人、平阳 3 人):黄德庄、黄云龙、黄居敬、黄兼善、黄显迪、黄应祥、黄齐老、黄与仁、黄庆远、黄登、黄洵。(图 1)

图 1　乾隆二十四年(1759)《平阳县志》卷十三载嘉定十三年(1220)庚辰武科平阳中举十一人名字